改訂新版

まるごと授業 国語 5年（上）

喜楽研の
QRコードつき授業シリーズ

板書と展開がよくわかる

授業

著者：羽田 純一・入澤 佳菜・江﨑 高英・鈴木 啓史・安野 雄一

寄稿文著者：菊池 省三・岡 篤

企画・編集：原田 善造

わかる喜び学ぶ楽しさを創造する教育研究所　略称 喜楽研

はじめに

　書店の教育書コーナーを見渡すと，様々なタイトルの教育書が目に入ります。「自由進度学習」「個別最適化」「主体的で対話的な…」「教育 DX」「STEAM 教育」「教師が教えない授業」「指導と評価の一体化」「時短」など，多種多様なジャンルの教育書が発行されています。また，ネットで多くの先生方が，自分の実践や理論を配信されています。いろんな教育書やネット情報の中で，どれを選択すればよいのか迷ってしまうことでしょう。

　また，忙しい教師の仕事内容が新聞やテレビなどで大きなニュースになっています。そして，それに対する「働き方改革」などが叫ばれています。しかし，教師が子どもたちのためにしなくてはいけないことは，日を追うごとに増えているのが現状です。

　そんな多忙な中にあっても，「日々の授業」を大切に，より充実したものにしたいという先生方のご期待に応えて，本書を作り上げました。

　執筆者の願いは，

　本書１冊あれば，「豊かな授業ができる！」

　　　　　　　　　「楽しい授業ができる！」

　　　　　　　　　「子どもと先生の笑顔があふれる！」というものです。

　今回の「喜楽研の QR コードつき授業シリーズ　改訂新版　板書と授業展開がよくわかるまるごと授業　国語」の特徴は以下の３つです。

① 　板書がすごい！

　　見開き２ページで，明日の授業の流れやポイントがすぐにわかります。今回の改訂新版では，先生方にとって，より板書をわかりやすく，そして，自分が工夫をする余地があるようにしました。時間がないときは，そのまま活用してください。時間に余裕があるときは，自分なりに工夫を付け加えてもよいでしょう。

② 　QR コードの資料がすごい！

　　以前は，DVD で各単元の資料データを閲覧することができました。この改訂新版からは，QR コードで効率的に全ての資料を入手し，簡単に工夫を加えて使用することができます。

③ 　ICT がすごい！

　　各時間に，ICT の活用について紹介しています。今や ICT なしでは授業は成立しません。まずは，書いていることをやってみましょう。

　日々の授業や，その他の教育活動に全力で取り組まれている先生方に敬意を表し，この本が，全ての先生と子どもたちの幸せにつながることを願っています。

本書の特色

全ての単元・全ての授業の指導の流れがわかる

　学習する全単元・全授業の進め方を掲載しています。学級での日々の授業や参観日の授業，研究授業や指導計画作成等の参考にしてください。

　本書の各単元の授業案の時数は，ほぼ教科書の配当時数にしてあります。

1時間の授業展開例を，大きな板書例を使って見開き2ページで説明

　実際の板書がイメージできるように，板書例を2色刷りで大きく掲載しています。また，細かい指導の流れについては，詳しい展開例で説明しています。

　どのような発問や指示をすればよいかが具体的にわかります。先生方の発問や指示の参考にしてください。

QRコンテンツの利用で，わかりやすく楽しい授業，きれいな板書づくりができる

　各授業展開のページのQRコードに，それぞれの授業で活用できる画像やイラスト，ワークシートなどのQRコンテンツを収録しています。印刷して配布するか，タブレットなどのデジタル端末に配信することで，より楽しくわかりやすい授業づくりをサポートします。画像やイラストは大きく掲示すれば，きれいな板書づくりにも役立ちます。

ICT活用のアイデアも掲載

　それぞれの授業展開に応じて，ICTで表現したり発展させたりする場合のヒントを掲載しています。学校やクラスの実態にあうICT活用実践の参考にしてください。

菊池 省三・岡 篤の授業実践の特別映像を収録

　菊池 省三の「対話・話し合いのある授業」についての解説付き授業映像と，岡 篤の各学年に応じた「指導のコツ」の講義映像を収録しています。映像による解説はわかりやすく，日々の授業実践のヒントにしていただけます。また，特別映像に寄せて，解説文を巻頭ページに掲載しています。

5年上（目次）

QR コンテンツについて

　授業内容を充実させるコンテンツを多数ご用意しました。右の QR コードを読み取るか下記 URL よりご利用ください。

URL : https://d-kiraku.com/4637/4637index.html
ユーザー名：kirakuken
パスワード：R6uL4W

※各解説や授業展開ページの QR コードからも，それぞれの時間で活用できる QR コンテンツを読み取ることができます。
※上記 URL は，学習指導要領の次回改訂が実施されるまで有効です。

5 年（上）の授業（指導計画／授業展開・板書例）

本書の使い方

◆板書例について

　大きな「板書例」欄で，授業内容や授業の流れを視覚的に確認できるよう工夫しています。板書に示されている❶〜❹のマークは，下段の授業展開の 1 〜 4 の数字に対応しています。実際の板書に近づけるため，特に目立たせたいところは赤字で示したり，傍線を引いたりしています。QR コンテンツのイラストやカード等を利用すると，手軽に，きれいな板書ができあがります。

◆ POINT について

　この授業の指導において，特に必要な視点や留意点について掲載しています。

◆授業の展開について

① 1時間の授業の中身を 4 コマの場面に切り分け，およその授業内容を表示しています。

② 本文中の T 表示は，教師の発問です。

③ 本文中の C 表示は，教師の発問に対する児童の反応等です。

④ T や C がない文は，教師への指示や留意点などが書かれています。

⑤ その他，児童のイラスト，吹き出し，授業風景イラスト等を使って各展開の主な活動内容やポイントなどを表し，授業の進め方をイメージしやすいように工夫しています。

たずねびと
第 ❸ 時 （3/6）

本時の目標　広島平和記念資料館を訪れた綾が原爆被害の事実を知り，想像もつかない被害や死者数を具体的にイメージしたことを読み取る。

板書例

❹
この世からいなくなってしまった　なんて…
（あとに続くことばは？）
・信じられない
・ひどい
※児童の発言を板書する。

❸
たった一発の爆弾で
約十四万人　←　七百人の学校（二百校分）

平和記念資料館
・まっ黒な弁当箱　・三輪車
・とけたビン　・人のかげ
・止まった時計

❷
（頭がくらくらしてきた）
「信じられない・・・」

POINT　補足説明を加えながら，原爆被害の事実を押さえていくが，ページ下の補足を活用し，必要以上の情報は控える。

1　場面をイメージしながら音読しよう。

T　綾は広島に行くことになりましたね。
　　まず，前時の場面で，綾が広島へ行くことになったことを振り返る。
T　綾が広島でどんなものを見たのかを考えながら音読しましょう。

どんな場面だろう
広島で何があったのだろう

平和記念資料館での場面（教科書 P118 L11 〜 P120 L15）を読む。

T　この場面には誰が出てきますか。
C　綾とお兄ちゃん。
　　母は祖父の具合が悪くなったため，広島に来ていないことを押さえておく。

2　場面のおおまかな様子を，補足資料を見ながら捉えよう。

　路面電車の画像を提示し，平和記念公園までの道のりをイメージさせる。
　慰霊碑の画像，相生橋と原爆ドームの画像なども提示する。

T　お兄ちゃんが「信じられないよな」とつぶやいたことをどう思いますか。
C　それだけ街がきれいだったからだと思います。
T　「頭がくらくらしてきた」という表現はどんな心情を表しているでしょう。

今の街の様子からは想像もできなかったんだね。
信じられないような被害だったんだね。

T　資料館の中で見たものに，どんなものがありましたか。
　　資料館の展示物がどのような意味を持つのか，補足説明しながら児童に感想を聞いてもよい。

204

◆準備物について

　1時間の授業で使用する準備物が書かれています。準備物の一部は，QRコンテンツ（QRマークが付いたもの）として収録されています。準備物の数や量は，児童の人数やグループ数などでも異なってきますので，確認して準備してください。

◆ ICT について

　ICT活用の参考となるように，この授業展開，または授業内容に応じて，ICTで表現したり発展させたりする場合のヒントを掲載しています。

◆ QR コード・QR コンテンツについて

　QRコードからは，この授業展開に活用できるQRコンテンツを読み取ることができます。必要に応じて，ダウンロードしてください。

　「準備物」欄のQRマークが付いている資料には，授業のための画像，ワークシート，黒板掲示用イラスト，板書作りに役立つカード等があります。実態にあわせて，印刷したり，タブレットに配信するなど活用してください。

（QRコンテンツの内容については，本書P8，9で詳しく紹介しています）

※QRコンテンツがない時間には，QRコードは記載されていません。
※QRコンテンツを読み取る際には，パスワードが必要です。パスワードは本書P4に記載されています。

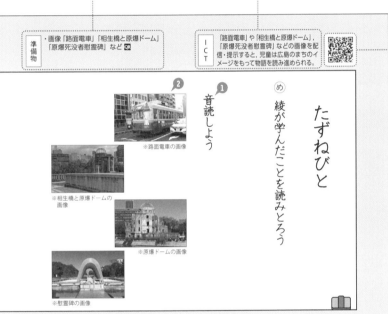

準備物	・画像「路面電車」「相生橋と原爆ドーム」「原爆死没者慰霊碑」など QR
ICT	「路面電車」や「相生橋と原爆ドーム」，「原爆死没者慰霊碑」などの画像を配信・提示すると，児童は広島のまちのイメージをもって物語を読み進められる。

め　綾が学んだことを読みとろう

たずねびと

① 音読しよう

② ※路面電車の画像
※相生橋と原爆ドームの画像
※原爆ドームの画像
※慰霊碑の画像

3 綾が約十四万人という数をどのようにイメージしたか読み取ろう。

T　十四万人とはどれくらいの人数でしょう。綾はどのように想像したのでしょう。
C　「想像できないよ」と言っています。
C　小学校に何人いるかを考えています。
T　綾の小学校の全校が七百人だから，その二百倍だと考えたのですね。みなさんは十四万人という数が想像できますか。

十四万人ってどれくらいかな。綾と同じで想像できないよ。

うちの学校の全校が〇〇人だから…。

実際に自分の小学校の全校の人数から，想像してみるとよい。

4 「なんて」に続く言葉を考え，伝え合おう。

T　たった一発の爆弾で，その年だけで十四万人がなくなったのですね。
C　信じられない…。
T　「いなくなった」と「いなくなってしまった」ではどう違いますか。
C　「しまった」があると，大変なことが起きたという感じがします。
T　「なんて」の後ろにどんな言葉が続くと思いますか。理由も言えるといいですね。

「信じられない。」そんなにたくさんの人がたった一発の爆弾でなくなるなんて。

「ひどい。」そんな爆弾を落とすなんて。

綾が原爆被害について具体的にイメージして感じたことを想像させ，「なんて」の後に続くことばを考え，交流させる。

たずねびと　205

◆赤のアンダーラインについて

　本時の展開で特に大切な発問や留意点にアンダーラインを引いています。

QRコンテンツの利用で，
楽しい授業・わかる授業ができる

菊池 省三・岡 篤の教育実践の「特別映像」収録

　菊池 省三の「対話・話し合いのある授業」についての解説付き映像と，岡 篤の各学年に応じた「指導のコツ」の講義映像を収録しています。動画による解説はわかりやすく，日々の授業実践のヒントにもなります。

参考になる「ワークシート見本」「資料」の収録

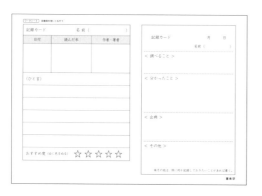 

　授業の展開で使えるワークシート見本を収録しています。（全ての時間には収録されていません）また，教材や授業展開の内容に沿った資料が収録されている単元もあります。クラスの実態や授業内容に応じて，印刷して配布するかタブレットなどのデジタル端末に配信するなどして，活用してください。

授業で使える「画像」「掲示用イラスト」「カード」収録

◇ 画像・掲示用イラスト

◇ 言葉（漢字）カード

　文章や口頭では説明の難しい内容は，画像やイラストで見せるとわかりやすく説明できます。視覚にうったえかけることで，授業の理解を深めます。

　また，板書をするときにイラストやカードを使うと，見栄えがします。チョークでかいた文字だけの板書よりも，簡単に楽しくきれいな板書ができあがります。

対話・話し合いのある授業に，一歩踏み出そう

菊池　省三

　教育の世界は，「多忙」「ブラック」と言われています。不祥事も後を絶ちません。

　しかし，多くの先生方は，子どもたちと毎日向き合い，その中で輝いています。やりがいや生きがいを感じながら，がんばっています。

　このことは，全国の学校を訪問して，私が強く感じていることです。

　先日，関西のある中学校に行きました。明るい笑顔あふれる素敵な学校でした。

　3年生と授業をした後に，

「気持ちのいい中学生ですね。いい学校ですね」

と話した私に，校長先生は，

「私は，子どもたちに支えられています。子どもたちから元気をもらっているのです。

　我々教師は，子どもたちと支え合っている，そんな感じでしょうか」

と話されました。なるほどと思いました。

　四国のある小学校で，授業参観後に，

「とてもいい学級でしたね。どうして，あんないい学級が育つのだろうか」

ということが，参観された先生方の話題になりました。担任の先生は，

「あの子たち，とてもかわいいんです。かわいくて仕方ないんです」

と，幸せそうな笑顔で何度も何度も話されていました。

　教師は，子どもたちと一緒に生きているのです。担任した1年間は，少なくとも教室で一緒に生きているのです。

　このことは，とても尊いことだと思います。「お互いに人として，共に生きている」……こう思えることが，教師としての生きがいであり，最高の喜びだと思います。

　私自身の体験です。数年前の出来事です。30年以上前に担任した教え子から，素敵なプレゼントをもらいました。ライターになっている彼から，「恩師」である私の本を書いてもらったのです。たった1年間しか担任していない彼からの，思いがけないプレゼントでした。

　教師という仕事は，仮にどんなに辛いことがあっても，最後には「幸せ」が待っているものだと実感しています。

　私は，「対話・話し合い」の指導を重視し，大切にしてきました。

　ここでは，悪しき一斉指導からの脱却を図るために，ポイントとなる6つの取り組みについて説明します。

1. 価値語の指導

　荒れた学校に勤務していた20数年前のことです。私の教室に参観者が増え始めたころです。ある先生が，

　「菊池先生のよく使う言葉をまとめてみました。菊池語録です」

と，私が子どもたちによく話す言葉の一覧を見せてくれました。

　子どもたちを言葉で正す，ということを意識せざるを得なかった私は，どちらかといえば父性的な言葉を使っていました。

・私，します。

・やる気のある人だけでします。

・心の芯をビシッとしなさい。

・何のために小学生をしているのですか。

・さぼる人の2倍働くのです。

・恥ずかしいと言って何もしない。
　それを恥ずかしいというんです。

といった言葉です。

　このような言葉を，私だけではなく子どもたちも使うようになりました。

　価値語の誕生です。

　全国の学校，学級を訪れると，価値語に出合うことが多くなりました。その学校，学級独自の価値語も増えています。子どもたちの素敵な姿の写真とともに，価値語が書かれている「価値語モデルのシャワー」も一般的になりつつあります。

　知的な言葉が生まれ育つ教室が，全国に広がっているのです。対話・話し合いが成立する教室では，知的な言葉が子どもたちの中に植林されています。だから，深い学びが展開されるのです。

　教師になったころに出合った言葉があります。大村はま先生の「ことばが育つとこころが育つ　人が育つ　教育そのものである」というお言葉です。忘れてはいけない言葉です。

　「言葉で人間を育てる」という菊池実践の根幹にあたる指導が，この価値語の指導です。

2. スピーチ指導

　私は，スピーチ指導からコミュニケーション教育に入りました。自己紹介もできない6年生に出会ったことがきっかけです。

　お師匠さんでもある桑田泰助先生から，

「スピーチができない子どもたちと出会ったんだから，1年かけてスピーチができる
　子どもに育てなさい。走って痛くなった足は，走ってでしか治せない。挑戦しなさい」

という言葉をいただいたことを，30年近くたった今でも思い出します。

　私が，スピーチという言葉を平仮名と漢字で表すとしたら，

『人前で，ひとまとまりの話を，筋道を立てて話すこと』

とします。

　そして，スピーチ力を次のような公式で表しています。

『スピーチ力＝（内容＋声＋表情・態度）×思いやり』

　このように考えると，スピーチ力は，やり方を一度教えたからすぐに伸びるという単純なものではないと言えます。たくさんの要素が複雑に入っているのです。ですから，意図的計画的な指導が求められるのです。そもそも，コミュニケーションの力は，経験しないと伸びない力ですからなおさらです。

　私が，スピーチ指導で大切にしていることは，「失敗感を与えない」ということです。学年が上がるにつれて，表現したがらない子どもが増えるのは，過去に「失敗」した経験があるからです。ですから，

「ちょうどよい声で聞きやすかったですよ。安心して聞ける声ですね」

「話すときの表情が柔らかくて素敵でした。聞き手に優しいですね」

「笑顔が聞き手を引きつけていました。あなたらしさが出ていました」

「身ぶり手ぶりで伝えようとしていました。思いが伝わりましたよ」

などと，内容面ばかりの評価ではなく，非言語の部分にも目を向け，プラスの評価を繰り返すことが重要です。適切な指導を継続すれば必ず伸びます。

3. コミュニケーションゲーム

　私が教職に就いた昭和50年代は，コミュニケーションという言葉は，教育界の中ではほとんど聞くことがありませんでした。「話し言葉教育」とか「独話指導」といったものでした。

　平成になり，「音声言語指導」と呼ばれるようになりましたが，その多くの実践は音読や朗読の指導でした。

　そのような時代から，私はコミュニケーションの指導に力を入れようとしていました。しかし，そのための教材や先行実践はあまりありませんでした。私は，多くの書店を回り，「会議の仕方」「スピーチ事例集」といった一般ビジネス書を買いあさりました。指導のポイントを探すためです。

　しかし，教室で実践しましたが，大人向けのそれらをストレートに指導しても，小学生には上手くいきませんでした。楽しい活動を行いながら，その中で子どもたち自らが気づき発見していくことが指導のポイントだと気がついていきました。子どもたちが喜ぶように，活動をゲーム化させる中で，コミュニケーションの力は育っていくことに気づいたのです。

　例えば，対決型の音声言語コミュニケーションでは，

・問答ゲーム（根拠を整理して話す）
・友だち紹介質問ゲーム（質問への抵抗感をなくす）
・でもでもボクシング（反対意見のポイントを知る）

といった，対話の基本となるゲームです。朝の会や帰りの会，ちょっとした隙間時間に行いました。コミュニケーション量が，「圧倒的」に増えました。

　ゆるやかな勝ち負けのあるコミュニケーションゲームを，子どもたちは大変喜びます。教室の雰囲気がガラリと変わり，笑顔があふれます。

　コミュニケーション力は，学級のインフラです。自分らしさを発揮して友だちとつながる楽しさは，対話・話し合い活動の基盤です。継続した取り組みを通して育てたい力です。

4. ほめ言葉のシャワー

　菊池実践の代名詞ともいわれている実践です。
30年以上前から行っている実践です。

　2012年にNHK「プロフェッショナル仕事の流
儀」で取り上げていただいたことをきっかけに，
全国の多くの教室で行われているようです。

「本年度は，全校で取り組んでいます」

「教室の雰囲気が温かいものに変わりました」

「子どもたちも大好きな取り組みです」

といった，うれしい言葉も多く耳にします。

　また，実際に訪れた教室で，ほめ言葉のシャワーを見せていただく機会もたくさんあり
ます。どの教室も笑顔があふれていて，参観させていただく私も幸せな気持ちになります。

　最近では，「ほめ言葉のシャワーのレベルアップ」の授業をお願いされることが増えま
した。

　下の写真がその授業の板書です。内容面，声の面，表情や態度面のポイントを子ども
たちと考え出し合って，挑戦したい項目を自分で決め，子どもたち自らがレベルを上げて
いくという授業です。

　どんな指導も同じですが，ほめ言葉のシャワーも子どもたちのいいところを取り上げ，
なぜいいのかを価値づけて，子どもたちと一緒にそれらを喜び合うことが大切です。

　どの子も主人公になれ，自信と安心感が広がり，絆の強い学級を生み出すほめ言葉の
シャワーが，もっと多くの教室で行われることを願っています。

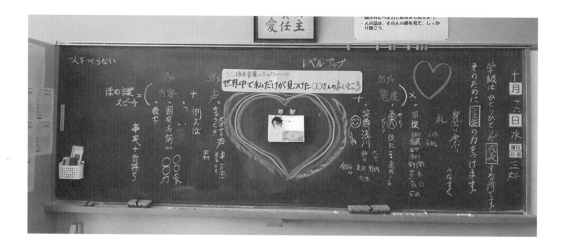

5. 対話のある授業

　菊池実践の授業の主流は，対話のある授業です。具体的には，

・自由な立ち歩きのある少人数の話し合いが行われ

・黒板が子どもたちにも開放され

・教師が子どもたちの視界から消えていく

授業です。教師主導の一斉指導と対極にある，子ども主体の授業です。

　私は，対話の態度目標を次の3つだと考えています。

① しゃべる

② 質問する

③ 説明する

　それぞれの技術指導は当然ですが，私が重視しているのは，学級づくり的な視点です。以下のような価値語を示しながら指導します。例えば，

・自分から立ち歩く

・一人をつくらない

・男子女子関係なく

・質問は思いやり

・笑顔でキャッチボール

・人と論を区別する

などです。

　対話のある授業は，学級づくりと同時進行で行うべきだと考えているからです。技術指導だけでは，豊かな対話は生まれません。形式的で冷たい活動で終わってしまうのです。

　学級づくりの視点を取り入れることで，子どもたちの対話の質は飛躍的に高まります。話す言葉や声，表情，態度が，相手を思いやったものになっていきます。聞き手も温かい態度で受け止めることが「普通」になってきます。教室全体も学び合う雰囲気になってきます。学び合う教室になるのです。

　正解だけを求める授業ではなく，一人ひとりが考えの違いを出し合い，新たな気づきや発見を大事にする対話のある授業は，学級づくりと連動して創り上げることが大切です。

6. ディベート指導

　私の学級の話し合いは，ディベート的でした。子どもたちの意見が分裂するような発問をもとに，その後の話し合いを組織していたのです。

　私は，スピーチ指導から子どもたちの実態に合わせて，ディベート指導に軸を移してきました。その理由は，ディベートには安定したルールがあり，それを経験させることで，対話や話し合いに必要な態度や技術の指導がしやすいからです。

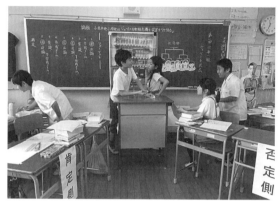

　私は，在職中，年に2回ディベート指導を計画的に行っていました。

　1回目は，ディベートを体験することに重きを置いていました。1つ1つのルールの価値を，学級づくりの視点とからめて指導しました。

　例えば，「根拠のない発言は暴言であり，丁寧な根拠を作ることで主張にしなさい」「相手の意見を聞かなければ，確かな反論はできません。傾聴することが大事です」「ディベートは，意見をつぶし合うのではなく，質問や反論をし合うことで，お互いの意見を成長させ合うのです。思いやりのゲームです」といったことです。これらは，全て学級づくりでもあります。

　2回目のディベートでは，対話の基礎である「話す」「質問する」「説明する（反論し合う）」ということの，技術的な指導を中心に行いました。

　例えば，「根拠を丁寧に作ります。三角ロジックを意識します」「連続質問ができるように。論理はエンドレスです」「反論は，きちんと相手の意見を引用します。根拠を丁寧に述べます」といった指導を，具体的な議論をふまえて行います。

　このような指導を行うことで，噛み合った議論の仕方や，その楽しさを子どもたちは知ります。そして，「意見はどこかにあるのではなく，自分（たち）で作るもの」「よりよい意見は，議論を通して生み出すことができる」ということも理解していきます。知識を覚えることが中心だった今までの学びとは，180度違うこれからの時代に必要な学びを体験することになります。個と集団が育ち，学びの「社会化」が促されます。

　ディベートの持つ教育観は，これからの時代を生きる子どもたちにとって，とても重要だと考えています。

　4年生は，共同的な学びの楽しさを，体験を通して実感させる授業です。

　漢字の「田」の中に隠されている漢字を，友だちと協力してたくさん探すという学習ゲーム的な授業です。

　授業の展開は，

①　一人で探す

②　友だちと交流して増やす

というシンプルな内容です。

　この授業のポイントは，交流のレベルを上げるということです。学び合う，教え合う活動のレベルを上げるということです。

　自由な立ち歩きの交流を取り入れることに，多くの先生は不安を持っているようです。

・勝手に遊ぶのではないか

・男子と女子が別々になるのではないか

・一人ぼっちの子どもが出るのではないか

・答えを写すだけの子どもが出るのではないか

といったことが，主な原因のようです。

　「対話のある授業」のところでも述べたように，自由な立ち歩きのある対話を取り入れると，このような気になることは当然起きるものです。

　大切なのは，そのような気になることを，子どもたちとも相談しながら克服していくことなのです。学級づくりの視点を持って，克服していくのです。

　本書の付録動画では，

・一人をつくらない

・男子女子関係なく

・笑顔で話し合い

といったことを，1回目の交流の後に指導して，学び合いをよりダイナミックにしています。

　5年生の授業では，考えが分裂する問いを教師が示し，ディベート的な話し合いをしています。

　目標や願いといった意味での「夢」は，「大きい方がいいか，小さい方がいいか」という問いを示し，

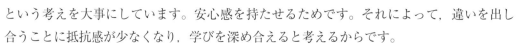

・自分の立場を決める

・理由を考える

・立場で別れて理由を出し合う

・全体の場で話し合いを行う

といった場面が，付録動画には収められています。

　この授業でも，「ひとりひとり違っていい」という考えを大事にしています。安心感を持たせるためです。それによって，違いを出し合うことに抵抗感が少なくなり，学びを深め合えると考えるからです。

　また，映像でも分かると思いますが，黒板の左5分の1に，価値語を書いています。

・迫力姿勢

・自分らしさを出す

・えがお

・書いたら発表

などです。教師が，子ども同士が学び合う，つながり合うために必要だと考えたことを，「見える化」させているのです。そうすることで，子どもたちは何をどう頑張ればいいのかを理解します。言葉は実体験を求めるという性質があるので，学びの姿勢に勢いも出てきます。

　教師は，そのような子どもの発言や聞き合う姿を，受容的に受け止めます。少しずつ確実に学び合う教室へと成長していきます。

【6年生の授業】

　6年生の授業は，ペア・グループでの話し合いのポイントを示しています。多くの教室で，どの教科でもペア・グループの話し合いを取り入れていると思います。しかし，その多くは，「話し合いましょう」という指示だけで，子どもたちに「丸投げ」のようです。指導がないのです。

　授業動画では，
「最初に『お願いします』，終わりには『ありがとうございました』」
と言うように，指導しています。この一言があるだけで，子どもたちの話し合いは積極的なものに変わります。

　私は，学級に対話・話し合いのグランドルールを作るべきだと強く思っています。例えば，

① 　何を言ってもいい
　　　（下品なことや人が傷つくこと以外）
② 　否定的な態度で聞かない
③ 　なるべく問いかけ合うようにする
④ 　話さなくても一生懸命に聞けばいい
⑤ 　知識よりも経験を話すようにする
⑥ 　考えが変わってもいい
⑦ 　考えが分からなくなってもいい

といったものです。

　子どもたちのいいところを取り上げたり，子どもたちと一緒になって話し合って決めたりする中で，1年間かけて作り上げるみんなの約束です。安心して対話や話し合いができるように，土台を作るのです。

　また，この動画では，教師が一人の子どもと対話している場面があります。意図的にしています。1対1の対話をすることで，他の子どもたちは聞き耳を立てて話を聞きます。教師の伝えたいことが，全員に浸透していきます。

　共同的な学びがより成立するためのルール作りや，それらを生み出す教師のパフォーマンスは重要です。

　特別映像は，『DVDで見て学ぶ 菊池省三・授業実践シリーズ』（有限会社オフィスハル製作）より授業映像を一部抜粋し，解説を追加・編集したものです。

5年「俳句の作り方」
～五七五，季語，×うれしいな

岡 篤

〈句会という場を活用する〉

　俳句には，句会という場があります。というよりも，本来，俳句は，句会で作られ鑑賞されるものです。句会の形式は様々で，数人がその場で作句するものから，数百人が出席し，俳句はあらかじめ印刷されている冊子で配られるという大規模なものもあります。

　俳句に取り組むのであれば，できればこの句会の場を活用したいものです。もちろん，授業で行うのですから，クラスの実態に合わせた形式にすればよいでしょう。

　例えば，全員の俳句を1句ずつ載せ，通し番号をつけた1枚文集を作っておきます（無記名）。そこから一人3句ずつなどと数を決めて，番号に〇をつけます。回収した上で，教師が集計し，〇の数を発表します。作っただけでも，十分に価値があると思いますが，それを選び，結果を発表することで，さらに価値が高まります。

　時間のゆとりがあれば，〇をつける際に，一番よいものに◎をつけさせるとよいでしょう。そして，なぜそれを選んだかを発表してもらいます。その後，選ばれた俳句の作者が名乗るという流れにすれば，立派なクラス句会といえます。

〈五七五の心地よさ〉

　五七五のリズムは，日本人にとって理屈抜きに心地よいものです。古代から使われているためか，日本語の特性に合っているのか，理論的なことはよく分かりません。小学生への指導を続けてきての実感です。

　ただし，そんな五七五でも，授業で全員に俳句を作らせるとなると，二の足を踏む人が少なくありません。「どう教えたらよいのか分からない」「どんな俳句がよいのか自信がない」といった質問をたくさん受けてきました。

〈初期のポイント2点〉

① 五七五に仕上げる

　子どもの作品は，不用意に字余りや字足らずを行っている場合がよくあります。俳人が意図的に行う場合と違い，多くは大人が手を入れれば五七五になり，作品としてもよくなります。遠慮せずにどんどん添削してアドバイスしましょう。

② 季語を使う

　季語を使った方がよいのは，「俳句の決まりだから」ではありません。季語は，日本の四季のイメージを凝縮した言葉です。そのため，季語を使うとその俳句のイメージが広がりやすくなります。

〈うれしいな，楽しいな，きれいだな，を使わない〉

　これらに加えるなら，うれしいな，などといった一般的な言葉を使わないということです。こういった言葉は，俳句のような短い作品の中では，ほとんど何もいっていないのと同じです。どんなふうにうれしいのかを「飛び跳ねた」「握手した」「にっこりと」といったように，具体的に描くように指導します。

QR ワークシート（俳句原稿用紙）

5年「物語文とイメージ化」
〜動き，表情，心の中の言葉

岡　篤

〈物語文とイメージ化〉

　国語の授業についての考えが変わり，物語教材の読解については比重が軽くなっています。とはいえ，物語を読む楽しさは，作品の世界に入り，イメージを広げるといったことは同じだと私は考えています。

　授業では，イメージを広げることが得意な子は，それを交流し様々な読みに触れたり，自分の考えを深めたりすればよいでしょう。苦手な子は，イメージを広げることを少しずつ学んでいくことで，物語を読む楽しさを味わうことができます。

〈イメージ化の手立て〉

　そうはいっても，教材文の全ての部分を順番にイメージを広げていく時間はありません。教材の特徴として，あるいは教師のねらいとして，イメージ化させたい部分はどこか，それが教材分析です。

　また，最初は教師の指定した部分を全員でイメージ化し，次に一定の範囲の中から子どもが選び，最後は作品全体の中から一番イメージ化したい部分を子どもが決めるといった大きな年間の流れも考えられます。

〈イメージ化の手立て〜動き，表情，心の中の言葉〉

　では，どうやってイメージ化をすればよいのでしょうか。会話部分についての手立てを紹介します。

　まず，その言葉を話している人物の動きを想像します。立っている，座っている，腕を組んでいる，指をさしている，などです。文中に出ていなければ，どんな動きを想像するのも自由ですが，書かれていることを参考にした上での想像であることは確認します。「作品のどこでそう思ったかな」「どこからそれが分かる？」といったことをくり返し問いかけます。

次に表情です。そのときの登場人物はどんな表情をしているでしょうか。笑っている，困っている，無表情，睨んでいる…。これも，できるだけ文中から根拠となる言葉をさがしながら決めていきます。

　ここまできたら，イメージ化が苦手な子でも，心の中の言葉（よく「気持ち」といわれるものです）を想像することはそんなに難しいことではありません。

〈五七五に仕上げる〉

　動作，表情，心の中の言葉のイメージが広げられたら，それを五七五にまとめるのがお勧めです。五七五に仕上げる段階で，子どもはくり返し自分のイメージを頭の中で反芻し，よりイメージが深められていきます。また，作品の印象も強まることでしょう。

　さらに，取り上げた作品の部分と五七五を紙に書き，簡単なイラストと名前を入れれば立派な作品にもなります。掲示することで，お互いに読み合うこともでき，交流にもなります。

　『新版まるごと授業国語１〜６年（上）』（2020年発行）への動画ご出演，及び寄稿文をお寄せいただいた岡 篤先生は，2022年11月に永眠されました。この度，改訂新版発行にあたり，ご遺族のご厚意で内容はそのままで掲載させていただきました。ご厚情に深く感謝するとともに，謹んで哀悼の意を表します。

ひみつの言葉を引き出そう

全授業時間 1 時間

◎ 指導目標 ◎

・言葉には，相手とのつながりをつくる働きがあることに気づくことができる。
・目的や意図に応じて，日常生活の中から話題を決め，伝え合う内容を検討することができる。
・話し手の目的や自分が聞こうとする意図に応じて，話の内容を捉えることができる。
・友だちから「ひみつの言葉」を引き出せるように，話すことができる。

◎ 指導にあたって ◎

① 教材について

本教材は，生活経験や既習内容をもとに，相手が掲げている「ひみつの言葉」を引き出すために話題を選び，会話をするという，言わばゲーム性のある教材であり，児童は興味をもって学習を進めていくことができるでしょう。また，言葉を引き出すために話題を考えて会話をしていきますが，その際には，相手の趣味嗜好や普段の生活，共通の思い出など，相手意識を土台とした話題提供が求められます。コミュニケーションをとる際に，相手意識が大切であることを児童が掴むことができるよう，計画的に学習を進めていくことが求められる教材です。これから 1 年間を共に過ごしていく友だちとの最初の学習となるため，学級経営の視点から，新たな友だちのことを知り，コミュニケーションを図っていくという意味でも，丁寧に取り扱うことを念頭に置いておきたいです。

② 個別最適な学び・協働的な学びのために

カードに書かれる「ひみつの言葉」は各個人で異なり，また，その「ひみつの言葉」を引き出すためにどのような話題をもって会話をするか考え，実際に話すのも，各個人に委ねられます。その内容は各々の生活経験や既習内容の定着具合，その人との関わり具合によっても異なってくるでしょう。その会話がうまくいくように，周囲と話し合い，相談しながら会話の内容を決めていくことで，お互いの考えを踏まえながら，協働的に考え，「ひみつの言葉」を引き出すために会話をしていくことになるでしょう。個々が相手意識をもって会話の内容を考えることと，その個々の考えが混じり合って調和することで実際の会話が成立し，より深い学びにつながっていくように意識して，学習計画を立てるとよいでしょう。

知識 及び 技能	言葉には，相手とのつながりをつくる働きがあることに気づいている。
思考力，判断力，表現力等	・「話すこと・聞くこと」において，目的や意図に応じて，日常生活の中から話題を決め，伝え合う内容を検討することができる。 ・「話すこと・聞くこと」において，話し手の目的や自分が聞こうとする意図に応じて，話の内容を捉えることができる。
主体的に学習に取り組む態度	進んで自分が聞こうとする意図に応じて話の内容を捉え，学習の見通しをもって，友だちから「ひみつの言葉」を引き出せるように話そうとしている。

◎ 学習指導計画　全1時間 ◎

次	時	学習活動	指導上の留意点
1	1	・活動内容の説明を聴き，本時の学習の見通しをもつ。 ・「気持ち」や「感情」，「様子」を表す言葉を，一人一つずつ用紙（カード）に書く。 ・書いた用紙（カード）をグループ内で交換する。 ・一人が用紙（カード）をグループ内の友だちに見えるように持つ。 ・用紙（カード）を持たない児童は，どのように話せば用紙（カード）を持つ児童が「ひみつの言葉」を口にするかを考えながら話す。（2分） ・用紙（カード）に書かれている言葉を確認して，会話の内容を振り返る。 ・用紙（カード）を持つ児童を交代して，再度話す。 ・学習を振り返る。	・他の人に自分が書いた用紙（カード）が見えないように，グループの中で交換するように声掛けをする。 ・「他者意識」をもって会話の内容を考えるよう，意識付けをする。 ・「ひみつの言葉」を引き出せたか確認するようにする。 ・用紙（カード）を持つ回数が均等になるようにする。（一人一回ずつ）

ひみつの言葉を引き出そう

第 1 時 (1/1)

板書例

❷
〈「ひみつの言葉」を引き出そう！〉

① カードを交換する
② 一人がカードを見せる
③ 「ひみつの言葉」を引き出せる話題
④ 二分間で引き出す
⑤ 会話をふりかえる
⑥ カードを持つ人を交代

❸
〈カードをいちまい増やしてもう一度！〉

・出ていない言葉
・普段使わない難しい言葉○

❹
〈ふりかえり〉

・言葉を引き出すのはむずかしかった
・「言うかな」と思ったけれど…
・人それぞれで考えや経験がちがう
・友だちのことが少し分かった

POINT　面白半分で人を傷つけるような言葉を選んだり，会話をしたりすることがないように意識づけることで，安心して学習を

---

1 「ひみつの言葉」をカードに書こう。

T　今日は「ひみつの言葉」を引き出せるように会話をする活動をします。まずは「ひみつの言葉」をカードに書きますが，次のようにします。
①カードは一人一枚書きます。
②書くのは，気持ちや様子を表す言葉とします。

T　例えば気持ちや様子を表す言葉には，どんな言葉がありますか。

> 気持ちを表す言葉なら，「嬉しい」とかかな。

> 他にもいろんな言葉があるよね。

> 様子を表す言葉なら，「大きい」などがあるね。

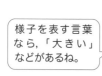

T　普段からよく使う言葉がいいですね。人を傷つけるような言葉は選ばないようにしましょう。

2 「ひみつの言葉」を引き出せるように，会話をしよう。

T　「ひみつの言葉」を引き出せるように会話をします。活動の流れを確認します。

> ①カードを交換して，②一人がカードを見せます。
> ③「ひみつの言葉」を引き出せるように会話をします。カードを持っている人は，どんな言葉が書かれているかは分かりません。
> ④カードを持っていない人は，カードを持っている人から二分間で「ひみつの言葉」を引き出してください。
> ⑤「ひみつの言葉」を引き出せたか，会話の内容を振り返ります。
> ⑥振り返ったら，カードを持って見せる人を交代して，活動を繰り返します。

T　書かれている言葉から連想できることや出来事を思い浮かべて会話しましょう。では，活動を始めましょう。

> 「早い」か…どう話したら引き出せるかな。

> カードに書いてある言葉は使わずに…

> そう言えば，いつも学校に来るのが…。

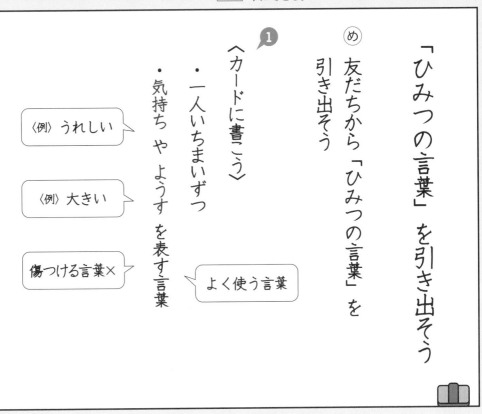

「ひみつの言葉」を引き出そう

め　友だちから「ひみつの言葉」を引き出そう

❶　「ひみつの言葉」を引き出そう

〈カードに書こう〉

・一人いちまいずつ

・気持ち や ようす を表す言葉

〈例〉うれしい

〈例〉大きい

よく使う言葉

傷つける言葉×

進めることができる。

3 カードを増やして，もう一度チャレンジしよう。

T　どの班も「ひみつの言葉」を引き出せたでしょうか。では，今度は一人二枚ずつカードを書いて，もう一度チャレンジしてみましょう。カードに書く「ひみつの言葉」は，まだ出ていない言葉とします。普段あまり使わない難しい言葉にしてもよいです。書き終わりましたか。では，2回目の活動を始めましょう。

僕は恐いと言うよりは，スリルがあって楽しいと感じたよ。

○○さんは□□が得意だから，その話題から取り上げたらどうかな。

そう言えば…この前の出来事を話題にしたら，「ひみつの言葉」を引き出せるのではないかな。

さっきより「ひみつの言葉」を引き出すのが難しいな。

2回目の活動については，残り時間や子どもたちの姿に応じて，柔軟に取り扱うようにする。

4 本時の学習を振り返り，感じたことを話し合おう。

T　では，ここで終了とします。今日の学習では，「ひみつの言葉」を引き出すために，相手のことを考えて会話をする活動をしました。活動を振り返って，感じたことを班で話し合いましょう。班で話し合ったことを全体に伝えましょう。

「ひみつの言葉」を引き出すのは難しかったです。言うかなと思ったけれど…

経験していることが人それぞれでちがうと感じました。

友だちの気持ちを考えて，会話をすることができたよ。

話しているうちに，友だちのことをもっと知ることができたと思います。

詩を楽しもう

かんがえるのって　おもしろい

◎ 指導目標 ◎

・詩を音読することができる。

・詩を読んでまとめた感想を共有し，自分の考えを広げることができる。

・進んで感想を共有することで自分の考えを広げ，今までの学習をいかして，音読しようとすることができる。

◎ 指導にあたって ◎

① 教材について

　『かんがえるのって　おもしろい』は，「考えることをおもしろい」，「仲良くすることを不思議」というように，児童にはあまりない考え方を言葉にしています。

　児童にとっては，少し面倒であろう「かんがえる」，それを「おもしろい」というのです。考えることで見えるものがあるということは，児童にとっては新鮮かもしれません。

　自分にとっての「かんがえる」を，友だちの「かんがえる」，詩の「かんがえる」との対話を通して，深まっていくおもしろい交流となるでしょう。

　二連目の「なかよくするってふしぎだね」「けんかするのもいいみたい」は，5年生の児童にとっては，すでに経験していることかも知れません。そんな経験を出し合うことを中心に交流できるとよいでしょう。二連目については，歌詞の内容を強調しすぎると「道徳」のようになってしまいます。ここでは，「なかよくするってふしぎだね　けんかするのもいいみたい」の「みたい」に注目させながら，自分の経験と結び付けることを大切にします。

　また，この詩は福島県いわき市立郷ケ丘小学校の校歌です。校歌はさいごに「ああ郷ケ丘小学校」とつきます。校歌であることを知らせ，歌詞ならではの表現の工夫も考えてみましょう。そうすれば対句表現になっていることが分かってきます。学校の校歌と比べてみると楽しいでしょう。

② 個別最適な学び・協働的な学びのために

　詩をすべて読んで感想を出し合うことも楽しいのですが，ここではまず一行だけ示して，どう思うか，自分の思いや考えを持たせることから始めます。

　『かんがえるのって　おもしろい』という題を，児童はどう思うのでしょうか。「おもしろくない！」「面倒くさい！」という教室の声が聞こえてきそうです。まず，「考える」「なかよくする」ことについて自分の思いを持ったうえで，この詩に書かれていることに出会ってみると，児童の中に何が生まれるのでしょう。生まれた思いを出し合うことで，詩の世界を深くしていくことをめざします。

知識 及び 技能	詩を音読している。
思考力，判断力，表現力等	「読むこと」において，詩を読んでまとめた感想を共有し，自分の考えを広げている。
主体的に学習に取り組む態度	進んで感想を共有することで自分の考えを広げ，今までの学習をいかして，音読しようとしている。

◎ 学習指導計画　全1時間 ◎

次	時	学習活動	指導上の留意点
1	1	・「かんがえるのっておもしろい」という題を聞いて，題について思うことを出し合う。 ・一連を読んで思ったことを交流する。 ・二連を読んで思ったことを交流する。 ・この詩が校歌であることを知り，校歌としての表現の工夫を考える。	・全文は示さないようにする。 ・「かんがえる」ことについて自分の思いが持てるようにする。 ・範読を聞かせ，その後音読させる。 ・一連は思いや考えの交流，二連は経験の交流を意識する。 ・歌詞であることから，対句表現に着目させる。

※教科書では，詩の後に『続けてみよう』として『日々のことを記録しよう』という学習が掲載されています。これを1時間で詩といっしょに学習するのは，学習内容から見て，また時間的に見ても難しいと思われます。本時とは別に学習時間を設けて，取り上げた方がよいでしょう。

かんがえるのって　おもしろい

本時の目標　「かんがえるのって　おもしろい」を音読し、思ったことや考えたことを話し合うことができる。

板書例

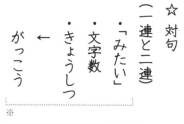

かんがえるのって　おもしろい

谷川　俊太郎

かんがえるのって　おもしろい
そらの・・・・・ふかく・・
しらない・・・・・みえて・・
どこか・・・・・いく・・
かんがえるのって　おもしろい
みらい・・・・・とんで・・
この・・・・・・この・・・・・・

なかよくするって　ふしぎ・・
けんか・・・・・いい・・・
しらない・・・・・か・・・
まえより・・・・すき・・・
この・・・・・この・・・・・・
みんな・・・・・そだっ・・

※教科書 P14, 15 の詩を掲示する。最初は、一連のみ掲示し、感想を出し合わせた後、最後まで掲示する。

☆ 対句
（一連と二連）
・「みたい」
・文字数
・きょうしつ
・がっこう　←

※

POINT　最初は全文を読ませないことで、自分の考えを持たせる。各自が考えを持てたあとで、詩に出会わせる。

1 題について思ったことを話し合おう。

教科書は開けずに『かんがえるのっておもしろい』という題だけを板書する。

T　今日は『かんがえるのっておもしろい』という題の詩について勉強します。

T　『かんがえるのっておもしろい』という題をどう思いますか。なぜそう思うのか理由も伝えましょう。

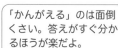
少しこういう経験があるよ。ミステリー小説を読んでいたときにトリックを考えることがおもしろかった。

「かんがえる」のは面倒くさい。答えがすぐ分かるほうが楽だよ。

グループで題について思いついたこと、考えたことを話し合わせる。

詩をすべて読んで感想を出し合うことも楽しいが、ここではまず一行だけ示して、自分の思いや考えを持たせることから始める。

2 一連を読んで、感想を出し合おう。

一連のみ掲示して、範読を聞かせる。その後、音読し、感想を出し合わせる。

T　一連を読んで分かったことや思ったことは何ですか。

「かんがえるのっておもしろい」の「って」に注目しました。「かんがえるのはおもしろい」っていうよりも本当に楽しそうです。

本当におもしろそうだと思った。遠い世界のことを考えてみるのはわたしも楽しいから。

T　言葉に着目して、どういうことを表しているか考えましょう。

C　「どこかとおくへ」と「しらないけしき」から「おもしろい」って想像しているのかなと思った。

T　自分が『かんがえる』ことに対して思ったことと、詩の『かんがえる』を比べてみるとどうですか。

C　「かんがえる」ことを、自分は面倒くさいことだと思ったけど、詩を読むとすごく楽しいことみたいだ。

C　しらないことが見えてきたり、深くなったり、未来に向かっていったり…、すてきなことに思えてくる。

準備物 ・（黒板掲示用）教科書P20, 21の詩の拡大版
※板書してもよい。

ICT 詩「かんがえるのっておもしろい」のデータを配信すると、感じたことや表現の工夫について気づいたことなどを直接記入でき、全体共有もしやすくなる。

① 詩を楽しもう
かんがえるのって　おもしろい

め 詩を読んで思ったこと、考えたことを話し合おう

② かんがえる　のって　おもしろい
・「って」…「は」よりも楽しそう
・遠い世界を考えることは、自分も楽しい
※

③ なかよくする　って　ふしぎだね
けんかするのも　いいみたい
・すきなところ　↑　けいけんがある
・友だちとけんかしたあと、もっとなかよくなれた
※

※児童の発言を簡単に板書する。

3 二連を読んで，感想を出し合おう。

二連を掲示し，範読。その後音読し，感想を出し合わせる。

T 二連を読んでどんなことを思いましたか。

C 「けんかするのもいいみたい」のところが好きです。わたしもそんな経験があります。

そのところは、「いい」じゃなくて「いいみたい」っていうのがいいと思う。けんかすることは、本当は嫌だけど、友達とけんかしたあと、もっと仲良くなれたと思えたことがあります。

ここは，自分たちの生活に結びつけて，経験を出し合わせる。「なかよくするってふしぎだね　けんかするのもいいみたい」にしぼって話し合うと出しやすいだろう。

T 「しらないきもち」という言葉が表していることを考えて，それを想像しましょう。

4 一連と二連を比べて，詩の歌詞としての工夫を考えよう。

T この詩は実は学校の校歌なんです。校歌らしい工夫はどこですか。

「いくみたい」と「いいみたい」で両方「みたい」と言っている。

「このおかのうえ」までは同じだけど、1番は「きょうしつ」で2番は「がっこう」と場所がより大きくなっている。

文字数が同じ。

この詩が福島県の学校の校歌であることを知らせ，歌の歌詞らしい工夫を探させ，出し合わせる。
詩の表現としては，対句になっていることを確認するとよい。

T 最後に，もう一度，えがかれていることを思いうかべながら音読しましょう。

教科書 P21 の『この本，読もう』の本を紹介してもよい。

名前を使って，自己しょうかい

全授業時間 1 時間

◎ 指導目標 ◎

- 言葉には，相手とのつながりをつくる働きがあることに気づくことができる。
- 文と文との接続の関係，話や文章の構成や展開について理解することができる。
- 目的や意図に応じて，感じたことや考えたことなどから，書く内容を選ぶことができる。
- 文章全体の構成や展開が明確になっているかなど，文章に対する感想を伝え合い，自分の文章のよいところを見つけることができる。

◎ 指導にあたって ◎

① 教材について

　　自分自身の名前を使って自己紹介文を書きます。自己紹介ですので，自身の特徴，特によい部分が前面に出るように書きたいものです。発達段階上，「自分のよいところ」を前面に押し出すのが恥ずかしかったり，「よいところが見つからない」と困ったりすることも想定されるでしょう。そこで，ペアやグループの友だちによいところを聴いてみるということ，すなわち対話が大切になってきます。外（友だち）から見て自分がどのように見えているかということを，友だちの口から聴くことで，安心して文章表現することができますし，自分自身に自信がもてます。

　　温かな学級経営にもつなげることができる教材と言えるでしょう。そういった観点からも，丁寧に学習計画を立て，お互いのよいところが交じり合うあたたかい雰囲気のもとで学習が進むように支援しましょう。

② 個別最適な学び・協働的な学びのために

　　自己紹介文を書く学習になるため，子どもたち一人ひとりのよさ，個性があふれる文章を書くことができるよう，雰囲気作りをしたいものです。文章を書いていく際には，自身の特徴やよいところを，ペアやグループの友だちに聴いてみて，対話的・協働的に文章を考えていくようにするとよいでしょう。「よいところ」にスポットライトを当てるので，あたたかな雰囲気の中で学習が進むので，学級経営にもよい影響が出てくるでしょう。当然，児童間のつながりも，あたたかく，強いものになっていきます。当然国語科の学習ですから，教員の声掛け次第では，協働的な学びの中で「倒置法」や「繰り返し」「比喩」などの表現の工夫が話されることも想定されます。そういった技法があることも念頭に置いて，児童のよりよい学びを支援していくようにしましょう。

知識 及び 技能	・言葉には，相手とのつながりをつくる働きがあることに気づいている。 ・文と文との接続の関係，話や文章の構成や展開について理解している。
思考力，判断力， 表現力等	・「書くこと」において，目的や意図に応じて，感じたことや考えたことをなどか らその内容を選んでいる。 ・「書くこと」において，文章全体の構成や展開が明確になっているかなど，文章 に対する感想を伝え合い，自分の文章のよいところを見つけている。
主体的に学習に 取り組む態度	積極的に文章の構成や展開について理解し，これまでの学習を活かして文章を書 こうとしている。

次	時	学習活動	指導上の留意点
1	1	①自己紹介文の作り方について説明を聴き，文章の書き方を捉える。 ②自己紹介文を書く。 ・名前の文字から始まる言葉を思い浮かべ，自分の書きたいことに合ったものを選ぶ。 ・前後の文とのつながりを考えながら，文章を書く。 ③書いた自己紹介文をグループで読み合い，感想を伝え合う。 ④グループでの交流を通して，よいと感じた作品を，学級全体に紹介する。 ⑤学習を振り返る。	・自身のよいところを中心に，自分の特徴が伝わるように自己紹介文を書くよう意識付ける。 ・ペアやグループで，互いのよいところや特徴，表現方法などについて自由に対話できる空間づくりをする。 ・文章のよさや工夫に着目して読み合い，感想を伝え合うように促す。 ・どのような点によさを感じたり，工夫を見出したりしたかも含めて紹介するように促す。

本時の目標 目的に応じて内容を選んで書き，感想を伝え合うことができる。

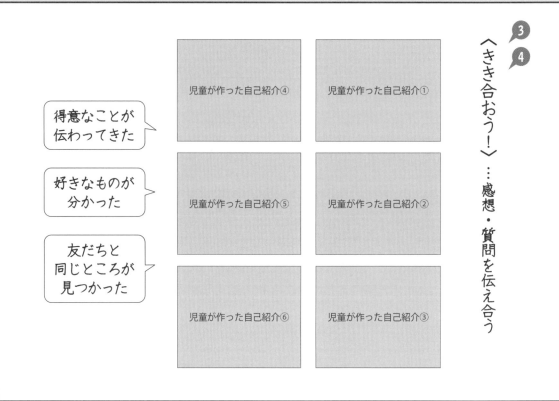

板書例

得意なことが伝わってきた

好きなものが分かった

友だちと同じところが見つかった

児童が作った自己紹介④

児童が作った自己紹介⑤

児童が作った自己紹介⑥

児童が作った自己紹介①

児童が作った自己紹介②

児童が作った自己紹介③

3
4

〈きき合おう！〉…感想・質問を伝え合う

POINT 自己紹介の例は，教員の名前を使って作ったものを例示などすると，児童は興味をもって聞き，活動内容をイメージしやすく

1 自分の名前を使って，自己紹介する例を聞こう。

T 自分の名前を使って自己紹介をする文を作りましょう。例えば先生の名前は「きらくけんた」ですね。先生はこのように自己紹介の文を考えました。気づいたことはありますか。
C 確かに！先生っていつも笑っていて，気楽に話しかけられるよね。
C いつも鬼ごっことかドッジボールをしてくれて，健康的で逞しいよね。
C 「楽天的」ってどういう意味かな。辞書で調べていいですか。
C いいところをいっぱい書いているね。

T どんな自己紹介の文にしたいですか。友だちと話し合いましょう。
C 悪いところよりは，いいところを紹介したいです。
C 好きなものや好きなこと，自分の特徴が伝わるようにしたいな。
C 自分では思いつかないところは友だちに聞きたいな。

2 自分の名前を使って，自己紹介する文章を書こう。

T では，自分の名前を使って，自己紹介をする文章を考えましょう。自分で文が思いつかなかったら，友だちに自分のいいところを聞いてみてくださいね。

僕のいいところってどんなところかな。友だちに聞いてみたいな。

前に好きな本を紹介する学習をしたから，その時のことを活かしてみようかな。

好きな食べ物とか，教科とか，本とか，うまく書けたらいいな。

一回書いてみたけれど，もっといい表現はできないかな。

書くことに困った時に友だちに聞きやすいよう，グループやペアで話し合いやすい席の配置にしておこう。

準備物
・ワークシート
・文書作成ソフト・データ（書き込み用）
・プレゼンテーション機能

ICT　スライド機能を使って名前を使った自己紹介を作成すると，共有機能を使って全体共有もしやすく，たくさんの児童の表現に触れることができる。

名前を使って、自己しょうかい

め　自分の名前を使って、自分をしょうかいする文を作りましょう

❶〈自己しょうかいの例〉

き……気軽にいつでも話せる、
ら……楽天的で明るく、ラグビーが大好きな、
く……苦しいことからめげずに乗りこえる、
けん…健康的で、
た……たくましい人です。

❷〈名前を使って紹介文を書こう！〉

・自分のいいところ　・特ちょう
・好きなもの　・こと

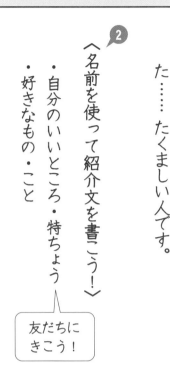

友だちにきこう！

なるだろう。

3 書いた自己紹介する文章を，班や全体で読み合って感想を伝え合おう。

T　書いた自己紹介する文章を，班で読み合いましょう。紹介文を読んだら，感想や意見を伝え合いましょう。

○○さんの趣味が読書だったなんて、知らなかったよ。

確かにいつも元気だよね。いつも一緒に笑っているよね。

僕もサッカーが大好きだよ。また一緒にやろうよ。

T　よいと思った友だちの作品を全体で紹介しましょう。

○○さんの作品が意外な発見があってよかったです。

□□さんの作品は特徴を掴んでいてよかったです。

友だちのよいところに目を向け，肯定的に受け止められるように，意識付けをしよう。

4 友だちや自分の書いた紹介文を読み合って感じたことを伝え合おう。

T　友だちや自分が書いた紹介文を読み合ってみて、どう感じましたか。班で聞き合いましょう。

友だちの得意なことが伝わってきてよかったよ。

自分の紹介を文にして表現するのが楽しかったよ。クラスの目標もこれでできないかな。

友だちと違うところがいっぱいあって、面白かったよ。

友だちとの共通点が見つかって、これからもっと仲良くできそう。

クラスの目標（合言葉）などを取り上げて紹介文を作るなど、アレンジをすることもできる。

人物の心情や人物どうしの関わりをとらえ，印象に残ったことを伝え合おう

銀色の裏地 A案

◎ 指導目標 ◎

・比喩や反復などの表現の工夫に気づくことができる。

・登場人物の相互関係や心情などについて，描写を基に捉えることができる。

・情報と情報との関係づけのしかた，図などによる語句と語句との関係の表し方を理解し，使うことができる。

◎ 指導にあたって ◎

① 教材について

　本単元は「銀色の裏地」を教材とし，登場人物の人物像や心情，関係性の変化を読み取り，「読書座談会」で強く印象に残ったことを伝え合うことを通して，読書の楽しさを再認識したり，物語を読み進める上での指針となる考え方を会得したりすることをねらいとしています。

　本単元を学ぶ価値は大きく二つあります。まず，進級したばかりの子どもたちにとって，主人公である「理緒」の心情や「高橋さん」との関係性の変化を切実な感覚として捉えるとともに，二人の友情の芽生えが勇気を与えるものになると思われます。また，単元の学習を通して国語科としてのねらいを充足させつつも，年度当初の子どもたちと「学び方」や「人と人との関係性」などの「ものの見方・考え方」そのものを学ぶことができる可能性を秘めた単元構成になっています。

　5 年生としての 1 年間のみならず，今後の読書生活をより豊かにしていくことを目指して，この時期に「印象を共有すること」や「本を読むこと」について学ぶ機会を得るために，様々な意味付け・価値付けをもたせたい単元とも言えます。

② 個別最適な学び・協働的な学びのために

　個々が捉えた読みを皆で共有し，精査・検討するからこそ，より良い答えや新しい考えに到達することができます。挙手・指名された数人の発表内容が，全体の共通認識であるように教師がまとめるような学習は，個別最適化学習にも協働的学習にもなっていないかもしれません。

　その上で力を入れたいのが「ノート指導」と「対話のあり方の指導」です。ノートは，自分の考えを書き記す「思考の発信基地」と位置付けます。その上で，対話や発表の前に自分の考えをもつために書く時間を短くテンポよく確保します。その際，着目した表現に対する自分の考えや人物同士の関係性を，その子らしい表現や工夫で書くことを承認し，皆でその書きぶりを共有すると良さが広がります。またペアトークやグループトークといった小集団での対話の場面を適宜取り入れるようにします。4 月の段階では「笑顔」「リアクション（うなずき・あいづちなど）する」「トークは質問から」などをグランドルール化し，集団の心地よい空気感の中で対話自体を楽しむことを大切にしましょう。

知識 及び 技能	・比喩や反復などの表現の工夫に気づいている。 ・情報と情報との関係づけのしかた，図などによる語句と語句との関係の表し方を理解し使っている。
思考力，判断力，表現力等	「読むこと」において，登場人物の相互関係や心情などについて，描写を基に捉えている。
主体的に学習に取り組む態度	粘り強く登場人物の相互関係や心情を捉え，学習の見通しをもって印象に残ったことを伝え合おうとしている。

◎ 学習指導計画　全5時間 ◎

次	時	学習活動	指導上の留意点
1	1	・印象に残る本（物語）とはどういうものか考える。 ・「銀色の裏地」読み，感想を交流する。 ・「銀色の裏地」読書座談会に向けて，学習計画を立てる。	・児童の読書経験を引き出しながら「あらすじ」や「人物像」，「人物同士の関係性」，「心情やものの見方・考え方の変化」などが物語の印象を語り合うためのポイントになることを確認する。
2	2	・主人公の人物像について考える。 ・人物像と関連付けながら，あらすじをまとめる。 ・主人公の心情の変化が分かるあらすじを小集団で検討する。	・「はじめ・なか・おわり」を意識した短い表現であらすじをまとめさせる。 ・だれの考えたあらすじがうまく表現できているか検討する過程を通して，主人公の心情の変化に着目させる。
2	3	・「理緒」の「高橋さん」に対する印象が分かる叙述を見つける。 ・「理緒」から見た「高橋さん」の人物像が一番変化したのはどこか，話し合う。	・「理緒」から見た「高橋さん」の人物像が分かる表現に着目させ，その中で一番大きく変化するきっかけとなったのはどこか問い掛け，思考と対話を促す。
	4	・読書座談会に向けて「銀色の裏地」の印象をまとめる。 ・物語を通して強く印象に残ったことを「読書座談会」で伝え合う。	・この時期だからこそ，座談会の進め方だけでなく，相互受容や支持的風土の醸成に関わる「学び手のあり方」もグランドルールとして確認する。
3	5	・学習を振り返り，「物語を読むことの意味や価値」について考える。 ・単元を通して学んだことをまとめ，単元全体をふり返る。	・物語を通して，心情の変化や人と人との関わりを考えることは，どんな意味があるか考え，感想をまとめさせる。

本時の目標 読書経験を出し合うことを通して，物語の印象を語り合うための観点を捉えるとともに，「銀色の裏地」読書座談会に向けた学習の見通しを持つことができる。

板書例

❸

〈読書座談会に向けて〉

① 主人公「理緒」の人物像

② 「高橋さん」に対する「理緒」の心情の変化

③ 「銀色の裏地」読書座談会

❹

今日のふり返り

A 今日の学習で学んだこと

B 読書座談会に向けて

C 物語を読むことについて

POINT 「今日のふり返り」の観点は，本時で示した後，次時以降は掲示物として提示してもよい。本時のめあては「印象に残る

1 本や物語が印象に残るとはどういうことか考えよう。

T 自分がこれまで出会った本の中で，どんな物語が心に残っていますか。

ごんぎつねは悲しいお話で心に残っています。

ハリーポッターはわくわくしながら読みました。

C わたしは，特に印象に残った本はありません。

T まだ出会ってないんですね。これからいい出会いをするためにも，一緒に考えていきましょうね。印象に残る物語には，どんな共通点があると思いますか。

C キャラが好きで，共感できる。

C ストーリーがおもしろい。

児童の読書経験を受け止め，引き出しながら，物語を読む観点と結びつけていく。

2 教師が銀色の裏地を範読し，初発の感想を共有しよう。

T 5年生の教科書にも，印象を考えるのにぴったりな物語が載っています。先生が今から「銀色の裏地」を音読しますから，どんなところが印象に残るか考えながら，皆さんは一緒に黙読しましょう。（教師範読）

T （範読終了後）どんなところが印象に残ったのか，ノートに書き出しましょう。

印象に残った内容を箇条書きで書き出すように指示する。そこを選んだ理由も書けるようなら書くように促す。

T それでは，グループで感想を交流しましょう。

理緒の気持ち，すごくわかる。

高橋さん，実はいい人だったね。

「さらに印象を深掘りした読書座談会を楽しもう」と投げ掛け，めあてを設定する。

準備物

ICT　文書作成機能等で「1枚ポートフォリオ」の形式に振り返りを記入していくと，データを共有したり蓄積したりしやすくなり，自己の変容を捉えることができる。

銀色の裏地　石井　睦美

① 印象 に残る本（物語）とは？

> 直接見たり聞いたりした時に深く心に残ったもの・こと

② 〈「銀色の裏地」を読んで〉
・あらすじ（ストーリー）
・登場人物（キャラクター）　　変化・成長
・人と人との関わり

・自分で…
・グループで…

め　読書座談会を計画しよう

本（物語）を共有したい」という思考の流れを後押しした後に提示する。

3　読書座談会で交流する「印象ポイント」を確認し，学習計画を立てよう。

T　どんな感想が話題に上ったか，教えてください。

> 理緒のもやもやする気持ちが，よく分かった。

> 高橋さんがいい役割を果たしたことです。

　　　児童の発言を受け止めながら，印象を語り合うためのポイントを焦点化していく。

T　読書座談会に向けて，みんなで特に読み深めたいことは何ですか。

C　主人公の理緒のことです。理緒の気持ちがどのように変わっていったのか，みんなで話し合いたいです。

C　高橋さんのことです。高橋さんは，なぜ理緒を助けようと思ったのか考えたいです。

T　それでは，理緒の人物像と，一番影響を与えた高橋さんとの関係について学習していきましょう。

4　今日の学習をふり返ろう。

T　学習のふり返りを，ノートに書きます。本単元で学習をふり返るときは，何となく思ったことや考えたこと書くのではなく【A 今日の学習で学んだこと】【B 読書座談会に向けて】【C 物語を読むことについて】の中から 1 ～ 3 個選んで書くようにしましょう。

　　　児童が自分の書きたい，または書きやすいふり返りの観点を 1 ～ 3 個選んで書くよう促す。（1 分程度，書く時間をとった後）

T　確認するので，手を挙げてくださいね。A を選んだ人，または選ぼうと考えている人？B を選んだ人，または選ぼうと考えている人？C を選んだ人，または選ぼうと考えている人？

T　次に 1 つ選んで書こうとしている人？2 つ選んで書こうとしている人？3 つとも選ぼうと考えている人？

　　　自分の学び方を客観的に判断できるよう，全体の中で確認するが，児童の主体的な判断は全てほめて認めて，尊重する。時間があれば，小集団でふり返りを共有させる。

板書例

④ 今日のふり返り

A 今日の学習を通して
B 読書座談会に向けて
C 物語を読むことについて

③ 第一回人物像の伝わる
あらすじコンテスト

① 個人で考える → 短くズバリ ＋ 多作

② グループで出し合う → いいね、なるほど
リアクション

③ 一番のおすすめを選ぶ → 理由くらべ

④ 今日の学級ナンバーワンを決める

POINT　ミニホワイトボードや画用紙等に人物像（班の代表作）を書かせ，板書の上に並べて掲示してもよい。赤字で板書した内容は

1　人物像とは何か考え，本時のめあてを設定しよう。

T　（「人物像」と板書する）読める人？「人物像」とは何だと思いますか。人物像に関する説明が教科書に書いてあります。見つけた人は，立って３回音読しましょう。

　　前時のふり返りをするよりも本時のねらいに直結する，かつ動きのある活動から入ることを意識する。

T　例えば，自分が知っている物語の主人公の中で，印象に残る人物と言えば，だれのことが思い浮かびますか。印象に残る理由と一緒に考えましょう。

C　「ごんぎつね」のごんです。兵十にうたれて死ぬ前に，自分のしたことがわかってもらえて，かわいそうでした。

　　児童のやり取りを通して「ストーリーと関連すること」や「主人公の変化や成長の描写」に焦点化していく。

T　どうやら主人公の人物像は物語のストーリーと密接に関係しているようですね。それでは，どのようにまとめれば，主人公の人物像が相手にうまく伝わるのでしょうか。

　　児童全体の課題意識を高めてからめあてを板書する。

2　人物像をあらすじと関連付けながらまとめる方法を知ろう。

T　「銀色の裏地」の主人公はだれですか。

C　理緒です。

T　多くの物語は，実はこのようなつくりになっています。（作成しておいた表を掲示する）

T　つまり「はじめ A だった理緒が，誰かとの出会いやその相手との出来事を通して，最後 B になる話」という説明だと人物像も分かりやすく伝わると思いませんか。これを「あらすじ」と言います。

T　例えば（選んだキャラクター）をあてはめると，どんなあらすじになりますか。

C　「ごんぎつね」では，いたずら好きなごんが兵十と出会って，人の気持ちを思いやれるきつねに成長していきました。

　　ここは，じっくりと考えたり，グループトークなどのやり取りをさせたりしたくなるところであるが，次の活動に時間を掛けたいことから，教師の投げ掛けと児童のつぶやきやペアトークを入れながら，テンポよく進めることを意識する。

　　「ひとりひとりちがっていい」という価値語を示し，考えたあらすじは全て正解であり，考えることや交流すること自体を楽しむ「学び合う空気感」をまずは大切にしたい。

銀色の裏地　石井　睦美

① 人物像　とは？
例えば ・ルフィ ・ドラえもん ・しんちゃん ・ごん ・豆太 ・がまくん

（人物の性格や特徴などを総合的にとらえたもの）

ストーリーと関係 ＋ 変化・成長

め　主人公の人物像をまとめよう

② 主人公…理緒　例えば ・ルフィ ・豆太 ・ごん

Aはじめの主人公　☆出来事　☆出会い
B変化・成長した主人公

「Aだった理緒が、☆を通してBになる話」＝あらすじ

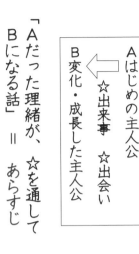

「学びの足跡」として黒板の左端や切った短冊等に残しておくようにするとよい。

3 どんなまとめ方をすれば, 人物像がうまく表現できるのか考えよう。

T　それでは「第1回人物像の伝わるあらすじコンテスト」を始めます。

　　児童が拍手や「イェーイ」などと盛り上がるように促す。

T　まず個人で考えます。次に班で出し合います。そして出し合った中から一つ班の代表を決めます。最後に, 学級全員でナンバーワンを決めましょう。

T　みんなが気持ちよく学び合うために「グランドルール」を決めておくことが大切です。個人で考える時に, 気をつけることや, 頑張りたいことはなんですか。グループで出し合う時に, 気をつけることや頑張りたいことはなんですか。一番のおすすめを決める時に, 気をつけることや頑張りたいことはなんですか。

　　それぞれの活動ごとに, 児童の様々な意見を受け止めながらグランドルールをテンポよく決めていく。

　　活動は, 時間を目安に進めるが, 個人や班の様子を見ながら微調整する。

　　学級ナンバーワンは多数決やポイント制などで決める。

4 今日の学習をふり返ろう。

T　学習のふり返りをノートに書きます。前回と同じく【A 今日の学習を通して】【B 読書座談会に向けて】【C 物語を読むことについて】の中から1～3個選んで書くようにしましょう。

　　児童が自分の書きたい, または書きやすいふり返りの観点を1～3個選んで3分間で書くよう促す。

T　皆さんは, ABC どれを選んだ人が多いと予想しますか？（予想を確認してもよい）

T　Aを選んだ人, または選ぼうと考えている人？ Bを選んだ人, または選ぼうと考えている人？ Cを選んだ人, または選ぼうと考えている人？

T　次に1つ選んで書こうとしている人？ 2つ選んで書こうとしている人？ 3つとも選ぼうと考えている人？

　　児童の主体的な判断は全てほめて認めて尊重するが, 本時のねらいや今後の学級経営を意識した（特に班での共有の楽しさやグランドルールに対する）記述を紹介してもよい。

　　時間があれば, 小集団でふり返りを共有させる。

本時の目標 「高橋さん」と「理緒」との関わりを捉え，「理緒」から見た「高橋さん」の人物像がどのように変化していったのか想像することができる。

板書例

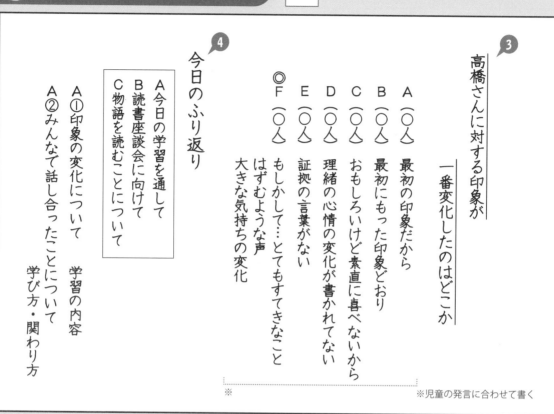

③ 高橋さんに対する印象が
一番変化したのはどこか

A （○人） 最初の印象だから
B （○人） 最初にもった印象どおり
C （○人） おもしろいけど素直に喜べないから
D （○人） 理緒の心情の変化が書かれてない
E （○人） 証拠の言葉がない
◎F （○人） もしかして…とてもすてきなこと
はずむような声
大きな気持ちの変化

※ ※児童の発言に合わせて書く

④ 今日のふり返り

A 今日の学習を通して
B 読書座談会に向けて
C 物語を読むことについて

A①印象の変化について　　学習の内容
A②みんなで話し合ったことについて　学び方・関わり方

POINT 「本文の叙述」「意見（発言）」「ポイント（価値語）」はチョークの色を分けて板書する。赤字で板書した内容は「学びの足跡」

1 対人物に対する印象は変わったのか考え，本時のめあてを設定しよう。

T 主人公の理緒の変化や成長に一番関係している登場人物はだれですか。
C 高橋さんです。
T そうですね。高橋さんのように，主人公の心情や行動を大きく変えさせた人物のことをこう言います。（「対人物」と板書する）
T 読める人？となりの人に「何となくでも読めるよね」と言いながら確認してみましょう。
　　「印象」や「対人物」といった重要語句が当たり前のように飛び交う学級を目指し，印象に残るような扱いを心がける。
T それでは，理緒の高橋さんに対する印象は最初から最後まで全く変わってないと思いますか。反対に最初と最後ではすごく変わったと思いますか。（挙手で確認する）
T 理緒の高橋さんに対する印象は，どのように変化していったのでしょうか。
　　児童全体の課題意識を高めてからめあてを板書する。

2 理緒の高橋さんに対する印象が分かる叙述を見つけよう。

T 理緒の高橋さんに対する印象，つまり高橋さんのことをどう思っているかが分かるところがたくさんありそうです。どこに書かれていますか？
探して教科書に線を引きましょう。
　　線を引く時は「短く」「たくさん」を意識させたい。
T 班で考えたことを共有しましょう。仲間と学び合うときに大切にするポイントがありましたよね。
　　グランドルールを確認し，活動時間を設定する。

「つんとすまして」から，冷たい感じがするなあ。
そうそう。
たしかに。
「わたしも苦手」から，同じで安心したと思う。

T どんな意見がでましたか。発表しましょう。
　　時系列（記述順）に板書していく。叙述は白で，意見は黄色にするなど，色チョークの役割を明確にしておくとよい。

準備物

ICT　スライド機能を使って，登場人物ごとに人物像の変化を整理し，物語の流れに応じて情報を増やしていくと，場面ごとの様子を捉えやすくなる。

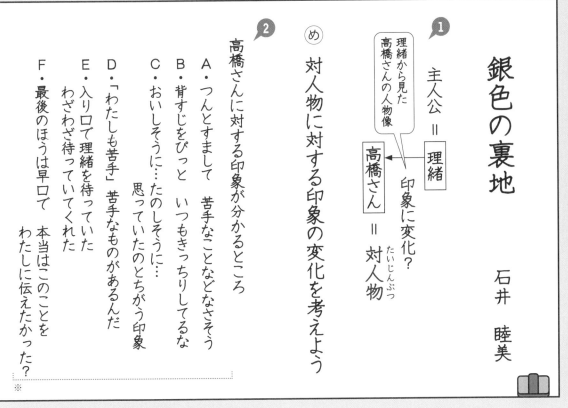

として黒板の左端や切った短冊等に残しておくようにするとよい。

3　高橋さんの印象が一番変化したのはどこか，自分の立場を決めて話し合おう。

児童が発表したものに記号（A～など）を打つ

T　理緒の高橋さんに対する印象が一番変わったのはどこだと思いますか。記号をノートに書きましょう。

わからなくてもとりあえず自分の立場を決めるように促す。

T　人数を確認します。（挙手で確認）

0人のところを使い，そこが違う理由を確認しておく。

T　なぜそう考えましたか？理由を「短くずばり」書きましょう。

他の場所が違うと思う理由も書くように促す。

T　同じ場所を選んだ人同士で作戦会議をしましょう。

場所を指定し，立場ごとに集まるように動かす。人数が少ないところは，意見の齟齬がない範囲で合体させてもよい。

T　後で反対意見を聞くので，まずは選んだ理由を発表していきましょう。

人数が少ないところから【選んだ理由】→【それに対する反論】の順で話し合いをコーディネートする。「笑顔で反論」「ひとりが美しい」など児童の姿から価値づける。

4　今日の学習をふり返ろう。

T　学習のふり返りをノートに書きます。今日は【A 今日の学習を通して】は必ず書くようにしましょう。特に【①高橋さんに対する印象の変化】という「学習の内容」についてと【②一番変化したのはどこかをみんなで話し合ったこと】という「学び方」や，その時の友達との関わり方についてふり返ってみましょう。

児童が自分の書きたい，または書きやすいふり返りの観点を1～3個選ぶ「自己選択」を重視するが，現段階ではふり返りの観点を教師がスモールステップで示すようにする。

3分間で書く時間を区切るようにする。

児童の主体的な判断は全てほめて認めて尊重するが，本時のねらいや今後の学級経営を意識した（特に班での共有の楽しさやグランドルールに対する）記述を紹介してもよい。

時間があれば，小集団でふり返りを共有させる。

銀色の裏地

第 **4** 時（4/5）

本時の目標：物語を通して強く印象に残ったことをまとめ、読書座談会で伝えるとともに、友達のもった印象と自分の印象を比べながら聞き取ることができる。

板書例

3 〈「銀色の裏地」読書座談会〉
・二分以内で話す　話しやすい空気
・時間があまったら　質問でつなぐ　全員でゴールする
※

4 今日のふり返り
◎ A 今日の学習で学んだこと
　B 読書座談会を終えて
　C 物語を読むことについて

・印象に残ったところは案外ちがった
・高橋さんは本当にいい人、友達になりたい
・新しい学級で心配する気持ちはよく分かる
・「銀色の裏地」の言葉の意味が深い
※

作者はなぜ題名を「銀色の裏地」に？
どんなメッセージが込められている？

POINT 「本文の叙述」「意見（発言）」「ポイント（価値語）」はチョークの色を分けて板書する。赤字で板書した内容は「学びの足跡」

1 本時のめあてと、印象を伝え合うための観点を確認しよう。

Ｔ　今日は読書座談会をします。これまで学習してきたことを生かして、物語の印象をみんなで語り合いましょう。

　単元の学習計画や本時までの学習を通して読書座談会を行うことは意識していることから、めあては冒頭から示す。

Ｔ　例えば、物語の中のどんな表現が印象に残りましたか。

高橋さんが言った「銀色の裏地」のお話です。

「はずむような声が出ていた」が心に残りました。

同様に自分の経験と重ねて感じたこともテンポよく尋ねる。まとめるための例示となるように板書する。

2 読書座談会に向けて「銀色の裏地」の印象をまとめよう。

Ｔ　読書座談会に向けて「銀色の裏地」の印象をノートにまとめていきます。【①強く印象に残ったこと】と【②なぜ印象に残ったのか】の二つの内容は必ずまとめておきたいですね。②はできれば【自分の経験と重ねて】書くことができると、自分らしさが伝わるまとめ方になりますよ。

　「印象をまとめること」は、自分の経験に引き寄せて理由付けをすることで、さらに自分らしい表現になる。

　また、様々な場面で「自分ならどうだろう」と、自分事として考えるための足掛かりとなる。

Ｔ　考える時間は 10 分間です。書けた人は自分の班以外の人に聞いてもらってもいいです。迷っている人も自分の班以外の人に相談してもかまいません。

　班で座談会を行うことから、それまでの共有や教え合いは班以外のところへ自分から交流に行くように促す。

準備物

ICT 「銀色の裏地」を読んで受けた印象について文書作成機能を使ってまとめるようにすると, 伝えたいことの順序の入れ替えなどしやすく, 考えをまとめやすい。

① め 読書座談会で、物語の印象を伝え合おう

銀色の裏地　石井　睦美

〈印象を伝え合うために〉

◇ 物語の中で印象に残った表現
・銀色の裏地（題・山場）
・くもったーじゃなかった
・はずむような声が出ていた　※

◇ 自分の経験と重ねて感じたこと
・似た経験がある　・気持ちが分かる
・新しい友達と仲よくなれた時のうれしさ　※

② 〈「銀色の裏地」の印象をまとめる〉
① 強く印象に残ったこと
② なぜ印象に残ったのか（自分の考え）
自分の経験と重ねて

※児童の発言に合わせて書く

として黒板の左端や切った短冊等に残しておくようにするとよい。

3 「銀色の裏地」読書座談会で, お互いの印象を伝え合おう。

T 読書座談会を始める前に, 笑顔と「美しい譲り合い」で発表の順番を決めましょう。時間は30秒です。
　笑顔でテンポよく決めている班や個人をほめて価値づける。

T 次にみんなで守るグランドルールを確認しましょう。一人2分以内で話します。この時, みなさんなら, どんなことを意識しますか。

C 顔を見ながら聞いてあげたいと思います。

C うなずきながら聞きます。

T 「話しやすい空気」をつくるのですね。時間が余ったら, 残りの時間はどうしますか。

C 質問して答えてもらえばいいと思います。

T 「質問でつなぐ」。いいですね。そうやって, 全員でゴールしましょう。それでは読書座談会を始めます。

【2分×班の人数】で活動を進める。
全体を見渡しながら, 児童の動きを細やかに観察するように意識する。

4 今日の学習をふり返ろう。

T 学習のふり返りをノートに書きます。今日はもちろん【B読書座談会を終えて】は必ず入れるようにしましょう。それでは, 始めましょう。

T 今日のふり返りを共有します。隣の人・近くの人と感想を話し合いましょう。

印象に残るところは案外みんなちがうよね。

高橋さんは本当にいい人だね。私も友だちになりたいな。

T どんな感想をもったのか発表してもらいます。
　挙手・指名による発言だけでなく, 列指名などを取り入れ, 「考えたら発言」「共有したら発言」が学級（学年）の当たり前の学習規律となるように意識する。
　児童の発言を整理しつつ「銀色の裏地」に込められた主題について投げ掛けることで, 次時に結び付ける。

本時の目標　単元の学習をふり返り, 物語を通して学ぶことにどんな意味があるのか考えることを通して,「本との出会い」や「読書の価値」について自分の考えをもつことができる。

板書例

③〈単元を通して学んだこと〉

◇　学習用語
・印象　・表現　・登場人物（キャラクター）
・人物像　・あらすじ　・対人物
・メッセージ＝主題

◇　学び方・関わり方（価値語）
・短くずばり　・多作　・リアクション
・理由くらべ　・話しやすい空気
・質問でつなぐ　・全員でゴールする
※　　　　　　　　　※

④　単元全体のふり返り
A　単元の学習を終えて
B　今日の学習で学んだこと
C　これからの読書生活について

POINT　「本文の叙述」「意見（発言）」「ポイント（価値語）」はチョークの色を分けて板書する。赤字で板書した内容は「学びの足跡」

1 めあてを確認し, 物語を読むことの意味や価値について考えよう。

T　「銀色の裏地」の学習を通して, 物語を読むことには, 意味や価値があることが分かりましたね。どんな意味や価値があるのでしょうか。

　　問い掛け, 課題意識を持たせた後に, めあてを提示する。

T　物語を読むことにはどんな意味や価値, つまりどんないいことがありますか。隣の人や近くの人と話し合ってみましょう。

T　どんな意見が出たか発表しましょう。

楽しい気持ちやわくわくした気持ちになります。

人がどんなことを思っているか想像できるようになります。

T　確かに物語から多くのことを学ぶことができると分かりましたね。

2 作者が「銀色の裏地」という題名に込めた思いや願いについて考えよう。

T　作者は何か読者に伝えたいことがあるから物語を書くといいます。そのために, 何十回, 何百回と読み返したり, 書き直したりして作品を仕上げるとのことです。つまり一文字も意味のない言葉は使われていないのがプロの書く文章です。

T　例えば, 石井睦美さんがつけた「銀色の裏地」という題名にもきっと意味があるのでしょうね。どんな意味が込められていると思いますか。隣の人や近くの人と話し合ってみましょう。

T　どんな意見が出たか発表しましょう。

　　児童の発言を整理しながら板書する。ある程度まとまったところで, それぞれの上に記号を書く。

T　この中で「これが一番作者の思いや願いにぴったりだ」と思うものに手を挙げましょう。

　　児童から出された意見は羅列したままにせず, 精査・解釈するために, 自己選択する場面を短くても作るようにする。

ICT　物語の題名の意味について考えたことを、共有機能を活用して全体共有し、対話的にその意味に迫っていくことで、物語全体を総括することができる。

銀色の裏地　石井　睦美

め　物語を読むことの意味や価値を考えよう

心情や人と人との関わりを考えること

① 〈物語を読むことの意味や価値とは〉
・楽しい気持ちになる　・わくわくする
・人の気持ちを想像できるようになる
・人と人とが関わることの大切さが学べる
※

② 作者は「銀色の裏地」という題名に、どんな意味をこめたのか
A・こまったことがあっても、いやなことがあっても
いいことはちゃんとある
B・いいことも悪いことも、自分の考え方しだい
C・自分の見えていないところに本物がある
D・本当の友達とは必ず出会える
メッセージ＝主題
※

物語には作者の思いや願いがこめられている

※児童の発言に合わせて書く

として黒板の左端や切った短冊等に残しておくようにするとよい。

3　単元を通して学んだことをふり返ろう。

T　これで単元全体の学習が終わりました。今回の単元を通して多くのことを学んできましたよね。どれぐらい頭に残っていますか。隣の人・近くの人に「ばっちり覚えているよね」と言いながら相談しましょう。

> メッセージのことを主題ということが分かったよね。

> 話すとき、リアクションしてもらえると話しやすくなるよね。

T　「学習用語」と「学び方・関わり方」に分けてまとめていきますね。相談した人？
　　発表はしたい人がするものではなく、考えた人（全員）が積極的に行うものだという学習規律を醸成していくために「相談した人？」という投げ掛けで発言を促す。

4　今日の学習をふり返ろう。

T　単元全体のふり返りをノートに書きます。（表示を掲示する）今日はいつもより時間を取るので三つとも書くように頑張りましょう。それでは始めましょう。
　　いつもより長く（5〜10分程度、児童の状況や本時の展開状況に応じて調整する）時間を設定し、じっくりと単元をふり返りながら感想を記述させる。

T　単元全体のふり返りを共有します。班で感想を話し合いましょう。

> これから物語を読むときは、主題を考えながら読んでみよう。

> なるほど。

> そうそう。

> みんなで話し合うのが楽しくなってきたよ。

　　これからも物語をはじめとする様々な書籍との出会いを通して多くのことを学び成長してほしいという願いを伝えて単元を終える。

人物の心情や人物どうしの関わりをとらえ，印象に残ったことを伝え合おう

銀色の裏地 B案

全授業時間 5 時間

◎ 指導目標 ◎

・比喩や反復などの表現の工夫に気づくことができる。

・登場人物の相互関係や心情などについて，描写を基に捉えることができる。

・情報と情報との関係づけのしかた，図などによる語句と語句との関係の表し方を理解し使うことができる。

◎ 指導にあたって ◎

① 教材について

　仲良し3人グループがクラス替えで2人と1人に分かれました。1人になった主人公の不満，新しいクラスの友だちに対する心の揺れと関わりの変化を文中から読みとり，印象に残ったことや考えを伝え合う教材です。友だち関係の変化とその中で揺れ動く心情 - 子どもたちの多くが経験することになるテーマです。読み手にとって身近な問題として，主人公の心情に共感することもできるでしょう。

　物語は，特別な出来事が起こるわけではなく，日常の生活が描かれています。その中で，主人公の心情の揺れや変化，友だち関係が変わっていきそうな予感が浮かび上がってきます。「銀色の裏地」という題に，子どもたちは初めは「？」と思うでしょうが，最後の主人公の「はずむような声」につながり，読んだ子どもたちも元気がもらえるのではないでしょうか。

② 個別最適な学び・協働的な学びのために

　主人公「理緒」の心情や他の人物とのかかわりがよく表われているところを見つける活動は，児童一人一人が教科書の本文に線を引き，気づいたことも書き加えます。その後の活動として，グループで交流して確かめ合ったり，見つけられない児童の援助をするのはよいでしょう。

　関係を図に表したり，心情や関わりの変化を読みとるところでも，同様に，まず自力で取り組んでみて，その後で，グループで交流や相互援助をしていくようにします。

　最後に，感想を交流する場面では，友だちと自分の共通点や違いを意識して聞き，友だち同士で学び合えるようにします。

知識 及び 技能	・比喩や反復などの表現の工夫に気づいている。 ・情報と情報との関係づけのしかた，図などによる語句と語句との関係の表し方を理解し使っている。
思考力，判断力，表現力等	「読むこと」において，登場人物の相互関係や心情などについて，描写を基に捉えている。
主体的に学習に取り組む態度	粘り強く登場人物の相互関係や心情を捉え，学習の見通しをもって印象に残ったことを伝え合おうとしている。

◎ 学習指導計画　全5時間 ◎

次	時	学習活動	指導上の留意点
1	1	・物語の内容を想像する。 ・物語を読み，場面に分ける。 ・学習課題と計画を確認し合う。	・登場人物の「心情」「人物どうしの関わり」というキーワードを意識させる。
2	2	・3つの場面で，主人公の心情と他の登場人物との関わりが分かるところを文中から見つける。 ・心情や人物どうしの関わりについて，気づいたことを書く。 ・主人公と登場人物の関係図を書く。	・理緒の心情や他の人との関わりを，文中から見つける。 ・見つけたことは，グループで交流して確かめ合う。 ・人物の関係図は，教科書を参考にして，工夫して書く。
2	3	・理緒の心情や友だちとの関わりのきっかけを見つける。 ・理緒は高橋さんをどのような人物だと思ったのか話し合う（変化の前と後） ・「銀色の裏地」の言葉の意味を考える。	・文中の言葉や会話を手がかりにして，理緒の心情の変化，友だちとの関わりの変化を読みとる。 ・読みとったことは話し合って確かめ，自分の考えも持てるようにしたい。
	4	・物語で強く印象に残ったところをノートに書き出す。 ・自分の考えや感想をノートに書き出す。 ・ノートに書いたことを基にして，考えたことをまとめる。	・印象に残ったことは何かを明確にする。 ・自分の考えや感想を整理し，それらを基にして考えをまとめた文章を書く。
3	5	・考えや感想を伝え合う。 ・友だちの意見から考えを深め，広げる。 ・学習を振り返る。 ・似たテーマの本に興味を持つ。	・友だちの発表を真剣に聞き，自分なりの意見を持たせる。 ・友だちの意見を受け入れて，自分の考えを深めたり広げたりする。

本時の目標　物語の内容を想像し，物語を読んで学習課題や学習計画を確かめ合って，学習の見通しを持つことができる。

板書例

④
☆ どのように学習

〔とらえよう〕　心情・人物の関わり

〔ふかめよう〕　心情・関わりの変化

〔まとめよう〕　印象に残ったことをまとめる

〔ひろげよう〕　考えたことを伝え合う

③
☆ どんなことを学習

心情、友だちどうしの関係・変化

印象に残ったこと・理由 → 考えを伝え合う

初めて読んで印象にのこったこと

どう変わるか、変わらないか

POINT 登場人物の「心情」「人物どうしの関わり」というキーワードを意識させ，読み進めていけるようにする。

---

1 どんな物語か，内容を想像してみよう。

T　物語の題を読みましょう。この題から，どんな内容を想像しますか。

C　「銀色の裏地」って，何かな？服か着物の裏地のことかな？

C　「銀色」に何か意味があるのかな？

C　これだけでは，何か想像できないよ。

T　とびらのページの挿絵と，下の文を読んで想像してみましょう。

絵はどこの場面かな？学校ではないし…，公園みたいな気がする。

「理緒」が主人公の名前だ。いろいろな人と出会って，心情がゆれる？

この絵は，どこかへいこうとしているのかな？普通の女の子みたいだね。

主人公の心がゆれるような出来事があったのは確かね。その出来事が何だろう。

2 物語を読んで感想を出し合い，三つの場面に分けよう。

T　では，本文を読んでみましょう。
　物語を交代して音読していく。

T　読んだ感想を出し合いましょう。

私も，クラス替えで嫌だと思った時があったわ。銀色の裏地って，雲の裏側だったのね。

理緒は，仲間はずれのような気持ちになったのかな？ぼくは友だちのことで悩んだことはないよ。

友だちの言葉で理緒の心が揺れ動くのは，分かるような気がする。

T　物語を読みかえして，三つの場面に分けましょう。

C　クラス替えの日の午後，児童館での３人で話している場面が初めだね。27 ページの終わりまでかな。

C　次が，高橋さんと隣同士になった教室の場面。給食の時間も同じ。31 ページの終わりまでだ。

C　三つ目が，プレーパークに行った場面。理緒と高橋さんの会話で，ここが物語のヤマ場になるね。

銀色の裏地

め　物語の内容を予想し、学習内容や進め方を確かめ合おう

①　☆ どんな物語か予想
- 題名から …………… ？
- とびらのさし絵から … 女の子
- とびらの文から …… 理緒　心のゆれ

②　☆ 物語を読む → 感想
（児童の発言）

三つの場面
① クラスがえの午後　児童館で
② 教室で―高橋さんとの出会い
③ プレーパークにいく

---

3 どのようなことを学習するのか、めあてを確かめ合おう。

T　この物語を読んでみて、どのようなことを学習していけばよいか、学習の目標を話し合いましょう。

扉のページの「読む」P36 の「問いをもとう」「目標」も参考にして話し合う。

三人組の中での理緒、高橋さんと理緒との関係も変わっていくから、それもみていく。

理緒の心情や友だち関係とその変化について、印象に残ったことや考えたことを伝え合う。

友だちに対する理緒の心情がどのように揺れ動いて、どう変わっていくのかを捉えていく。

T　初めて読んで、印象に残ったことはありますか。
C　「雲の上には…銀色に輝いている」という言葉。
C　私は「浮かんだばかりの笑みが、たちまち消える」というところかな。
T　学習していく中で、その印象に残ったところが、どう変わるか、変わらないか、最後に確かめあおうね。

4 学習の流れと進め方を確かめ合おう。

T　次の時間からの学習の進め方について、36, 37 ページで、学習の流れを確かめましょう。

とらえる
はじめに、心情や他の人物とのかかわりがわかる表現を見つけて、関係を図に表す。

ふかめる
次に心情や関わりの変化について考えて、学習を深めていくんだね。

ひろげる
最後に、印象にのこったことや考えたことを伝え合うんだ。

まとめる
まとめは、印象に残ったことと、自分の考えをまとめる。

T　何をめあてにして、どのように学習していくか、見通しが立てられましたか。
C　はい。まず、心情と人物どうしの関わりをしっかり読みとることが基になるね。
T　気づいたことや思ったことは、その都度教科書やノートにメモしておくと、後で役立ちます。

板書例

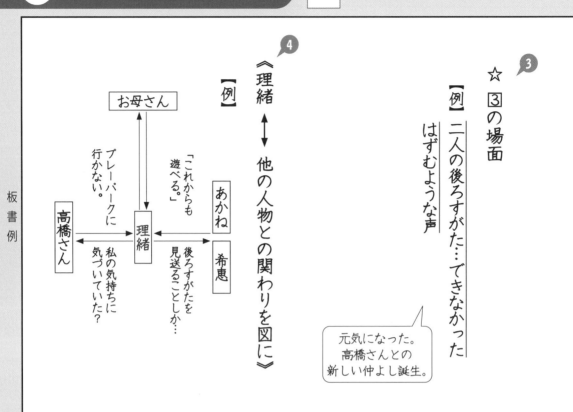

④
【例】
《理緒 ↔ 他の人物との関わりを図に》

お母さん

プレーパークに行かない。
「これからも遊べる。」

高橋さん ←→ 理緒 ← あかね
私の気持ちに気づいていた？　後ろすがたを見送ることしか… 希恵

③
☆ ③の場面
【例】 二人の後ろすがた…できなかった
はずむような声

元気になった。高橋さんとの新しい仲よし誕生。

POINT　理緒の心情や他の人との関わりを，文中から見つける。見つけたことは，グループで交流して確かめ合う。本時は，2時間

1 ①の場面で，理緒の心情や友だち関係が分かるところを見つけ，気づいたことを書こう。

①の場面　（P26，27）を音読する。
T　理緒の心情や，友だちとの関係が表れているところに線を引いて，グループで交流しましょう。

「理緒…仲良し三人組」のところに友だち関係が表われている。

クラスがえで「理緒は不満をぶちまけた」に理緒の心情が強く表われている。

「二人と一人に…理緒だった」のところからも３人の関係が分かる。

「うかんだばかりのえみが…消える」のところも理緒の心情が表われている。

T　線を引いたところに，気づいたことがあれば書きこみましょう。
C　えみがうかんで，一瞬喜んで，「でも」とあかねの声を聞いてすごく落胆した。
C　最後で理緒は，もうひとりぼっちになったような気分になっている。

2 ②の場面で，理緒の心情や友だち関係が分かるところを見つけ，気づいたことを書こう。

②の場面　（P28〜31）を音読する。
T　理緒の心情と友だち関係が表れているところに，同じように線を引いて，グループで交流しましょう。

「一度も同じクラスに…ことはない」と「理緒も知っていた」も高橋さんとの関係が分かる。

「つんつんしていない…その発見をなぜかすなおに…もやもやした」から心情が分かるよ。

「なんだかはなしかけにくい」に関わりも心情も表れていると思う。

T　また，線を引いたところに，気づいたことがあれば書きこみましょう。
C　高橋さんを敬遠している。去年のイメージが強い。
C　お母さんのいい加減さに，理緒は元気づいていた。
C　今までのイメージと違う高橋さんに気がついているけど，素直に認められないでいる。

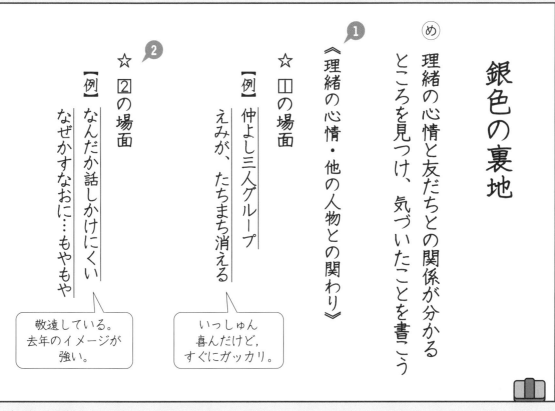

銀色の裏地

め　理緒の心情と友だちとの関係が分かるところを見つけ、気づいたことを書こう

❶《理緒の心情・他の人物との関わり》

☆①の場面

【例】仲よし三人グループ
　　　えみが、たちまち消える

> いっしゅん喜んだけど，すぐにガッカリ。

❷

☆②の場面

【例】なんだか話しかけにくい
　　　なぜかすなおに…もやもや

> 敬遠している。去年のイメージが強い。

あつかいでもよい。

3　③の場面で，理緒の心情や友だち関係が分かるところを見つけ，気づいたことを書こう。

③の場面（P32〜35）を音読する。
T　3の場面も，同じように線を引いて，グループで交流しましょう。

> 「二人の…しかできなかった」から，理緒の心情と二人（あかねと希恵）との関係がよく分かる。

> 絶好の天気って，「どういうことだろう」からも理緒の心情が分かるね。

> 最後の「はずむような声」から，理緒の心情がとてもよく分かるよ。

T　ここは線を引くところが多いですね。では，気づいたことも書きこみましょう。
C　高橋さんは，理緒の気持ちに気づいていたのかな？ただ銀色の裏地の話がしたかっただけかな？
C　高橋さんは，気持ちが優しいし，深いなあ。
C　元気になった理緒。高橋さんと新しい仲よし誕生。

4　理緒と友だちとの関係を図で表そう。

T　理緒と他の登場人物との関係が分かってきましたね。教科書37ページの下の「関係を図に表す」を見ましょう。
C　理緒を中心に，他の登場人物との関係が図に表してある。
T　この図を参考にして，線を引いたところを使って理緒と他の人たちとの関係を図に表しましょう。

> 私は，お母さんを上，二人を右，高橋さんを左に矢印でつないだ図にするわ。

> 二人から理緒へは「これからも遊べる」と書きこもう。

> 理緒から高橋さんへ，もう一つ。「私の気持ちに気づいていたの」。

T　書けたら，図を紹介し合いましょう。

板書例

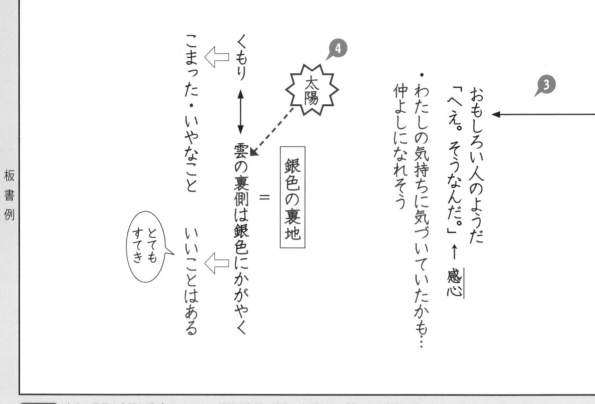

③

おもしろい人のようだ

「へえ。そうなんだ。」→ 感心

・わたしの気持ちに気づいていたかも…
・仲よしになれそう

④

太陽

くもり ↑↓ 雲の裏側は銀色にかがやく

銀色の裏地 ＝

こまった・いやなこと

いいことはある

とてもすてき

POINT　文中の言葉や会話を手がかりにして，理緒の心情の変化，友だちとの関わりの変化を読みとる。

---

1 理緒の心情や友だちに対する関わりが変化したきっかけを見つけよう。

T　理緒の高橋さんに対する心情や関わりは，初めと終わりとでは，同じでしたか，変わってきましたか。
C　変わってきた。
T　では，その変わるきっかけとなったのは，どんなことでしょう。

「プレーパークに行かない。」と誘ってくれたことかな。

給食の時間から少し変わりかけているけど，決定的なのは「銀色の裏地」の話をしてくれたことだよ。

給食時間の様子で，思っていたのと違って面白そうな人だと気づき始めているよ。

T　あかねや希恵との間のきっかけは何でしょう。
C　クラスがえで二人と一人に別れたことかな。
C　自分の気持ちが分かってもらえてないと感じた児童館での会話だと思う。

2 理緒は，高橋さんをはじめはどのような人物だと思っていたのだろうか。

T　理緒は，はじめは高橋さんをどんな人だと思っていたのですか。それは，どんなことから分かりますか。

つんとすましてえらそうにしていると思っていた。それは，作文コンクールの賞状を受け取る姿からそう思った。

それは理緒が文章を書くのが苦手だったから，そう思ったのかもしれないでしょう。

隣の席の高橋さんをチラリと見たときも，高橋さんの様子を見て，話しかけにくいと思っているよ。

T　高橋さんと席が並んで，どう思ったでしょうね。
C　隣がかべと高橋さんで，最悪！と思ったかな…。
C　教科書を忘れても，高橋さんには「見せて」と言えないと思ったので，かべに呼びかけてみたんだ。
C　挿絵でも，理緒は困ったような顔をしているよ。

銀色の裏地

㋱ 理緒の心情と友だちとの関係の変化について想像してみよう

☆ ① 変化のきっかけ
・給食時間の様子 ↑ 変わりかけ
・「プレーパークに行かない。」
・「銀色の裏地」の話 ↑ 決定的

☆ ② はじめ
・つんとすましてえらそうにしている
　話しかけにくい　教科書も見せてと言えない

3　理緒は，高橋さんをどのような人物だと思うよう変化してきたか。

T　理緒の高橋さんを見る目が変わってきました。どんな人だと思うようになってきたのですか。それは，どんなことから分かりますか。

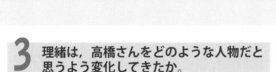

給食を美味しそうに食べて，楽しそうにおしゃべりしているのを見て，面白い人だと思った。

私の気持ちに気づいてくれている人かもしれないと思っている。

「へえ。そうなんだ。」と言って，外国のことわざを知っている高橋さんに感心している。物知りだと思ったのかな。

きっと，いい友だちになれそうだと思ったのだよ。だから，はずむような声が出ていたのだと思う。

T　これから，理緒と高橋さんの関係は，どうなっていくと思いますか。
C　仲よし二人組になっていくと思う。

4　「銀色の雲」という言葉の意味について考えよう。

T　この物語のタイトルの「銀色の裏地」とは，何のことだったのですか。
C　雲の裏側のことです。
C　雲の上にある太陽に照らされて，雲の裏側は，いつも銀色に輝いている。
T　「うん。くもっていても…あるんだって。」の高橋さんの話についてどう思いますか。

曇っていても雲の裏側は銀色に輝いていると想像するのはとてもすてきだと理緒はいっている。私もそう思うわ。

分厚い雲はいやなことで，銀色の裏地はいいこと，だから，銀色の裏地を探そうと言っている。

高橋さんと同じクラスになって，理緒はよかったね。

おじいちゃんは，すごくいい話をしてくれた。それを理緒に話す高橋さんもすごいと思う。

板書例

☆ まとめて書く

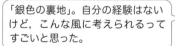

《考えのまとめ方》
・印象に残ったこと
・自分の考え，感じたこと　⇒　自分の経験

【例】
「はずむような声が出ていた。」というところが強く印象に残った。初めて，理緒が明るい気持ちになったことが表現されている。読む方も明るい気持ちになり，これからの二人の関係も予想できる。

POINT　強く印象に残ったことは何かを明確にすることが出発点になる。それについての自分の考えや感想を整理し，それらを

1 物語の中の印象的な表現について書き，話し合おう。

T　理緒の心情や友だち関係と，その変化について学習してきました。もう一度物語を黙読して，強く印象に残ったところを，ノートに書きましょう。

C　「二人の後ろすがたを見送ることしかできなかった。」のところが一番強く印象に残った。

C　わたしは，やっぱり「銀色の裏地」かな。

T　友だちが選んだ印象的な表現について，思ったことを出し合いましょう。

グループで交流して話し合う。

わたしは，「だまってくもり空を見上げ続けた」が印象に残った。

この時の理緒の気持ちがその後に書いてあるね。ぼくは，違うところを選んだけど，ここもいいなあと思うよ。

わたしは，そこよりも，「はずむような声」の方が，印象に残ったわ。

言われてみたら，黙って「見上げ続けた」姿がすごく印象に残るね。

2 印象に残ったことについて自分の考えや感じたことを書こう。

T　次は，印象に残ったことについての自分の考えや感じたことをノートに簡単に書きましょう。

C　箇条書きやメモ書きでもいいですか。

T　後で文章にまとめます。今はそれでいいです。できれば，自分の経験と重ねて書いてみましょう。

「二人の後ろすがたを…しかできなかった」のところ。わたしも同じような経験があったから，強く印象に残った。

「銀色の裏地」。自分の経験はないけど，こんな風に考えられるってすごいと思った。

さっきの友だちの意見を聞いて「だまってくもり空を…」に変えた。すごく，いろいろな意味が込められた文だと思う。

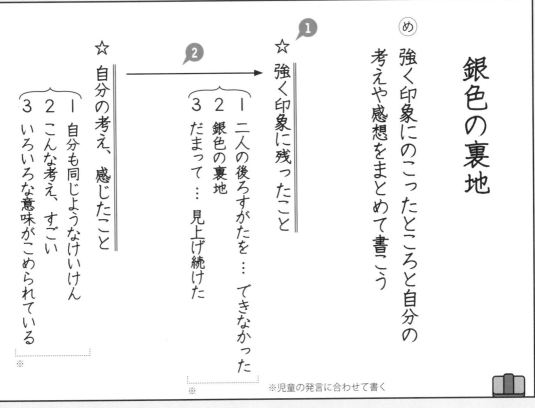

め　強く印象にのこったところと自分の考えや感想をまとめて書こう

銀色の裏地

☆　強く印象に残ったこと　①

　　一　二人の後ろすがたを … できなかった
　　二　銀色の裏地
　　三　だまって … 見上げ続けた　②
　　　　　　　　　　　　　　　　　　※

☆　自分の考え、感じたこと
　　一　自分も同じようなけいけん
　　二　こんな考え、すごい
　　三　いろいろな意味がこめられている
　　　　　　　　　　　　　　　　　　※

※児童の発言に合わせて書く

基にして考えをまとめた文章を書く。

3　印象に残ったこと・自分の考えや感じたことのまとめ方を確かめよう。

T　では，強く印象に残ったことやそれについて考えたこと，感じたことをまとめていきます。
C　印象に残っていることはあるけど，それについて考えたことや感じたこともまとめるんだね。
T　教科書37ページの「考えのまとめ方」を見てみましょう。「自分の考え」の―――にどんな言葉が入るか考えてみてもいいですね。

印象に残ったことと，それについて自分が考えたことや感じたことをまとめればいいんだ。

これぐらいならわりと簡単にまとめられそうだわ。「銀色の裏地」が印象にのこった人は多いだろうね。

―のところは，「銀色の裏地の話をしたかった」のだね。高橋さんはこの話が気に入っているのだよ。

理緒の気持ちに気づいて励まそうとしたのだと思う。この高橋さんの行動で二人は仲よしになれたのよ。

4　物語で印象に残ったことについて，感想をまとめよう。

T　今日，ここまで学習してきたことを基にして，物語を読んで印象に残ったことと，それについての自分の考えや意見をまとめて書きましょう。
C　教科書の「考えのまとめ方」のように書いたらいいんだね。
C　印象に残ったところも，自分の考えや感じたこともノートに書いているから，それを文章にまとめたらいいだけだよ。

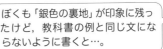
「はずむような声が出ていた。」が一番印象に残った。初めて理緒が明るい気持ちに…。

ぼくも「銀色の裏地」が印象に残ったけど，教科書の例と同じ文にならないように書くと…。

「うかんだばかりの…たちまち消える。」が強く印象に残った。嬉しい気持ちから。いきなり突き落とされたような…。

<table>
<tr><td>本時の目標</td><td>・物語を読んで考えたことや感想を伝え合い、互いの意見から学び合うことができる。
・学習を振り返り、これからの学習に生かそうとすることができる。</td></tr>
</table>

板書例

4
《この本、読もう》
友だち関係がテーマの本
・くわしい内容を調べよう
・読んでみよう → 「友だち関係」を考える

自分のものの見方、考え方を広げる

←

3
《学習をふりかえる》
・心情や物語を印象づける表現
・何に着目 → 心情、友だち関係
・心情や人どうしの関わりを考える意味
「たいせつ」…表現に着目

POINT 友だちの発表を真剣に聞き、自分なりの意見が持てる。また、友だちの意見を受け入れて、自分の考えを深めたり広げたり

1 物語を読んで考えたことや感想を伝え合おう。

T　前の時間にまとめた、物語を読んで考えたことや感じたことを伝え合いましょう。友だちの発表に対しての意見があれば、伝えましょう。

　　グループで1人ずつ順に全員が発表する。1人ずつ発表が終わる度に、発表に対する意見を述べる。

ぼくは、「だまってくもり空を見上げ続けた」が一番印象に残りました。特に「だまって」と「続けた」に理緒のいろいろな心情が表れています。

わたしは、そんなに深くは考えないで、2人がただ並んで空を見上げている姿が印象的だったから同じところを選んだけど…。

理緒は、雲の裏側は銀色に輝いていると想像するのは、とてもすてきだと思った。だから、自分も想像しながら見上げ続けていたかったのだよ。

2 友だちの話を聞いて、考えが深まったり広がったことを書こう。

T　グループで発表し合って、意見も出し合いましたね。その友だちの意見を聞いて、自分の考えがさらに深まったり、広まったことはありませんか。それをノートに書きましょう。

「はずむような声」から、明るい気持ちになったことは分かったけど、そこには高橋さんと心が通い合った嬉しさもあったのか…。

そうか、理緒は、とてもすてきだという思いだけでなくて、高橋さんと一緒に雲を見上げていたいという気持もあったかもしれないな。

主人公の理緒の心情だけでなく、高橋さんの心情も少しは考えてみてもよかったかな。

C　友だちの意見を聞いて、自分の気づかなかったことがよく分かった。

ICT　前時に作成した自分の考えをまとめた文章データを全体共有することで，互いの感じ方に触れ合うことでより読みを深められ，学習の様子も見取りやすくなる。

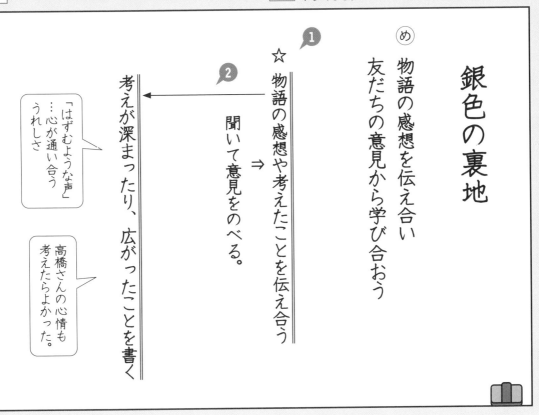

銀色の裏地

め　物語の感想を伝え合い
　　友だちの意見から学び合おう

☆ ①物語の感想や考えたことを伝え合う
　　　→　聞いて意見をのべる。

② 考えが深まったり、広がったことを書く

「はずむような声」
…心が通い合う
うれしさ

高橋さんの心情も
考えたらよかった。

できる。

3 学習したことを振り返ろう。

T　教科書の「ふりかえろう」を読んで，思ったことを話し合いましょう。

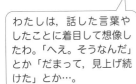

物語が理緒の目を通して書かれているから，理緒の心情のゆれがとても印象に残った。

わたしは，話した言葉やしたことに着目して想像したわ。「へえ。そうなんだ」とか「だまって，見上げ続けた」とか…。

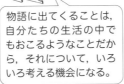

物語に出てくることは，自分たちの生活の中でもおこるようなことだから，それについて，いろいろ考える機会になる。

T　「たいせつ」「いかそう」も読みましょう。
C　「えみがうかぶ，消える」で心情がよくわかった。
C　理緒の心の中の言葉がいっぱい出てきたから，心情やその変化がよくわかった。
C　自分のものの見方や考え方も，少しは広がった…かな？どこかでいかせるかもしれないね。

4 似たようなテーマの本を読んでみよう。

T　「この本読もう」に出てくる本のどれかを読んだことがありますか。
C　読んだことがない。
C　どれも，友だちとの関係がテーマになっているような物語だね。
C　教科書の説明より，もう少し詳しく知りたいな。
T　では，もう少し3冊の本のあらすじを調べましょう。他に，似たようなテーマの本がないかも調べてみましょう。

インターネットを使って，出版社の宣伝や本の紹介などで調べる。

見えていなかった「テツヨシ」のウラガワの顔って何だろう？この本を絶対読んでみたいよ。

心が離れていった秋とモッチが，どのようにして，再び仲よしになれたのか知りたいな…

T　是非，どれかの本を読んで，友だち関係について考えてみましょう。

図書館を使いこなそう

◎ 指導目標 ◎

・日常的に読書に親しみ，読書が，自分の考えを広げたり，役立ったりすることに気づくことができる。
・本を探して，記録カードを書く。

◎ 指導にあたって ◎

① **教材について**

　　これまでに，学校の図書室を利用したことがある児童は多いでしょう。しかし，図書館での本の選び方を知っている児童は少ないと考えられます。本教材では「日本十進分類法」について知り，これを知っていれば目的の本が図書館で探しやすいことを理解させます。実際にこの方法を知った上で，図書館で目的の本を探し，記録カードに記入させます。

　　子どもも大人も，書物離れが顕著になってきているという声が聞かれる昨今です。図書館の利用の仕方が分かり，国語だけでなく，他の教科の学習や日常生活の中でも図書館の利用が増え，本に親しむ機会が多くなることを目ざしましょう。

② **個別最適な学び・協働的な学びのために**

　　選びたい本のテーマやキーワードを設定するのに手間取ったり，本がうまく見つけられない児童がいるかもしれません。その場合は，友だちどうしや班などのグループで協力し合うようにします。

　　1 時間で「日本十進分類法」について知り，実際に本を選んで読み，記録カードに書き込む活動の設定には無理があります。主体的・対話的で深い学びを目ざすのなら，時間にとらわれずに本から調べる楽しさを味わわせ，学んだことを対話で共有し，深める時間が必要です。本教材で配当している 1 時間で終わるのではなく，時間数を増やしたり，あるいは，他の機会にも図書館の利用の仕方が学べるように工夫することで，学びを広げたり深めたりすることも大切です。

知識 及び 技能	日常的に読書に親しみ，読書が，自分の考えを広げたり，役立つことに気づくことができる。
主体的に学習に取り組む態度	進んで読書が自分の考えを広げたり，役立つことに気づく。これまでの学習をいかして本を探し，記録カードを書こうとしている。

◎　学 習 指 導 計 画　　全 1 時 間　◎

次	時	学習活動	指導上の留意点
1	1	・読みたい本を借りた経験交流。 ・「日本十進分類法」について知る。 ・図書館で目的の本を探して読む。 ・本を読んで分かったことを記録カードに書き，学習のまとめをする。	・図書館では「日本十進分類法」に基づいて本が置かれていることを知り，実際に本を選ぶ体験をさせ，今後も図書館を有効に利用できるようにする。 ・本などには著作権があることを理解させ，活用の際には気をつけられるようにする。

本時の目標：図書館で目的の本を探す方法が分かり，探した本を読んで分かったことを記録カードに書くことができる。

板書例

まとめ
テーマをしぼってさがす
複数のたなで探す

4 記録カードに書く

◎テーマやキーワード
複数のたな ←

◎内容別に〇～9
3 さらにこまかく ←

POINT　図書館での本の選び方を習得することを第一とする。1時間で読んで記録することまで行うには難しい本もあるので，

1 図書館で読みたい本をどのように探しているか，経験を交流しよう。

T　図書館で本を探したことがありますか。
　　図書館で本を探した経験を交流する。
C　学校の図書室で，昆虫の本を探したことがある。
C　社会科で，低い土地でのくらしの本を探しました。
C　学校の図書室には行くけど，市の図書館は行ったことがありません。
T　<u>図書館で，読みたい本をどのように探しましたか。</u>

入り口に，どこにどんな本があるか書いてあるので，それで探したわ。

探したい本が，三つのちがうたなで見つかりました。どうしてかな？

ずーっと見て回って，読みたい本が集まっているところを探しました。

教科書の馬について調べる例を見る。
C　同じ馬の本でも内容によって，置く場所が違う！

2 読みたい本の探し方を確かめ，著作物を利用するときのルールを知ろう。

T　読みたい本の，何かよい見つけ方はないでしょうか。
C　図書館の人に聞くのが一番です。
C　みんなが聞きに行ったら図書館の人が困るよ。
C　じゃあ，置き方のきまりがあれば，探しやすいね。
T　<u>そのきまりがあるのです。「日本十進分類法」と言います。教科書の図で調べてみましょう。</u>

自然に関わる本でもさらに細かく分けてある。きっと他の本もそうだね。

本の内容によって10に分けてある。分かれば探しやすいね。

これなら，置いてある場所が絞れて，楽に探せそうだ。

T　本などの著作物を使うときのルールを教科書で確かめましょう。（著作物についての説明も読む）
C　著作物を使うときは，作者の許可が必要なんだ。
C　でも，許可が必要ない場合もあるんだね。

準備物	・日本十進分類法の表（教科書P40の図の拡大版） ・記録カード（児童数×複数枚）QR	ICT	記録用カードのデータを配信すると，児童はカードのデータを何度も複製して，複数の本の記録を残すことができるので，互いに読んだ本の情報を共有できる。

図書館を使いこなそう

め 本の探し方が分かり、本から
調べたことを記録カードに書こう

① 図書館で本を探したことは？
どのように
置く場所がいろいろ

② 本の置き方のきまり

日本十進分類法

著作物

日本十進分類法の表
（教科書の拡大版）

授業時数をあと1時間増やせられるならその方がよい。

---

3 図書館で本を探して読もう。

学校の図書室または市の図書館で，実際に本を探してみる。
T では，日本十進分類法で目的の本を見つけてみましょう。

> ブラックホールを調べたいから，4自然に関わる本の44から探せばいいんだ。

> 俳句について調べたいけど，7かな？8かな？

> ぼくはラグビーのことが知りたいので，7の中から探すよ。

T 他にどんな探し方があるか，教科書を見ましょう。
C テーマやキーワードで探す。
C 大好きなピザについて調べたい。まずは百科事典で調べよう。ピザの作り方は，6の分類になるかな。
C 百人一首について，2と9で調べてみよう。
T 本が見つかったら，読みましょう。
C 方法が分かれば簡単に見つかるね。

---

4 読んだことを記録カードに書き込み，学習をふりかえる。

T 選んだ本を読み，教科書の記録例を参考にして，記録カードに書き入れましょう。
記録カードを配る（後からも使えるように複数枚配布）QR

> 枕草子を読んでみた。作者は清少納言。一番印象に残ったのは・・・おすすめ度は☆4つかな。

> ラグビーはもともと学校の名前だった。最初のルールは・・・

T 本探しで気づいたことをグループで話しましょう。
C テーマをもっと絞った方が探しやすかったと思う。
C 関連する本でも内容によって，ちがう棚で見つかることもあった。
T これから図書館をどのように利用していこうと思いますか。
C 本の探し方が分かったので，社会科や理科の勉強でも，もっと利用していきたい。
C 1カ所だけでなく，他のたなでも関連する本を探したい。

漢字の成り立ち

◎ 指導目標 ◎

・漢字の由来，特質などについて理解することができる。
・進んで漢字の成り立ちについて関心をもち，学習課題に沿って，それらを理解しようとすることができる。

◎ 指導にあたって ◎

① 教材について

　児童は，漢字が絵から発達してきた文字であることは知っています。さらに，漢字の部分が音や意味を表すことも経験的に知っています。しかし，漢字の成り立ちにいくつかの種類があることや，それを踏まえて漢字を分類することは初めての経験です。漢字の成り立ちを理解することで，ただ暗記するだけだったたくさんの漢字に対する見方が変わったり，より興味・関心を深めたりすることが期待されます。

　漢字は，主に象形文字を原型として発達し，それらを組み合わせることで新しい漢字が作られています。それらを理解することは，組み合わされた部分から読み方や意味を予想したり，同音異義語の間違いに気づいたりするなど，漢字の意味理解をより深めることになります。

② 個別最適な学び・協働的な学びのために

　本教材では，絵，記号，印，漢字の部分の組み合わせなどから，どのような漢字になるか考える活動が多くあります。また，漢字の 4 つの成り立ちの知識を生かして，様々な漢字を分類する活動もあります。これらの場面では，児童に対話をしながら考えさせることで，様々な視点から漢字をとらえ，理解を深めることにつながります。

　学習の中に，クイズ的な要素も多く取り入れ，楽しく学習できるように工夫をしています。漢字学習は「覚えるのが苦痛」「楽しくない」と思ってきた児童も少なくないでしょう。この機会に漢字への見方を変え，漢字に興味を持つようになれば，これからの学習により主体的に取り組むこともできるでしょう。さらに，4 年生で学んだ漢字辞典の使い方を改めて確かめることで，活用への意欲を高めることにもなります。

知識 及び 技能	漢字の由来，特質などについて理解している。
主体的に学習に取り組む態度	進んで漢字の成り立ちについて関心をもち，学習課題に沿って，それらを理解しようとしている。

◎ 学習指導計画　全 2 時間 ◎

次	時	学習活動	指導上の留意点
1	1	・象形をもとにどんな漢字になるか考える。 ・漢字の成り立ちには，4 つの種類があることを知る。 ・象形文字，指示文字，会意文字，形声文字について特徴や由来を考える。 ・漢字を 4 つの成り立ちに分類する。	・漢字の 4 つの成り立ちのそれぞれについて，具体的な例字をもとに理解させる。 ・最後にクイズで仲間分けをして，興味を次の時間へつなげる。
	2	・漢字クイズ（絵解き・たし算）で導入する。 ・教科書の問題で，漢字の音の部分と意味の部分を見分ける。 ・教科書の問題で，出題された漢字の成り立ちを調べる。 ・漢字読みクイズをして，まとめをする。	・様々に変化を持たせたクイズや問題に答えることを通して，楽しみながら漢字の成り立ちの理解を深めていく。

漢字の成り立ち

第 1 時 (1/2)

板書例

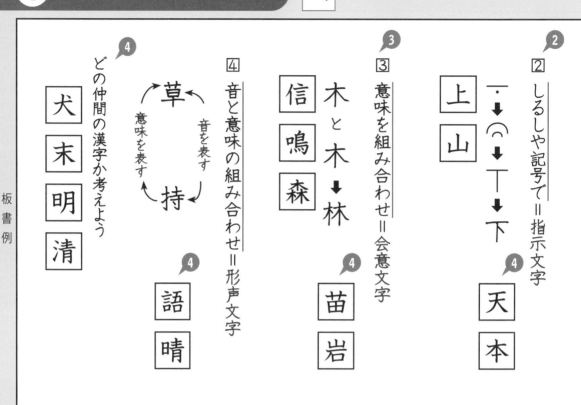

4 どの仲間の漢字か考えよう

犬　末　明　清

4 草
意味を表す → 持 ← 音を表す

④ 音と意味の組み合わせ＝形声文字

4 語　晴

③ 信　鳴　森

3 木 と 木 → 林

③ 意味を組み合わせ＝会意文字

4 苗　岩

2 しるしや記号で＝指示文字

上　山

・ → ー（ ）
→ ┬ → 下

4 天　本

POINT　漢字の成り立ちについて，4 つの分け方のそれぞれの特徴と用語（象形文字，指示文字，会意文字，形声文字）をおさえ，

---

1 形をもとに，どんな漢字になるか考えよう。

教科書の 2 つの形から，どんな字になったのか考える。

T　それぞれ，どんな字になるでしょう？

はじめの絵は何だろう？亀かな…，違う！魚だ。魚という字に似ている。

次のは，上の絵からは分からないけど，次を見たらすぐ分かる。「車」だよ。

上の部分が頭で真ん中の「田」が体，下の点 4 つがしっぽだよ。

上と下の棒は車輪を上から見たところで，縦棒が車輪の軸だね。

T　漢字がどのようにして生まれたのか，絵の横にある説明も読みましょう。

C　今から三千年も前に中国で生まれた！

C　はじめは物の形や様子を絵のように描いていた。

C　それがだんだん変化したり組み合わされて今の漢字になったのか。

T　では，漢字誕生の謎に迫っていきましょう。

2 象形文字①と指示文字②について考えよう。

T　漢字の成り立ちは大きく分けて 4 つあります。まず①はどのようにしてできた漢字ですか。（象形文字）

T　物の形を描いたものです。魚や車と似ているね。（馬の 3 つの例を比べさせる）（象形文字）

C　真ん中の絵の上の部分が馬の頭と胴みたいだね。

C　左に伸びている 4 本線が足で，漢字では下の 4 つの点になる。点の右がしっぽの部分になる。

T　②の漢字の山，門，手も考えてみましょう。（漢字カードを提示する）（指示文字）

C　「山」の縦の 3 本線は，とがった 3 つの山の形だ。

T　②はどのようにしてできた漢字ですか。

目に見えない事柄を，印や記号で表している。

線の上に●があるから「上」。下に●があれば「下」だね。

上や下は物ではないから，形では表せない。

「三」は，線が 3 本かな。分かりやすいね。

象形文字，指示文字という言葉も教科書で見ておく。

66

準備物	・漢字カード QR 「山」「門」「手」「上」「三」「信」「鳴」「森」「皿」 「苗」「天」「弓」「語」「晴」「岩」「本」	ICT	漢字カードを一字ずつデータ化し, スライド機能を使って配置すると, 指示・会意・形声文字のまとまりごとにカードを移動して整理する活動ができる。	

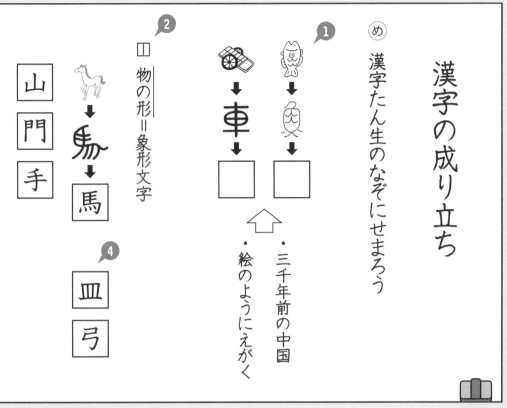

いくつかの事例で具体的に理解させる。

3 会意文字③と形声文字④について考えよう。

T 次は③の漢字です。どのようにしてできましたか。
　「信」「鳴」「森」など, 漢字カードを提示する。(会意文字)

> 漢字の意味を組み合わせて作られた漢字です。

> 「信」は, 人が言うから, 信じるになっているのかな…?

> 「林」は木が並んで生えているから。じゃあ「森」は, もっと木が集まっているところだ。

> 鳥と口を組み合わせて「鳴」か。面白いね。

T ④はどのようにしてできましたか。(形声文字)
C 音を表す部分と, 意味を表す部分を組み合わせた。
C 「草」の上が意味を表して, 下が「そう」という音を表している。
C 「持」は右と左の組み合わせ。左が手の意味を表して, 右が「じ」という音を表している。
C 漢字の成り立ちって, どれも面白いね。
　会意文字, 形声文字という言葉も教科書で見ておく。

4 どの仲間の漢字か考えよう。

T 漢字の成り立ちの①と②は物や事柄を形で表したもの, ③と④は組み合わせで作られたものでしたね。
T では, クイズをしましょう。今からカードで見せる字は①〜④のどの仲間でしょう。
　皿・苗・天・弓・語・晴・岩・本の8枚の漢字カードを順次見せて, 1つ答えさせるごとに解説する。
T 「天」は人の上に線を引いて上にあるものを表すので②の指示文字です。

> 「皿」は, きっとお皿の形を表しているから①の象形文字ね。

> 「本」はどれだろう。よく分からないなあ。

T いくつかの部分に分けられない字は①か②, 上下や左右に分けられるものは③か④かもしれないと見当をつけてもいいですね。
　解答：①＝皿・弓, ②＝天・本, ③＝苗・岩, ④＝語・晴

漢字の成り立ち

第 2 時 （2/2）

板書例

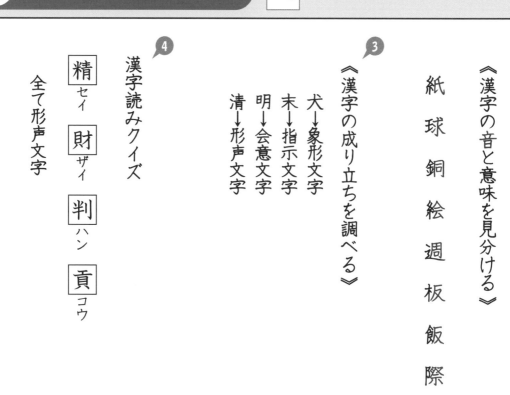

《漢字の音と意味を見分ける》

③

紙　球　銅　絵　週　板　飯　際

《漢字の成り立ちを調べる》

犬→象形文字
末→指示文字
明→会意文字
清→形声文字

④

漢字読みクイズ

精	財	判	貢
セイ	ザイ	ハン	コウ

全て形声文字

POINT　クイズや問題に答えることを通して，いろいろな漢字の成り立ちを知り，楽しく授業を行う。

---

1 漢字クイズをしよう。

T　はじめに2種類の漢字クイズをしましょう。1つ目は漢字絵解きクイズです。これは何という字になるでしょう。

何だろう。人が歩いているのか立っているのか…？

これは木の枝か花かな？違う…かがり火かな？

途中は家みたいだな形だけど…分かった！「立」。

そう！「火」。2つ目の絵を見たら火に似ている。

T　2つ目は，漢字足し算クイズです。次の4つの部分を組み合わせて，2つの文字にしましょう。

寺　力　田　言

C　え～と，寺と力を足しても字にはならないなあ。
C　分かった！言と寺で「詩」ができる。
C　じゃあ，力と田で…「男」だ！

2 漢字の音と意味の部分を見分けよう。（形声文字クイズ）

T　教科書43ページの①の問題を見ましょう。答えを考えて，漢字辞典で確かめましょう。

「板」の「木」は木に関係があるから意味で，「反」は「はん」という音を表している。

「銅」は簡単だ。「金」が金属の意味を表し，「同」が音を表している。

「週」は…，「周」が音だから「⻌」が意味を表す。どんな意味か調べてみよう。

漢字辞典で確かめてから発表させる。

C　「紙」は「糸」が意味を表し，「氏」が「シ」の音を表します。
C　「球」は「王」が「玉」という意味を表し，「求」が音を表します。
C　「絵」は「糸」が意味で，「会」が音を表します。
C　「飯」は「食」が意味で，「反」が音を表します。
C　「際」は「阝」が意味で，「祭」が「サイ」の音を表します。

準備物　・ワークシート「漢字クイズ」QR

ICT　漢字クイズのデータを配信すると，児童は直接記入して書いた内容を全体共有したり蓄積したりでき，学習の様子も見取りやすくなる。

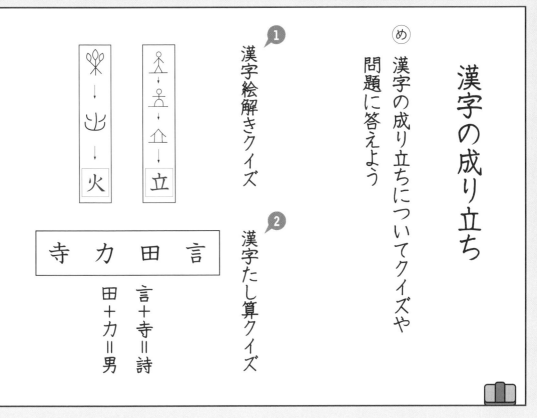

漢字の成り立ち

め　漢字の成り立ちについてクイズや問題に答えよう

① 漢字絵解きクイズ

② 漢字たし算クイズ

言＋寺＝詩
田＋力＝男

3 漢字の成り立ちを調べよう。

T　教科書43ページの②の問題を見て，漢字の成り立ちをまず自分で予想してから，漢字辞典で調べましょう。

「犬」の成り立ちってどれかな？分けられないから，多分象形か指示文字だと思うけど…。

「犬」はきっと象形文字…。調べてみよう。やっぱり象形文字だ。

「末」は何かな？「末」は物の名前ではないから，象形文字ではないな。それじゃあ…。

「明」は会意文字。日と月が一緒にあるから明るくなる。

C　「末」は，指示文字だった。木の上側に横線が入って，端の方（末の方）を表している。

C　「清」は簡単だ。「氵」は水に関係があるから意味を表し，「青」は「せい」という音を表している。

みんなで答えを確認しておく。

4 漢字読みクイズ - 学習を振り返ってまとめよう。

T　最後もクイズです。今度は漢字読みクイズです。まだ習っていない漢字ですが何と読むのでしょう。

精　これは簡単だ。「セイ」だよ。「清」も「晴」もみんな「セイ」だった。

財　う～ん，材木の「材」が「ザイ」だったから，これも「ザイ」！

判　これは，なんて読むのかな？「ハン」かな。

貢　よくわからない…。貝は「カイ」だけど？工作の「コウ」かも！

T　これらは，全部形声文字でした。漢字の多くは，この形声文字なのです。

T　新しい漢字を勉強していくときに，漢字の成り立ちを意識していくと何かよいことがありませんか。

C　漢字の読み方が分かることが多くなる。

C　覚えたり使ったりするときにも役立ちそうです。

春の空

◎ 指導目標 ◎

・古文を音読するなどして，言葉の響きやリズムに親しむことができる。

・語感や言葉の使い方に対する感覚を意識して，語や語句を使うことができる。

・目的や意図に応じて，感じたことや考えたことなどから何を書くかを選ぶことができる。

・積極的に言葉の響きやリズムに親しみ，学習課題に沿って，春らしいものや様子を文章に書くことができる。

◎ 指導にあたって ◎

① 教材について

　先人たちが四季折々の風物を，季節感あふれる言葉で表現した作品に触れることで，児童の感性を育み，伝統的な言語の担い手としての意識を高めることを，意図した教材です。「枕草子」は，春夏秋冬のそれぞれの風景を感性豊かに切り取って，文章に表しています。音読，暗唱したり，「枕草子」を参考に，児童自らが春らしさを表す文章を書いたりすることで，言葉が表す感覚や様子を一層理解することができます。

　文語調で表現されている「枕草子」は，読むこと・音読そのものを楽しむことで，一層先人たちの見方・感じ方を身近にとらえさせることができます。可能な限り，暗唱させたいものです。また，教科書に掲載されている春らしさを表す季節感あふれた言葉は，俳句の季語になっているものも多く，イメージを豊かにして扱いたいものです。

② 個別最適な学び・協働的な学びのために

　リズムを感じながら音読や暗唱をすることで，文語調の文章に興味を感じ，主体的に学習に取り組もうとする姿勢を持たせます。枕草子や俳句，教科書でとりあげた言葉などが表している「春」は，児童の日常の生活では感じ取りにくくなっているのではないでしょうか。「春」について，見方や感じ方についての対話を重ねることによって，この溝が埋まっていくことを期待しましょう。

　学んだことをもとにして，自分が感じた「春」を書く場合，どれだけ「春」のイメージを豊かに持てるかが，その文章の質に影響してきます。ここでも，その前段としての対話の内容が大切になってきます。1時間という短い学習時間設定ですが，教科書の作品をもとにして，もう一度周りの自然や物事をとらえなおし，春の季節感を味わえるようにしていきましょう。

知識 及び 技能	・語感や言葉の使い方に対する感覚を意識して，語や語句を使っている。 ・親しみやすい古文を音読するなどして，言葉の響きやリズムに親しんでいる。
思考力，判断力，表現力等	「書くこと」において，目的や意図に応じて，感じたことや考えたことなどから何を書くかを選んでいる。
主体的に学習に取り組む態度	積極的に言葉の響きやリズムに親しみ，学習課題に沿って，春らしいものや様子を文章に書こうとしている。

◎ 学習指導計画　全1時間 ◎

次	時	学習活動	指導上の留意点
1	1	・枕草子を読む。 ・枕草子に書かれている「春」に対する見方や感じ方について，話し合う。 ・春を表す言葉や俳句から，春の季節感を味わう。 ・身のまわりから，春らしいものや様子を見つける。 ・枕草子の文の組み立てを参考にして，春らしいものや様子を文章に書く。 ・書いた文章を発表し合い，読んだ感想を伝え合う。 ・学習を振り返り，学んだことをまとめる。	・枕草子と清少納言については，少し教師から説明するか児童に調べさせたい（授業時間外の自由学習でもよい）。 ・文語調の文章が持つリズム感を味わいながら音読や暗唱をさせる。 ・現代語訳と比べながらでもよいので，表現されている内容をしっかりと理解させる。 ・気候，風景，動植物などさまざまなものや様子から，自分なりに「春」を感じさせる。 ・感じたことを，①結論，②理由，を主な構成として文章を書かせる。 ・書くことが苦手な児童には，例文を活用させ，イメージをもたせる。 ・時間がない場合は，グループ内交流や通信などを利用してもよい。

春の空

本時の目標　古文の言葉の響きやリズムに親しみ, 俳句の語句などから「春」の季節感を味わう。春らしいものや様子を文章に書き, 感想を伝え合うことができる。

板書例

②《春を表す言葉・語句》

春風	花冷え
風光る	別れ霜
のどか	花ぐもり
うららか	花がすみ
春昼	花の雨

③◇春らしいものや様子を文章に書き表そう

（文章の書き方）

「枕草子」①　はじめ、結論を書く

②　そのあと、わけを具体的に書く

④〈書いた文章〉を発表　←

〈読んだ感想を交流〉

（例文）
春を感じさせてくれるのは春風だと思います。今まで寒かった風が、桜の咲くころ少しずつ暖かくなってきます。心地よい風が吹いたり、その中に桜の花びらが舞ったりすると、春がきたなあと感じます。

POINT　「枕草子」に表現された春の季節感や, 俳句, 語句などを参考にして, 自分が感じた「春」を文章で表現させる。

1 枕草子を読んで，「春」に対する見方や感じ方について話し合おう。

T　「枕草子」は, 作者の清少納言が心に感じたことを, 自由に書き記した作品です。

T　はじめに先生が読んでみます。ふだん, みんなが書いている文章と比べながら聞いてみてください。

何となく, リズム感のある文だと思った。

「白くなりゆく」とか「すこしあかりて」とか, 今は使わないような言葉が出てくるね。

T　では, みんなにも音読してもらいましょう。

T　今の言葉に直した文が載っていますね。2つを比べながら読んでみましょう。

「春はあけぼの」→「春は明け方がよい。」のように, 句読点で4つに区切った文節を, 児童を半数に分けて, 原文と現代語訳を交互に, 追い読みしていく。途中, 難語句については補説もする。

教科書の写真や春の明け方の写真（あれば）を見て, その美しさを感じ取って文にしていることを説明する。

2 春を表す言葉や俳句から季節感を味わおう。

T　教科書の春を表す言葉を読んでそのようすを感じてみましょう。

C　「春風」「のどか」「うららか」はおだやかな春の感じがします。

C　「花冷え」「別れ霜」は, 桜のさくころ急に寒く冷えこむようすがわかります。

T　他にも春の言葉がいろいろありますね。

T　教科書の二つの俳句から季語を見つけましょう。

C　「のどかさに」と「花曇」です。

C　「のどかさに寝てしまひけり草の上」は, 春のおだやかなようすが伝わってきます。

C　「ゆで玉子むけばかがやく花曇」は, お花見をして, お弁当箱のゆで玉子を食べているのかな? 楽しそう!

C　玉子の白さが目に浮かんできます。桜の花のピンクと白い玉子, なんだか幸せそう!

春の空

め 春の季節感を味わい，春らしいものや様子を文章に書こう

① 枕草子 清少納言（せいしょうなごん）

春はあけぼの。
やうやう白くなりゆく山ぎは，
すこしあかりて，
紫だちたる雲のほそくたなびきたる。

> 春は明け方がよい

> 山ぎはの空が，少し明るく紫がかった雲がたなびく

---

3 春らしいものや様子を，書き方を考えて文章にしよう。

T 枕草子は，春のようすをどのように書いているか，文の組み立てを確かめてみましょう。

C はじめに「春はあけぼの。」と結論を書いている。

C その後に，あけぼのがよいわけを書いている。

下の例文を示し，イメージをもたせる。

（例文）春を感じさせてくれるのは春風だと思います。今まで寒かった風が，桜の咲くころ少しずつ暖かくなってきます。心地よい風が吹いたり，その中に桜の花びらが舞ったりすると，春がきたなあと感じます。（QR収録）

T では，自分が感じた春らしさを文章にして書きましょう。

> わたしは，陽の光が明るく感じるようになると春が来た…。

> 木の芽がふくらんでくると春を感じます。（結論）だんだん膨らんで黄緑色の葉が出てくると，気持ちも何だか温かくなって…。

4 書いた文を発表し，聞いた感想を伝え合おう。

T 書いた文章をグループの中で発表しましょう。1人1人の発表について，聞いた感想を伝えましょう。

> ぼくが春を感じるのは入学式です。校門の横の桜が咲いて，その下に「入学式」の看板が立っているのを見ると…。

> 入学式は，ちょうど桜が咲くころだから，春のイメージとつながるね。

> わたしも，入学式が来ると，これから1年が始まるというまっさらな気持ちになって…。

C 春は楽しいなという感じが強くなりました。

C 春の暖かい柔らかい感じがもっと好きになりました。

C 桜餅を食べたくなりました。

きいて，きいて，きいてみよう

◎ 指導目標 ◎

・情報と情報との関係づけのしかた，図などによる語句と語句との関係の表し方を理解し，使うことができる。

・話し手の目的や自分が聞こうとする意図に応じて，話の内容を捉え，話し手の考えと比較しながら，自分の考えをまとめることができる。

・話し言葉と書き言葉との違いに気づくことができる。

・目的や意図に応じて，日常生活の中から話題を決め，集めた材料を分類したり関係づけたりして，伝え合う内容を検討することができる。

◎ 指導にあたって ◎

① 教材について

　インタビュー形式の活動です。インタビューとはただ何かを尋ねるのではなく，その人の何を引き出すのかを考えて行うものです。ここでは，「きき手」「話し手」「記録者」の３つの役に分かれて，友達の魅力を引き出すという目的でやり取りを行います。この活動を通して，友達の知らなかった一面に気づくとともに，話す方も改めて自分のよさを自覚することでしょう。これは，互いの人格を認め合うことにもつながります。また，「きくこと」には，尋ねる（訊く）や，相手の言っていることに耳を傾ける（聴く）など，目的や状況に応じてさまざまな「きく」があることに気づかせます。

② 個別最適な学び・協働的な学びのために

　事実や知識を引き出すだけでなく，話し手の人となりや思いを引き出す力をつけることを目指す本教材は，他教科や学校行事，特別活動とも関連付けて，「話す」「聞く」力を主体的に伸ばすことができます。「話し手」「きき手」「記録者」の役割に分かれてインタビューすることで，様々な「きく」を経験することに適した教材です。

　実際に，児童は，友達のことを知っているようであまり知りません。インタビューすることを通して，友達のことを新たに知ることができるでしょう。

知識 及び 技能	・話し言葉と書き言葉との違いに気づいている。 ・情報と情報との関係づけのしかた，図などによる語句と語句との関係の表し方を理解して使っている。
思考力，判断力，表現力等	・「話すこと・聞くこと」において，目的や意図に応じて，日常生活の中から話題を決め，集めた材料を分類したり関係づけたりして，伝え合う内容を検討している。 ・「話すこと・聞くこと」において，話し手の目的や自分が聞こうとする意図に応じて，話の内容を捉え，話し手の考えと比較しながら，自分の考えをまとめている。
主体的に学習に取り組む態度	粘り強く目的や意図に応じて話の内容を捉え，学習の見通しをもって，インタビューをしたり，報告し合ったりしようとしている。

◎ 学習指導計画　全6時間 ◎

次	時	学習活動	指導上の留意点
1	1	・学習の見通しをもつ。 ・「話の意図を考えてきき合い，『きくこと』について考えよう」という学習課題を設定し，学習計画を立てる。	・学習課題を解決するために，どのような活動が必要かを児童と確認しながら，学習計画を立てるようにする。
2	2	・友達にきいてみたいことを挙げ，話題を考える。 ・インタビューのためのメモを作る。	・教科書 P47「質問を考えるときは」の図を使って考えるようにする。
	3	・活動のしかたや気をつける点を確かめる。 ・きき手，話し手，記録者の役割や，インタビューの具体的なやり取り，報告のしかたなどについて確認する。	・動画を参考に，それぞれの役割についてポイントを見つけさせる。
	4	・交代でインタビューをし合う。 ・記録したメモをもとに報告の準備をする。	・インタビュー活動のイメージを持ちやすいように，動画で確認するとよい。 ・全員が全ての役割を経験できるようにする。
	5	・記録者がインタビューした内容について報告を行い，気づいたことを伝え合う。	・インタビューしたことをワールドカフェ形式で発表し合わせ，聞いてきたことをもとのグループで報告させる。
3	6	・「きくこと」について考え，まとめる。 ・学習を振り返る。	・対話を通して，「きくこと」について考えをまとめさせる。

板書例

❸

〈インタビュー活動をしてみて〉

それぞれの役わりの「きく」
きき手 … 話を「きく」
話し手 … 質問を「きく」
記録者 … やりとりを「きく」

〈目標〉
インタビューをし合って「きくこと」の
さまざまな側面について考えよう。

❹
◇ 学習計画
① インタビューをする順番を決め、話題を考える。
② インタビューのためのメモを用意する。
③ インタビューをする。
④ インタビューの内容を報告する。
⑤ 「きくこと」について考える。
⑥ 学習をふりかえる。

POINT 「きく」について，「問いをもとう」を基に，児童と一緒に学習計画を立てる。

1 隣の人について知っていることを出し合おう。

T　隣の人のことで，どんなことを知っていますか。

谷口さんは，ピアノが得意です。

山本くんは，ゲームが好きです。よく話を聞かせてくれるよ。

　　児童から出てきた意見を板書する。種類ごとに分類しながら板書すると，児童にも分かりやすくなる。

T　知りたいことがあるときは，今までどうしていましたか。
C　インタビューをしてきた。
C　直接聞いてみたら分かる。
T　では，3人グループを作って，インタビューをしてみましょう。インタビューする人，される人，インタビューの内容を記録する人に分かれてやってみましょう。

2 インタビュー活動をやってみよう。

T　教科書46ページを見ましょう。これからインタビュー活動をします。『きき手』『話し手』『記録者』の役割を全員が経験します。インタビューをする順番を決めて，活動してみましょう。

川口さんが，今，頑張っていることは何ですか。

きき手

話し手

ぼくは，料理をお母さんから教えてもらっています。1人でいろいろと作れるようになりたいです。

記録をするのが難しいなあ。

記録者

　　あまり長く時間を設定すると，早く終わってしまうグループが出てくるかもしれない。教科書では5分以内の活動時間となっているが，まずは，3分以内ぐらいの方がよい。

準備物　・（黒板掲示用）教科書P46の挿絵の拡大版

ICT　インタビューをする内容を，文書作成機能を使って整理したり，インタビューを録画したりする等，ICTを有効に活用する手立ても学習計画に組み込むとよい。

きいて、きいて、きいてみよう

め　学習計画を立てよう

① 〈となりの人のことで知っていること〉
・好きなもの…ゲーム・本
・得意なこと…ピアノ・ダンス
・今、がんばっていること…野球

※児童の発表を板書する。

② ◇インタビュー活動をしてみよう
・記録者
・話し手
・きき手

☆みんなが全ての役わりを体験する
（一人三分以内で）

3　インタビュー活動を振り返ろう。

T　インタビュー活動をして，どんなことに気づきましたか。

記録者を体験したけど，結構メモをするのが難しかったです。うまくできるようになりたいです。

インタビューすると，知らなかったことを知ることができました。

T　それぞれの役わりで，「きく」について気づいたことはありますか。

C　「きき手」は，質問をしながら，話し手の話を「聞く」ということです。

C　「話し手」は，質問を「聞く」です。質問を聞いて，話をします。

C　「記録者」は，やり取りを「聞く」です。

C　役わりによって，「きく」の意味が変わった。

目標「インタビューをし合って『きくこと』のさまざまな側面について考えよう」と板書する。

T　この学習では，いろいろな場面での「きく」ということについて，考えていきます。

4　学習計画を立てよう。

T　目標達成のために，学習計画を立てましょう。教科書46ページの「見通しをもとう」を見て，計画を考えましょう。

インタビューの話題からどのように質問を考えたらいいかしら。

インタビューをするときは何を準備したらいいだろう。

よりよく学習活動ができるように，どのような力をつけたらよいかを児童に問いかけながら，学習計画を立てる。

板書例

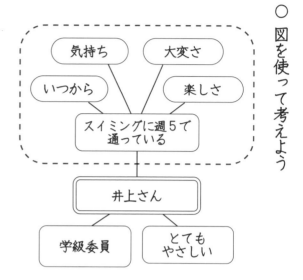

○ 図を使って考えよう

気持ち　大変さ
いつから　楽しさ
スイミングに週5で
通っている

井上さん

学級委員　とても
やさしい

④ インタビューのメモを書こう

〈インタビューの合言葉〉

き・く・こ・よ・ね

・きっかけ き
・くろう く
・こつ こ
・よろこび よ
・ねがい ね

POINT　インタビューする相手のことを考え，図で表す工夫をしながら質問を考え，準備をする。

1 グループを作り，インタビューの順番を決めよう。

T　3人のグループで役わりを交代しながらインタビューをし合います。

T　3人のグループは，前と同じでいいですね。

T　どんな役わりがありましたか。

> きき手と話し手です。

> 記録者もいます。

> 3人でどの順にするか決めよう。

2 友達に聞いてみたいことを挙げ，話題を考えよう。

T　話し手のことを思い出しながら，聞いてみたい話題を考えましょう。

C　ピアノが得意な谷口さんには，ピアノのことを聞いてみたいな。

C　料理を教えてもらっている川口さんには，ぼくも教えてほしいです。

T　その人の人柄を引き出せそうな話題がいいですね。

C　井上さんは，どうして週5日もスイミングの練習が続けられるのか，練習に向かう気持ちを聞いてみたいです。

C　山口さんは，近所の公園で，年下の子どもたちとブランコをしたり，楽しそうに遊んでいます。年下の子と仲よくする秘訣を知りたいです。

ICT 文書作成機能を使って、インタビューの聴き取りシートを児童自身で作成することで、円滑に聴き取りを進めることができ、情報を整理することができる。

きいて、きいて、きいてみよう

め インタビューの準備をしよう

1

| きき手 |
| 話し手 |
| 記録者 |

三人で交代
順番を決める

2 インタビューの話題を決める
ノートに書く（三人グループで）

3 質問を考える　五つぐらい
ノートに書く

3 質問を考えよう。

T　話題が決まったら、質問を5つぐらい挙げて、ノートに書きましょう。

T　教科書47ページ「質問を考えるときは」の図を参考にするといいですね。

わたしは谷口さんが、ピアノが得意なことを図にしてみます。

谷口さんは音楽クラブに入っているよ。

いつからピアノをはじめたのかな。

図にすると分かりやすいです。

「図を使って考えよう」P293も参考に見せるとよい。

4 インタビューのためのメモを作ろう。

T　質問に対する答えを予想し、どんなやり取りになるか考えてみましょう。

C　答えを聞いたら、もっとくわしく聞きたくなるだろう。

T　こんな合言葉も参考にするといいですね。『きくこよね』それぞれ何でしょう。
　　・きっかけ
　　・くろう
　　・こつ
　　・よろこび
　　・ねがい

T　インタビュー用のメモを書いて用意しておきましょう。

本時の目標 インタビューのしかたや気をつける点を確かめる。

板書例

・伝えたいこと→理由
・何を聞きたいのかを考えながら話す
・答えにくい質問には、意図を聞いたり別の質問に変えてもらったりする
・なるべくくわしく話す（数字、人やものの名前）

❹ 記録者のポイント

・話し手の様子をよく見る　表情、間、しぐさなど
・大事なことのキーワードをメモする
・数字、具体的な名前
※

◇インタビューの報告
はじめ … 話し手のしょうかい
中　　 … 話題の中心となったところ
終わり … 感想

POINT きき手，話し手，記録者の役割や，インタビューの具体的なやり取りについて確認する。

1 インタビューのしかたを見てみよう。

T 教科書48，49ページの塩谷さんと山下さんのインタビューを読みましょう。
・きき手と話し手の部分を2人で読む。
・教科書 QR から場面をみるのもよい。

T 大切だと思うことをノートに箇条書きでメモしておきましょう。

T インタビューの様子を見て（聞いて）どんな感想をもちましたか。

C ていねいな言葉使いだと思いました。

C 相手の人をしっかりと見て，話をしたり，聞いたり，答えたりしています。

T インタビューを始める前に，きき手，話し手それぞれが気をつけることがあります。確かめましょう。

2 きき手のポイントを見つけよう。

T きき手になったときは，どんなことに気をつければよいのでしょうか。

相手の話すことによって，聞くことが変わることもありそうです。

聞きたいことを準備していることが大切だと思いました。

うなずいたり，相槌を打ったりすることが大切です。話しやすくなります。

きき手のポイント（例）
・聞きたいことをはっきりさせて質問する。
・相手の話したことを確認しながら質問する。
・質問の意図が伝わるように聞く（その場で質問を考えることもある）。
・（動画の場合）うなずく。相槌を打つ。
　CDを聞いたり動画を見たりしない場合は，教科書P48のインタビュー例を読み合わせる。

準備物 ・動画 (デジタル教科書, または教科書連動サイトより) ※デジタル教科書には, 解説あり, 解説なしの機能がある。あれば, 使い分けして活用できる。 ・教科書 QR から

ICT 動画を視聴することで, インタビューをする際に聴き手・話し手・記録者の役割を確認していくと, インタビューをする時のイメージを膨らますことができる。

① きいて、きいて、きいてみよう

め インタビューのしかたや気をつける点を確かめよう

② きき手のポイント
・ききたいことをはっきりさせて質問する
・相手の話したことを確認しながら質問する
・その場で質問を考えることもある
・うなずく
・あいづちをうつ
※

③ 話し手のポイント

※児童の発表を板書する。

3 話し手のポイントを見つけよう。

T 次に話し手をよく見て（聞いて）, 話し手のポイントを見つけましょう。

答えにくい質問の時には, 別の質問に変えてもらっていました。

伝えたいことを一番最初に話しています。

自分が準備していないことも聞かれるから, 考えながら聞くことが大切です。

話し手のポイント（例）
・伝えたいことを理由と合わせて答える。
・きき手が何を聞きたいのかを考えながら話す。
・答えにくい質問には, 意図を聞いたり, 別の質問に変えてもらったりする。
・数字や, 人・ものの名前など, なるべく詳しく話す。

4 記録者のポイントを見つけよう。

T 記録者のポイントについても考えてみましょう。
（板書）
T 教科書 49 ページの「きき合うときは」の〈記録者〉のポイントを読みましょう。

インタビューの内容を報告しよう
・教科書 P49 インタビューの報告を読む。
・教科書 QR から動画・報告の様子を見てみる。

T はじめ・中・終わりに気をつけて読みましょう。
C 話し手のことや, 話題の内容, 報告者の気持ちもとてもわかりやすいです。
C メモをはじめ・中・終わりでまとめるとよさそうだね。

本時の目標　相手のことをもっと知るために，インタビュー活動をすることができる。

板書例

◇ インタビュー活動をする ②③

役わりを交代して三回
一人5分

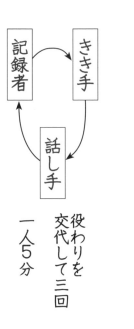

記録者 ← きき手 ← 話し手

◇ 報告の準備をしよう ④

はじめ… 話し手のしょうかい
中　　… 話題の中心、心に残ったこと
終わり… 感想

> POINT　これまで学習してきた話し手，聞き手，記録者のポイントを確かめて，インタビュー活動をする。

1 インタビューの流れを確かめよう。

T　今日はいよいよインタビュー活動をします。まず，インタビュー活動全体の様子を，動画でもう一度確認しましょう。
　　教科書連動サイトの動画を再生し，インタビュー活動の流れを全体で再確認する。

T　それぞれの役割のポイントは，どんなものがありましたか。

記録者は，聞き落とさないようによく聞いて，メモすることです。

きき手は，話し手に頷いたり，相槌を打ったりしながら，話を聞いていました。

T　これまでに学習したことを使って，インタビュー活動をしましょう。友達のことをもっと知ることができるようにしましょう。
　　前時までのポイントをまとめたものを黒板に貼る。

2 インタビュー活動①をしよう。

T　インタビュー活動をします。まず，どの役割を担当するのかを確認しましょう。（確認後）では，1回目のインタビュー活動を始めましょう。時間は5分です。

きき手　中川さんは，ピアノを習っているそうですが，何がきっかけで始めたんですか。

話し手　私のお姉さんが習っていました。私もお姉さんのようになりたかったからです。

記録者　お姉さんがピアノを習っているんだ。知らなかったな。

T　活動をしてみて，うまくいったこと，次に頑張るとよいことを出し合いましょう。次のインタビューに活かすための活動です。（5分間）
C　どんどん話をつないでいくことができていたね。
C　話がつながると，もっと友達のことが分かるね。
C　聞かれていることと話した内容が食い違ったよ。よく聞かないとね。

きいて、きいて、きいてみよう

㉆ インタビューをして、友達のことをもっと知ろう

❶
◇ インタビューの流れを確かめる

記録者のポイント
話し手のポイント
きき手のポイント

※前時でポイントをまとめたものを黒板に貼る。

3 インタビュー活動②③をしよう。

T　今，話し合ったことを使って，インタビュー活動をよりよくしていきましょう。先ほどの役割を時計回りに動かしましょう。（確認後）2回目のインタビュー活動を始めましょう。時間は5分です。

> 小林さんは，ダンサーになりたいそうですね。それに向けて，今頑張っていることはありますか。

> なわとびを頑張っています。ダンスをするのには体力が必要だからです。

きき手
話し手
記録者

> ダンサーになるために，体力をつけるよう頑張っているんだね。

2回目が終わったら，すぐに振り返りを行わせる。

C　1回目より，きき手の人の質問が次々とつなげられていたね。

C　質問が分からないと言われたとき，すぐに別の言い方に変えて聞けていてよかったよ。

4 報告する準備をしよう。

T　友達にインタビューをして，報告する材料が集まりましたね。集まったことから，報告の準備をしましょう。報告は，はじめ・中・終わりでまとめるようにします。

> 中川さんの習い事のピアノのことを紹介しよう。特に伝えたいことは，お姉さんがきっかけで，次の発表会に向けて毎日レッスンを行っていること…。

> 小林さんの夢について，みんなに報告したいなあ。ダンサーをめざして，体力作りのためになわとびをしているって。

> いつもの表情とちがって，とても真剣な様子で一生けん命さが伝わりました。

　友達のインタビューを聞きながら記録したことをノートに整理させる。この時，文章で話すことをまとめても構わない。ただし，文章にせず，メモを手がかりにして話す方がレベルの高いことだと伝えておく。児童の挑戦意欲をかき立てることができる。

きいて，きいて，きいてみよう
第 5 時 （5/6）

板書例

④ 聞いたことを交流しよう

③ 友だちのことを報告しよう

⑦ 聞いてきたことを交流する

⑥ 全員が発表したらグループにもどる

⑤ 発表者を交代する

④ 発表者に質問したり感想をのべたりする （2分）

③ 発表者の発表を聞く （2分）

POINT　前時にインタビューしたことの中から，他の友達に伝えたいことを選んで紹介させる。

1 インタビュー内容を整理しよう。

T　前回は，グループの友達にインタビューしましたね。今日は，インタビューで聞き取ったことを整理して，他のグループの人たちに友達のことを紹介します。まず，他のグループの友達にどのようなことを伝えるのか，整理したものを確かめましょう。

> 山下くんから，習い事と好きな食べ物のことを聞いた。やっぱり，しっかり聞けた習い事のサッカーのことを伝えよう。

> 中田さんが今頑張っている自主学習のことを，ぼくは紹介するよ。

T　それでは，報告の時間に入ります。報告は，「ワールドカフェ」方式という形で行います。

2 ワールドカフェのやり方を知ろう。

短冊を貼り，「ワールドカフェ」の進め方を確認する。

T　これから「ワールドカフェ」の説明をします。どのように活動するのかを，みんなで確認しましょう。

> うまく報告できるように，どのように活動したらいいかを考えながら聞こう。

①発表者の順番を決める。
②発表者以外の人は，重ならないように，他のグループの発表者のところへ行く。1グループ3～4人程度。
③発表者の発表を聞く。（2分）
④発表者に質問したり，感想を述べたりする。（2分）
⑤発表者を交代する。
⑥全員が発表したら，グループに戻る。
⑦聞いてきたことを交流する。

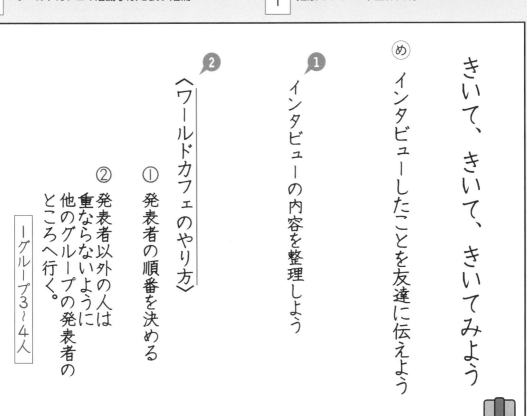

きいて、きいて、きいてみよう

め インタビューしたことを友達に伝えよう

① インタビューの内容を整理しよう

② 〈ワールドカフェのやり方〉
　① 発表者の順番を決める
　② 発表者以外の人は重ならないように他のグループの発表者のところへ行く。
　ーグループ3〜4人

3 友達のことを報告しよう。

T　では、これから「ワールドカフェ」を行います。最初に発表する人は、今いる場所に待機します。それ以外の人は、ばらばらになって違うグループのところへ発表を聞きに行きましょう。移動は、1分で完了します。

④発表後の交流タイム

山根くんは、ものを作ることが好きだと言っていましたが、今、作っているものはあるのですか。

今、ものを入れる棚をお父さんと一緒に作っているそうです。

それ、すごいね。そんなことが得意だなんて知らなかったなあ。同じグループの人たちも知らないから、驚くだろうな。

報告者

きき手

　タイムキーパーは、教師がする。目安となるように、残り何秒であるかを通知する。
　1番目の発表が終わったら、2番目の発表者を元のグループの場所に戻させる。そして、発表者以外は、先ほどとは異なるグループの場所に行くように指示をする。

4 聞いてきたことを交流しよう。

T　それぞれが聞いてきたことを、グループの人に報告しましょう。

山根くんは、ものづくりにはまっているそうです。最近は、棚づくりをお父さんと一緒にしているそうです。

山下くんは、サッカーを習っているそうです。先週の日曜日に市の大会で優勝したそうです。MVPになったそうです。

　交流する際の順番は、各グループで決めるようにする。

T　それぞれが聞いてきたことの交流が終わったら、「ワールドカフェ」の振り返りについて交流しましょう。
C　いろいろな人のよいところを聞けてよかったね。
C　自分の知らないことがいっぱいあるね。
C　松田さんは、メモをさっと見るだけで上手に報告していたのがすごかったな。

板書例

◇ 学習したことをふりかえろう ④

・インタビューしてよかったこと
・インタビューして気づいたこと

② インタビューをされるとき	③ 記録を取るとき	④ 報告を聞くとき
・質問をよく「きく」 ・きき手の知りたいことを考えながら「きく」 ・今の話題や話の中心は何か、注意して「きく」	・正確に「きく」→メモ ・分かったことは何かを	・自分の考えともくらべて「きく」

POINT これまで学習してきたことを踏まえ，インタビューの時の2つの「きく」，記録をとるときの「きく」，発表を「きく」の，

1 インタビュー活動を振り返ろう。

T これまで学習した，インタビュー活動を振り返ってみましょう。まず，インタビュー活動全体の様子を動画でもう一度見てみましょう。

　教科書動画サイトから動画を再生し，インタビュー活動の様子を全体で確認する。または，ここでは，実際に撮影したクラスの児童の動画を見てもよい。

T すべての役割で，共通してやっていたことは何でしょう。

話を聞いて考えていました。

話し手の話に頷いたり，相槌を打ったりしながら，話を聞いていました。

T すべての役割で，「きく」ことをしています。今日の学習では，それぞれの「きく」ことの違いを調べてみましょう。

2 インタビューする時，される時の『きく』の違いを調べよう。

T インタビューする時と，インタビューされる時の「きく」の違いを比べてみましょう。どのような違いがあるのか，考えてみましょう。

　考えをノートに書かせた後，ペアで考えを交流させる。その後，全体で確かめる。

インタビューされるときの「きく」は，何を尋ねられているのか，質問をよく聞いて考える聞き方だね。

インタビューをするときは，知りたいことを「たずねる」意味の「きく」だね。

T どのような違いがあるでしょうか。
C 「話し手」は話したいことを考えて聞く。
C 「きき手」は知りたいことをはっきりさせて聞く。
C 「話し手」きき手が何を知りたいのかを考えながら聞く。

準備物
・動画（デジタル教科書，または教科書連動サイトより）
・クラスの児童のインタビューと発表の様子を実際に写した動画

ICT　文書作成機能を使って報告文を書いたものを全体共有しながら伝え合うようにすると，対話的に学びを深められ，教員は学習の様子を見取りやすくなる。

きいて、きいて、きいてみよう

め　『きく』ことについて考えよう

① インタビューの活動をふりかえろう

②③ 〈いろいろな「きく」 四つ〉

「きく」	ちがい・気をつけること
① インタビューをするとき	・たずねる「きく」 ・いちばん知りたいことをはっきりさせて「きく」 ・話し手が話したいことは何かを考えて「きく」

4つの「きく」について考えさせる。

3 残りの『きく』について考えよう。

T　次に，記録を取るときの「きく」と，報告を聞くときの「きく」のそれぞれのポイントを考えましょう。

　まず，各個人で，上の2つの項目について考えさせ，次に，グループでそれぞれのポイントについて考えをまとめさせる。

まず，記録を取るときの「きく」の考えをまとめよう。

何について話しているのかをしっかり聞くことが大切です。

話し手ときき手のやり取りで出てきたことを正確に聞いてメモします。

　各グループでまとめた考えを発表させ，交流する。

T　まとめると，4つの「きく」がありましたね。（板書参照）役割によって気をつけることも違ってくるのですね。

4 学習したことを振り返ろう。

T　インタビュー活動をして，よかったこと，気づいたことを出し合いましょう。

インタビューがぼくにもできたことです。

　自分なりに，うまくできるようになったことや感想を書かせてから話し合うとよい。

C　メモを見て，報告するのは難しかったけれど，○○さんのいいところを伝えられたと思います。

C　○○さんや，○○くんの学校の外での様子や知らなかったがんばりが分かってよかったです。

T　これも，「きいて」みて分かったことですね。聞かなければ分からないことはたくさんあるのですね。これからも，いろいろな場面でいい「ききかた」ができるようにしましょう。

［練習］見立てる／言葉の意味が分かること
［情報］原因と結果

◎ 指導目標 ◎

・原因と結果など，情報と情報との関係について理解することができる。

・事実と感想・意見などの関係を，叙述を基に押さえ，文章全体の構成を捉えて要旨を把握することができる。

・文中での語句の係り方や語順，文と文との接続の関係，話や文章の種類とその特徴について理解することができる。

・文章を読んで理解したことに基づいて，自分の考えをまとめることができる。

◎ 指導にあたって ◎

① 教材について

『見立てる』では，あや取りを例に，見立てるという行為は想像力に支えられ，想像力はその土地の自然や生活に深くかかわっていることが述べられています。文章が，段落や「初め」「中」「終わり」に分けられており，『言葉の意味が分かること』の学習の練習教材と位置付けられています。

『言葉の意味が分かること』では，言葉の意味には広がりがあり，その範囲は各国・民族の言語によって異なることが述べられています。それを踏まえて，言葉を適切に使うためには，言葉の意味を「面」として捉えることが必要であり，「言葉」を学ぶ際にも重要なことだという筆者の考えが書かれています。

教材の2つの文章は，「初め」「中」「終わり」で構成され，「初め」「終わり」で筆者の考えを述べるなど，説明の仕方においてもよく似ており，『見立てる』では，説明の進め方や構成の理解，要旨のつかみ方を練習し，『言葉の意味が分かること』では，さらにそれを習熟させていきます。

② 個別最適な学び・協働的な学びのために

文章構成や要旨，筆者の考えなどをつかむためには，文章を的確に読み取ることが必要です。各児童の個々での学習活動が主体にはなりますが，読み取りが困難な児童も出てくるでしょう。すべての児童が学習課題をやり遂げられるように，席の隣同士や班などでの対話も効果的に活用します。

また考えたことや書いた内容などは，できる限りグループや全体で交流して相互に点検をさせ，学習内容の共有を図るようにします。

知識 及び 技能	・文中での語句の係り方や語順，文と文との接続の関係，話や文章の種類とその特徴について理解している。 ・原因と結果など，情報と情報との関係について理解している。
思考力，判断力，表現力等	・「読むこと」において，事実と感想，意見などとの関係を叙述を基に押さえ，文章全体の構成を捉えて要旨を把握している。 ・「読むこと」において，文章を読んで理解したことに基づいて，自分の考えをまとめている。
主体的に学習に取り組む態度	粘り強く文章全体の構成を捉えて要旨を把握し，学習課題に沿って，考えたことを伝え合おうとしている。

◎ 学習指導計画　全7時間 ◎

次	時	学習活動	指導上の留意点
1	1	・扉のページから学習する文章をイメージする。 ・『見立てる』を読み，内容や文章構成をつかむ。 ・学習課題を設定し，学習計画を立てる。	・扉のページ，『見立てる』，P60・61「見通しをもとう」を基にして，学習内容をつかみ，学習課題を設定して，学習計画を立てる。
	2	・『見立てる』の「初め」「中」「終わり」の要点をまとめ，各役割をつかむ。 ・書き方の工夫を確かめる。 ・筆者の主張に対する意見を伝え合う。	・「はじめ」「中」「終わり」の役割や段落のつながりに着目して，そこから筆者の主張を読みとる。 ・意見発表では全員が発言することをめざす。
2	3	・「言葉の意味がわかること」を読み，学習の見通しをもつ。 ・段落を「初め」①「中」②〜⑩「終わり」⑪⑫に分ける。 ・段落ごとの要旨をまとめる。	・『見立てる』を参考にして，文章を「初め」「中」「終わり」に分け，ポイントになる言葉や文を手がかりにして，段落の要旨をまとめる。
	4	・「中」②〜⑩の段落を内容で分け，②〜④段落の役割を考える。 ・文章の要旨をまとめて交流する。	・文章の要旨をまとめるのに時間がかかる児童もいる。できれば，ここを2時間扱いにして，交流も余裕をもってする方が望ましい。
	5	・「中」の二つの言い間違いの事例から，原因と結果の関係をつかむ。 ・事例と筆者の考えとの結びつき，伝え方の工夫を見つける。	・2つの事例について，それぞれの原因や結果の関係について話し合い，筆者の説明の進め方をとらえさせる。
	6	・筆者の考えや表現の仕方について，共感・納得・疑問に思ったことを書いて交流する。 ・交流を通して，自分の考えをまとめる。	・自分が考えたことをグループの中で交流し，互いの意見を伝え合うことで，自分の考えを見直し，深めていく。
3	7	・自分の考えを伝え合う。 ・原因と結果の関係を，例文や体験から確かめる。 ・学習を振り返る。	・原因と結果の関係を，他の文でも確かめておく。身のまわりの出来事を，原因と結果の関係を意識して話してみる。

本時の目標　単元の学習課題を設定し，学習計画を立て，見通しを持って学習を始めることができる。

板書例

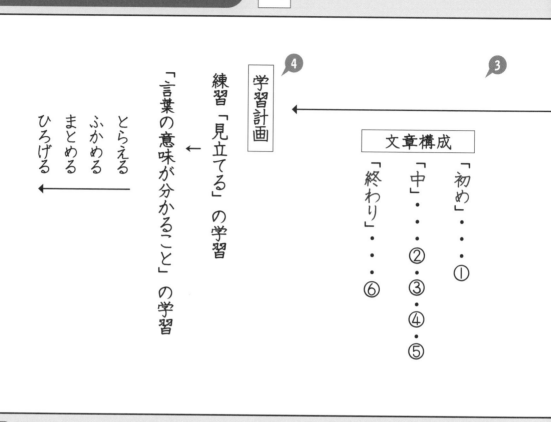

学習計画 ❹
練習「見立てる」の学習 →
「言葉の意味が分かること」の学習
とらえる
ふかめる
まとめる
ひろげる

❸

文章構成
「初め」・・・①
「中」・・・②・③・④・⑤
「終わり」・・・⑥

POINT　教科書の扉のページ（P51），練習の『見立てる』，最後の『見通しをもとう』から，学習内容をとらえ，学習課題を設定し，

1　扉のページを見て，学習内容を予想する。

教科書 P51 の扉のページを見る。
T　このページをみて，どんなことを学習するのか考えてみましょう。いくつの文章を読んでいくのですか。
　後のページも見て確かめる。
C　『見立てる』と『言葉の意味が分かること』の二つの文章です。
C　情報として「原因と結果」というページもあるね。
C　『見立てる』には練習と書いてあるから，『見立てる』で練習してから，本番の『言葉の意味が分かること』という文章を読んでいくのだと思う。
T　これらの文章は，何について書かれていますか。それについて，どんなことを学習していくのですか。

ものの見方や言葉の意味について書いてあるのかな。キーワードは「言葉」だ。

文章の要旨を捉えたり，それについて考えたことを話し合います。

2　『見立てる』を読み，何について書かれているか確かめる。

T　はじめに，練習として『見立てる』という文章を読んでみましょう。
　教師が範読した後で，児童に音読をさせる。
T　「見立てる」とは，どういうことでしたか。

どういう意味？よくわからない。

あるものを別のものとしてみるということです。

関係のない二つのことを結びつけて見るということだよ。

T　この文章では，何を例として取り上げ，説明していますか。
C　あやとりです。
C　あやとりで作った形に名前がつけられている。
C　そうか，あやとりで作った形を，あみや田んぼに見立てているということなんだね。

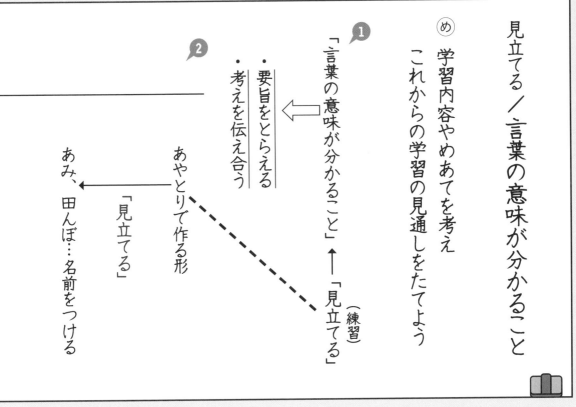

見立てる／言葉の意味が分かること

め　学習内容やめあてを考え これからの学習の見通しをたてよう

① 「言葉の意味が分かること」←「見立てる」（練習）

・要旨をとらえる
・考えを伝え合う

② あやとりで作る形
「見立てる」
あみ、田んぼ…名前をつける

学習計画が立てられるようにする。

3　『見立てる』の文章構成を確かめる。

Ｔ　文章の組み立て（構成）を見てみましょう。この文章はいくつに分けられますか。

①〜⑥の番号が打ってある。これは何かな。

大きくは、「初め」「中」「終わり」の３つに分けてある。

①〜⑥は段落だよ。この文章には、６つの段落がある。

Ｔ　大きい分け方と段落との関係も確かめましょう。
Ｃ　「初め」に①，「中」に②〜⑤，「終わり」に⑥の段落があるね。
Ｃ　「初め」と「終わり」には，それぞれ１つずつの段落があり，「中」には，４つの段落がある。
Ｃ　この大きな分け方には，どんな意味があるのかな？
Ｔ　それは，つぎの時間にくわしく学習しましょう。

4　学習課題を設定し，学習計画を立てる。

Ｔ　これからの学習で何を目指していけばよいのか考え，そのための学習計画も立てましょう。
　　グループで話し合い，計画を立てる。
Ｔ　ここまで見てきた扉のページや練習の文章をもとに話し合いましょう。

まず，文章の内容を読み取ることから始めるんだ。

文章に書かれていることについて考え、それを伝え合う。

文章をまとまりに分けたり，段落に分けて、読み取っていくんじゃないかな。

練習の文章を勉強してから、次の文章を勉強するんだ。

Ｔ　P60〜61の『見通しをもとう』も読みましょう。
Ｃ　書かれている内容を読み取って，筆者の考えについて，自分の経験と結びつけて考えるんだ。
Ｃ　とらえる→ふかめる→まとめる→広げるの順だね。
Ｃ　最後は，自分の考えを伝え合います。

本時の目標　「見立てる」の文章構成をもとに内容を読みとり，筆者の主張に対する自分の考えを持ち，伝えることができる。

板書例

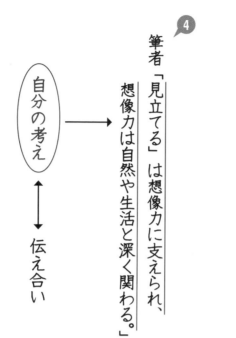

④

筆者「見立てる」は想像力に支えられ、想像力は自然や生活と深く関わる。」

自分の考え → 伝え合い

【終わり】 ・・・ 結論　筆者の考え

⑥「見立てる」
　→　想像力　⇔　自然や生活

POINT 「初め」「中」「終わり」の役割や段落のつながりに着目して，そこから筆者の主張を読みとる。最後の意見交流は，全員が

1 「初め」「中」「終わり」の要点をまとめて書き出す。

T　「初め」「中」「終わり」の内容を，簡単にまとめてノートに書き，グループで確かめ合いましょう。

C　え〜と「初め」は，どう書いたらいいかな…。

T　分からないときは隣同士や周りの人と相談してもいいです。でも，できるだけ自分の力で考えましょう。

T　書けたら発表してください。みんなで確かめます。

「初め」では，「『見立てる』とは別のものとしてみることだ。そこには想像力が働いている」と書かれています。

「中」は，「あや取り」のことが書かれています。同じ形でも地域によって名前が違うそうです。

「終わり」には，「『見立てる』は想像力に支えられている」と書いてあります。

「中」であや取りを例にして説明してあるので，「見立てる」とはどういうことかよくわかりました。

2 「初め」「中」「終わり」の役割を考える。

T　では，「初め」「中」「終わり」の関係や，それぞれの役割をみていきましょう。

「初め」は，「見立てる」の説明をしている。この文章のテーマを示しているんだよ。

「中」は，「初め」で示されたことについて，あや取りを例にして説明をしているわ。

「終わり」は，結論みたいなもの。筆者の意見が書いてある。

グループで話し合ったことを全体でも発表し合って確かめ，内容を共有させておく。

T　文章で，繰り返し使われている言葉は何でしょう。

C　「見立てる」，「結び付ける」，「想像力」もかな…。

C　想像力で見立てることで，関係のない二つを結び付けているということだ！

「『初め』と『終わり』は文章が短く分かりやすいですね。では次の時間に『中』を読み取りましょう。」

見立てる

め　文章の組み立てにそって内容を読みとり筆者の主張に対する意見を出しあおう

【 初め 】

❶　・・・・ 文章のテーマ

❷　①「見立てる」＝ あるものを別のものとして見る
　　→ 想像力が働く

　　関係ない二つを結びつける

【 中 】 ・・・ 具体的な例

❸　あや取りの形に名前
　　→ 地域によって違う

②　あや取りの形に名前＝見立てる

③　名前・・・地域でちがう

④　見立てがちがう日本の例

⑤　見立てがちがう外国の例
　　それぞれの土地の生活と結びつく

発言できるようにグループ討論を中心にする。

3 「中」の段落のつながりを確かめ，筆者の書き進め方の工夫を考える。

Ｔ　「中」の②〜⑤の段落のつながりを確かめます。段落の内容を簡単にまとめて書きましょう。
　　書けたらグループの中で確かめ合う。

「あや取りで作った形に何か別の物の名前をつける。これが『見立てるということ』が，②の内容です。

「同じあや取りの形でも地域によって結び付けられるものが違う」というのが③の内容だね。

④は，「結び付けられるもの（見立て）が違う日本の例」

⑤は，「同じ形でも『見立て』が違う世界の例」です。

Ｔ　筆者は，「初め」「中」「終わり」と，どのように工夫して自分の考えを書き進めていますか。
Ｃ　初めに「見立てるときには想像力が働いている」という考えを示し，その後で詳しく説明している。
Ｃ　地域によって名前（結び付けられるもの）が違うことを，日本と外国の例でたくさん挙げている。
Ｃ　最後に，結論として自分の意見を述べています。

4 筆者の考えを見つけ，それに対する自分の考えを伝え合う。

Ｔ　では，筆者の言いたいこととは何でしょう。
Ｃ　想像力が「見立てる」ことを支えている。
Ｃ　その想像力は，その土地の自然や生活と深い関係がある。
Ｃ　だから，地域によって同じあや取りでも見立て方が変わってくるのです。
Ｔ　筆者の主張について，自分はどう思いますか。話し合いましょう。
　　グループで話し合い，最後に全体で交流する。

想像力が「見立てる」ことをささえるというのはその通りだと思います。

想像力が周りの自然や生活と関わっているのは「なるほどな」と思った。

わたしもそう思う。あや取りで作った形が，「あみ」や「ざる」や「たたみ」だと思うのは想像力によるから。

日本も外国も同じだというのが面白いね。

本時の目標　各段落の内容をまとめて「初め」「中」「終わり」に分け、文章構成をとらえることができる。

板書例

「初め」「中」を受けて筆者の考えを示す

④

終わり		中					
⑫	⑪	⑩	⑨	⑧	⑦	⑥	⑤
普段使っている言葉やものの見方を見直すことにつながる。言葉を学ぶときに考えて見てほしい。	言葉の意味のはんいの理解。＝「面」として理解する。	世界の言語にも意味の違いがある。一つの言葉をどのはんいまで広げて使うかは言語によってことなる。	英語と同じ感覚で「食べる」を英語の「eat」をつかった。日本語の「食べる」と英語の「eat」は意味のはんいがちがう。【原因】	アメリカ人「スープを食べた。」どうしてこのような表現をしたのか。⇒【結果】	「歯でくちびるをふんじゃった。」どうして言いまちがいをしたか。【結果】	似た意味の言葉なので「かむ」の代わりに使った。言葉の意味のはんいを広げすぎて使ったから。【原因】	限られた例をもとに、言葉の意味のはんいを自分で考え使うと、おもしろいまちがいをする。【前置き】
・言葉やものの見方を見直す	・面として理解	・同様のちがい ・一つの言葉 ・どのはんいまで	・英語と同じ感覚 ・意味のはんい	・母語でない言語 どうしてこのような	・どうしてこんな言いま ちがい	・原因 ・言葉のはんいを広げす ぎ	・はんいを自分で考え ・おもしろいまちがい

POINT　「見立てる」を参考にして、「言葉の〜」の文章を「初め」「中」「終わり」に分け、ポイントになる言葉や文を手がかりにして、

1　『言葉の意味が分かること』を読み、学習の見通しを持つ。

T　『言葉の意味が分かること』を読みましょう。
　まず教師が範読し、次に児童が交代して音読する。
T　前の文章は「見立てる」について書いてありました。この文章は、何について書いてありますか。
C　言葉の意味についてです。
C　言葉の意味には広がりがある。広がりは、場面や国などでちがう。
C　「言葉の意味は面である」…どういうこと？
T　64ページの「問いをもとう」「目標」を読んで、これからの学習の見通しを持ちましょう。
C　文章の内容を自分の経験と結びつけて、いろいろな問いが持てるようにする。
C　目標は「見立てる」と似ている。文章の要旨をとらえて、今度は「言葉の意味」について、考えを伝え合います。

2　文章を段落に分け、「初め」の段落を見つけて、段落の内容を表に書き出す。

T　この文章を段落に分けましょう。
　段落のはじめは1文字下げて書かれていることを確認して、内容も考えながら分けていく。
C　①段落は、P54 6行目の「つながります」までだな。
C　②は、「それでは」から「考えてみましょう」までの2行でいいのかな…。
C　全部で12段落になります。
　隣同士で確認し合いながら段落のはじめに番号をつける。
T　この文章の「初め」に当たる段落はどれでしょう。

言葉の意味には広がりがあると言ってテーマを出しているから①だね。

②は「どういうことなのでしょうか」と問いかけているけど…。

②は、例のことを言っているから「中」になるわ。

　①から大事な語や文を見つけ、それを手掛かりにして簡単に内容をまとめ、ワークシート QR の表に書き出す。

準備物	・ワークシート QR

ICT｜ワークシートのデータを配信すると，それぞれの段落に書かれていることを整理してまとめやすくなり，教員も児童がどう読んでいるかを見取りやすくなる。

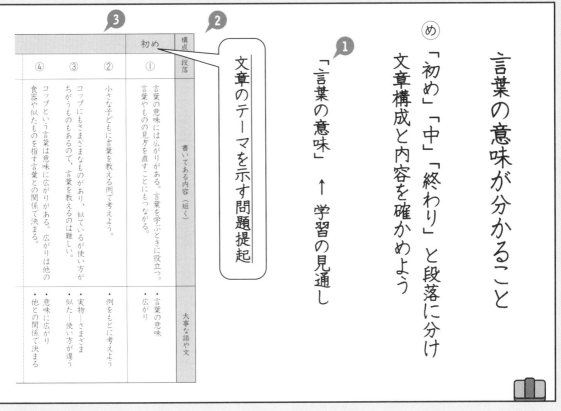

め 言葉の意味が分かること

め 「初め」「中」「終わり」と段落に分け文章構成と内容を確かめよう

❶ 「言葉の意味」 → 学習の見通し

❷ 文章のテーマを示す問題提起

❸

構成 段落	初め	②	③	④
	①			
書いてある内容（短く）	言葉の意味には広がりがある。言葉やものの見方を直すことにもつながる。	小さな子どもに言葉を教える例で考えよう。コップにもさまざまなものがあり，似ているがちがうものもあるので，言葉を教えるのは難しい。	コップという言葉は意味に広がりとの関係で決まる。広がりは他の言葉との関係で決まる。	食器や似たものを指す言葉
大事な語や文	・言葉の意味 ・広がり	・例をもとに考えよう	・実物・さまざま ・似た―使い方が違う	・意味に広がり ・他との関係で決まる

段落の要旨をまとめる。

3 「中」の段落を見つけて，内容を表に書き出す。

T 次に「中」の段落は，どこからどこまででしょう。まず，グループで意見を出し合う。

言葉の意味の広がりの例が書かれているのは⑩までだから，②から⑩までだと思うわ。

「見立てる」では，最後を残して②から⑤までだったから，②から⑪までだと思う。

⑪の言葉の意味を面として理解するというのは，例じゃなくて筆者の考えでしょ。だから⑪は「中」には，入らないと思う。

全体で意見を発表し合って，②〜⑩の段落が「中」に該当することを確認する。

T では，今の話し合いも参考にして，ワークシートに各段落の大事な言葉や文を書いてから，内容をまとめて書きましょう。
ワークシート表 QR の「中」の欄に書き込む。

4 「終わり」の段落の内容を表に書き，「初め」と「終わり」の役割を確かめる。

T 「終わり」の段落は⑪と⑫ということになりますね。念のために理由を確かめておきましょう。

C ⑪で「言葉の意味を面で理解することが大切だ」と，筆者の意見が書かれている。

C ⑫は，「さらに」と言って⑪とつながっている。

C ⑫は，⑪の考えを，更に詳しく説明している。だから⑪⑫が「終わり」になります。

T 「初め」と「終わり」の役割をもう一度確かめておきましょう。

「初め」では「言葉の意味には広がりがある」という問題提起をしている。

「初め」で，「本当に言葉の意味が分かったのか」と問いかけている。

「初め」の提起や「中」の説明を受けて，筆者の考えを伝えているのが「終わり」です。

「終わり」では，言葉の意味を面として理解することが大切と主張している。

本時の目標：「中」の段落をまとまりに分けて，その相互の関係が分かり，文章全体の要旨をまとめることができる。

板書例

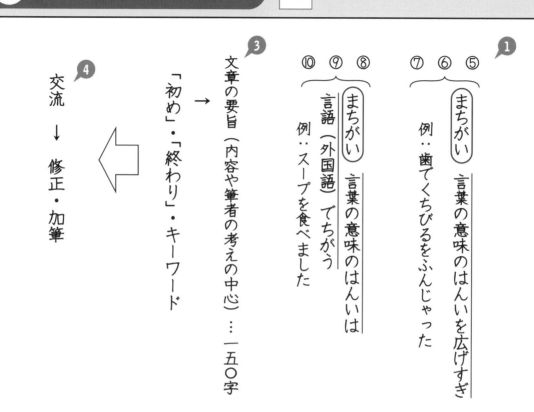

① まちがい
言葉の意味のはんいを広げすぎ
例：歯でくちびるをふんじゃった
⑤⑥⑦

③ まちがい
言葉の意味のはんいは
言語（外国語）でちがう
例：スープを食べました
⑧⑨⑩

文章の要旨（内容や筆者の考えの中心）…一五〇字
「初め」・「終わり」・キーワード
→

④ 交流 → 修正・加筆

POINT 文章の要旨をまとめるのに時間がかかる児童もいる。できれば，ここを2時間扱いにして，交流も余裕をもってする方が

---

1 「中」の段落を，内容のまとまりで分ける。

「中」を，段落ごとに分担して音読する。

T 前の時間にまとめた，ワークシートを見て，「中」のそれぞれの段落の要点をもう一度確かめましょう。
　　前時のワークシートを読み返す。

T 「中」を，段落の要点をもとにして，内容でいくつかに分けてみましょう。

> はじめは，小さな子に「コップ」の意味を教えることで，これが②〜④の段落だね。

> 次は「歯でくちびるをふんじゃった」という言い間違いについてで，⑤〜⑦までだよ。

> 最後が「スープを食べました。」という例。日本語と外国語の言葉の広がり方の違いが書いてある⑧〜⑩だね。

T 「中」は，内容で分けると3つに分けられるということですね。では，ワークシートも，点線で3つに分けておきましょう。

2 ②〜④段落は，文章全体の中でどんな役割をしているのか考える。

T それでは，3つに分けたうちの一つ目の②〜④の段落は，この文章全体の中でどのような役割をしているのでしょうか。
　　グループで話し合い，全体で交流・確認をする。

> 「コップ」という一つの言葉でさまざまな特徴を持った物を表している。だから「広がりがある」と言うのね。

> 「初め」で，言葉の意味には広がりがあると言っている。それをコップという言葉で，広がりの例として説明しているのだよ。

> 「初め」で出した考えを具体的な例をあげて説明しているのだね。

T では，②〜④段落の役割をまとめてください。
C 「初め」で述べられた「言葉の意味には広がりがある」を具体例で説明し，⑤からの説明につなげています。

準備物 ・前時に書き込んだワークシート

ICT 前時に配信したワークシートを，共有機能を使って全体共有すると，グループや学級全体で対話的に段落同士の関係性について読み深められる。

言葉の意味が分かること

め 「中」の段落どうしの関係をつかみ
文章の要旨をまとめよう

❶
②
③
④
｝
「言葉の意味に広がり」の説明

例‥小さな子にコップの意味を教える

❷
②
③④段落のやくわり
・「初め」を受けて、コップを例に「言葉の意味に広がり」の説明

・⑤〜⑩「広がりのはんい」の説明につなぐ

望ましい。

3 文章の要旨をまとめる。

T 「言葉の意味がわかること」の文章の内容を分かりやすくまとめます。前に作ったワークシートも参考にして，文章の要旨を150字以内にまとめましょう。
　　教科書で「要旨」の意味を確認しておく。(P52 下)
C 取り上げている内容や筆者の考えの中心が要旨だ。
T 教科書 P62「たいせつ」も見ておきましょう。
C 要旨は「初め」や「終わり」によく書かれてある。
T 特に大切な言葉＝キーワードを探して，書く手がかりにするといいですよ。
C キーワードは「中」にもくり返し出てきそうだね。

この文章では，言葉の意味には広がりがあるということが…。

キーワードは，「言葉の意味」「広がり」「面として理解する」「言葉を見直す」…特に大切な言葉は…。

4 書いた文章の要旨を交流する。

T 書けたら発表し合いましょう。気付いたこと，直した方がよいと思うところがあれば伝え合いましょう。
　　グループごとに発表し合って交流する。

この文章では，言葉の意味には広がりがあり，その範囲について，2つの例を挙げて説明…。

言葉の意味を「面」として理解するという筆者の考えについてのまとめが不十分だと思う。

今の発表を聞いて，参考になったので，ぼくのまとめも少し書き直すよ。

文章の構成については，うまくまとめているわ。

グループを変えて複数回交流をしたり，交流後の書き直しの時間も設けるとよい（2時間扱いにできた場合）。

本時の目標　二つの言い間違いの事例から，原因と結果の関係を確かめ，筆者の考えを伝える工夫を見つけることができる。

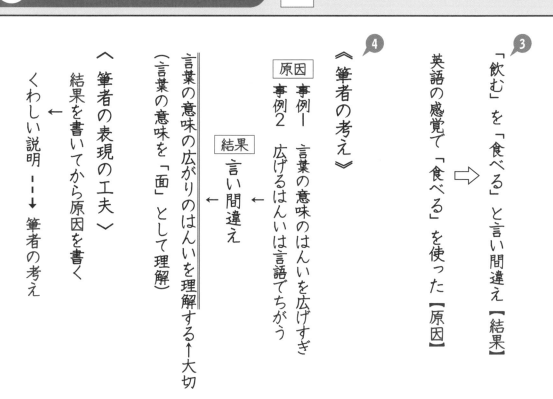

板書例

③ 「飲む」を「食べる」と言い間違え【結果】
英語の感覚で「食べる」を使った【原因】 ⇒

④ 《筆者の考え》
原因　事例一
事例2　言葉の意味のはんいを広げすぎ　広げるはんいは言語でちがう
結果　言い間違え

言葉の意味の広がりのはんいを理解する↑大切
（言葉の意味を「面」として理解）

〈筆者の表現の工夫〉
結果を書いてから原因を書く ・・・↓ 筆者の考え
くわしい説明 ←

POINT　2つの事例について，それぞれの原因や結果の関係について話し合い，筆者の論の進め方をとらえさせる。

1 ⑤～⑦の段落で，言い間違い事例１から原因と結果の関係を確かめる。

「中」の⑤⑥⑦段落を音読する。
T　ここでは，どんな事例が書かれていますか。
C　小さな子が「歯で唇をふんじゃった」と言い間違いした事例です。
C　「かむ」という言葉を知らなかったので，代わりに「ふむ」を使ってしまった。
C　似た読みの言葉だけど，「ふむ」の意味の範囲を広げすぎたための言い間違いだった。
T　この事例の場合，何が原因で何が結果なのかを見つけましょう。
　　グループで話し合い，全体で確認する。

「かむ」と言うところを「ふむ」と言い間違えたことが結果だね。

原因は，覚えた言葉を別の場面で使おうとしてうまくいかなかったことだよ。

言葉の意味の範囲を広げすぎたのね。

2 ⑧～⑩の段落で，言い間違い事例２では，どんなことが書かれているか確かめる。

「中」の⑧⑨⑩段落を音読する。
T　ここでは，どんな事例が書かれていますか。
C　「朝食にスープを食べました。」と言い間違えたアメリカ人留学生の事例です。
C　英語では，ものを食べるのもスープを飲むのも，どちらも同じ言葉で表します。
C　日本語と韓国語と中国語について，動作を言い表す言葉の範囲を比べています。
T　日本語，韓国語，中国語の比較の図を見て，気づいたことを交流しましょう。

中国語は，ちがう言葉で細かく言い分けているんだ。

日本語の「持つ」を，中国語では５つの言葉で言い分けているんだね。

日本語と韓国語には，広い範囲まで広げて使う言葉もあるね。

C　世界中のどの言語も，言葉の意味の範囲が違うと書いてあります。

準備物

ICT：デジタル教科書をモニターに投影・提示すると，児童の発言に合わせて関係する文章の前後にも目を向けながら，みんなで読み深めることができる。

言葉の意味が分かること

め　事例から原因と結果の関係を確かめ
筆者の考えを伝える工夫を見つけよう

❶ 事例１　⑤～⑦
「かむ」を「ふむ」と言い間違え【結果】
⇒ 言葉の意味のはんいを広げすぎた【原因】

❷ 事例２　⑧～⑩
朝食にスープを食べました。
⇒ 言葉の意味のはんいは外国語でちがう

---

3 言い間違い事例2から原因と結果の関係を確かめる。

Ｔ　「朝食にスープを食べました。」と言い間違えた事例の場合，何が原因で何が結果なのかを見つけましょう。
　　グループで話し合い，全体で確認する。

> この留学生は，「飲む」という言葉は知っていたが使わなかったのだね。

> 原因は，英語と同じ感覚で「食べる」という言葉を使ったことなんだ。

> 英語では，スープも含めて，ものを食べる動作はすべて「イート」と言う言葉で表すんだ。

> だから結果として，「スープ」を「イート」するのだから「スープを食べました。」と言い間違ってしまった。

4 事例と筆者の考えとの結びつきを確かめ，筆者の表現の工夫を見つける。

Ｔ　筆者は二つの事例を，自分の考えとどのように結びつけているでしょう。
　　グループで話し合い，全体で確認する。

> まず事例1で，「言葉の意味の範囲を広げすぎると言い間違いになる」と述べている。

> 二つの事例から，「言葉の意味の広がりの範囲を理解することが大切だ」という考えに結びつけている。

> 事例2で「その範囲は言語によって違う」と説明している。

> それが「言葉の意味を面として理解する」ことなんだね。

Ｔ　筆者の考えを伝える工夫を，みつけましょう。
Ｃ　どちらも，先に結果を述べてから，その原因を書いています。
Ｃ　原因についても詳しく説明することで，自分の考えを分かりやすく伝わるようにしています。

本時の目標　筆者の考えやその伝え方について，自身の経験や知識をふまえて，自分の考えを持ち，まとめることができる。

板書例

3 音読して筆者の考えや表現の工夫を確かめる
・一人読み
・グループ読み（くふうして）

4 読み深めて変わった点

最初
・辞典で調べたらわかると思っていた
・分かりにくいことが書いてあるなあ

今
・言葉について自分の考えが持てている
・言葉についての考えが深まった

☆自分の考えをまとめる

POINT　自分が考えたことをグループの中で交流し，互いの意見を伝え合うことで，自分の考えを見直し深めていく。

1 筆者の考えや表現について，自分が共感・納得できる点を書き，交流する。

T　この時間は，「言葉の意味が分かること」の文章を読んで考えたことをまとめていきます。

T　まず，筆者の考えや表現のくふうなどについて，「そうだな」「自分もそう思う」と思えることを書きましょう。

私もよく言い間違えることはあるけど，筆者のような見方はしていなかった。なるほどと思った。

「本当に言葉の意味が分かったのでしょうか？」と書かれていたけど，そんなこと考えたこともなかった。この文章を読んでその通りだと思えた。

新しく覚えたはやりの言葉を何も考えないで簡単に使っていたなあ。

英語を習っているけど，言葉の意味を深く考えたことがない。これからは，もっと考えよう。

書けたらグループ内で交流して，意見交換をする。

C　言葉やものの見方を見直すことにつながると言うところが，ぼくもなるほどと思えました。

2 筆者の考えや表現について，自分が疑問に思う点を書き，交流する。

T　次は，筆者の考えや表現の仕方について，疑問に思うことを書いて，グループで交流しましょう。

小さい子には，いろいろなコップを見せて教えたらそれでいいと思うけど…

言葉の意味を面として理解するという説明で，余計分かりにくくなった。実際に英語などを習っていくときどうしたらいいのかな？

わたしの妹なら，きっと，「歯でくちびるをイタイイタイしちゃった」とか言うと思うけどな。「ふむ」なんて言うかな？

T　共感できる点，疑問に思う点も含めて，筆者の考えについてもっと話し合いましょう。

C　言葉を「面」として考えることで，言葉やものの見方まで見直すことになるのがすごいな。

C　普段そんなこと考えて言葉を使ってないよ。

C　言葉を大事に見ていこうという気になったよ。

言葉の意味が分かること

め　筆者の考えや伝え方について
自分の考えを持ち、まとめよう

❶
〈共感・納得〉

・私も弟もよく言い間違える

・言葉の意味がわかっているか←考えなかった

・新しく覚えた言葉を何も考えずに使っていた

❷
〈筆者の考えや表現についての疑問〉

（疑問）・点ではなく、面として考える？

・妹なら「ふむ」じゃなく「イタイイタイ」
というかな。

---

3 学習してきた内容を振り返りながら音読する。

T　筆者の考えや表現の工夫をもう一度確かめながら，「言葉の意味が分かること」を音読しましょう。
　　1～2段落ずつで交代しながら，児童に音読させる。

T　次に，グループで工夫して音読をしましょう。
　　グループ全員が声をそろえての音読，1文ずつ交代しながら音読など，グループで工夫して音読表現をします。

わたしたちは，2人ペアで，1文ずつ交代して読んでいきます。

このときのことを知っておくことは，言葉を学ぶとき…。

知らない言葉に出会ったとき，あなたはどうしますか…。

言葉やものの見方を見直すことにつながると，筆者は2回も言っていたんだ！今気がついた。

発表し終わったら，お互いのよかった点を交流してもよい。

---

4 筆者の考えや事例の示し方について，自分の考えをまとめる。

T　全文を読んでみて，この教材を初めて読んだときに感じたことと，今の自分の考えを比べてみましょう。

C　初めは，言葉の意味なんて，辞典で調べたら分かることだと思っていた。

C　意味の広がりの範囲や，面として理解するとか，何か分かりにくいことが書いてあるなと感じていた。

C　今は言葉について自分の考えが持てていると思う。

C　言葉についての考えが少し深まったと思う。

T　では筆者の考えや事例の示し方と工夫などについて，自分の考えをまとめましょう。
　　箇条書きでも，文章で書くのでもよい。

先に結論を示して，その理由をくわしく説明すると，考えが伝えやすくなる。ぼくの場合は…

これから新しい言葉を勉強するとき，この考えは役立つと思う。

板書例

4 学習のふりかえり
・ふりかえろう
・この本、読もう

ぼくが決勝打を打ったので、チームは勝ちました。

原因　　結果

3 ☆ 原因と結果に着目して身の回りの出来事を話す

転びそうになりました。

石につまずいたからです。

POINT　原因と結果の関係は，本文以外の文でも確かめておく。特に身の回りの出来事を話すことで，さまざまな例が出し合える。

1 筆者の考えに対する自分の考えを発表し，感想を伝え合う。

T　前の時間に考えた自分の考えを発表しましょう。聞いた人は，短くてもよいので感想を伝えましょう。

　　グループ内で発表し合う。発表時間を3分程度に設定して，全体で発表する。他の児童との考え方，とらえ方の違いや共通点に着目して聞けるようにしたい。

ぼくは，最初「本当に言葉の意味がわかったのでしょうか」と書かれていたことについて…

なるほど，そんな風に考えたのか。私は気が付かなかった。

もっと筆者の考えに触れて，自分の考えを言った方がいいと思うわ。

うんうん。ぼくと同じ考えだ。言いたいこともほぼ同じだ。

T　グループから1人ずつ，代表して発表しましょう。
C　私は，英語の勉強をするとき，「言葉の意味は面でとらえる」ということを考えてみよう…。

2 原因と結果の関係を確認する。

　　教科書の『情報　関係をとらえよう　原因と結果』の前半部分を読む。

C　前に勉強したところだね。
C　原因の説明に筆者の考えが入っているから，事例と筆者の考えとの結びつきが確かに分かりやすい。
T　例文が2つあげられています。それぞれの原因と結果を見つけて，2つの文を比べて気づいたことを話し合いましょう。

1つ目の文は「熱すること」が原因で，「水は水蒸気になった」が結果だね。

1つ目の文は原因→結果の順で書いてあるけど，2つ目の文は逆に結果→原因の順で書いてある。

2つ目の文は，「雨にぬれた」が原因で，「かぜをひいた」が結果だよ。

1つ目と2つ目の文は，どちらの方が考えがよく伝わるのかな？

準備物 ・「この本，読もう」に紹介されている本
（図書室にあれば準備する）

ICT 著者の考えに対する自分の考えを書いて，共有機能を使って全体共有すると，それぞれの見方・考え方の違いから対話的に学びを深めていくことができる。

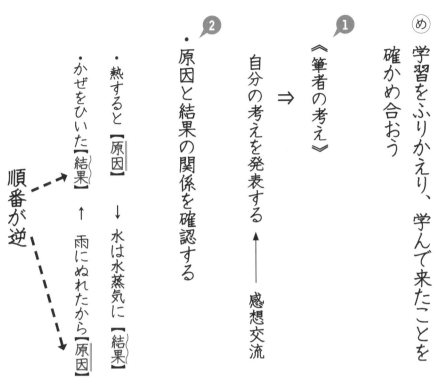

言葉の意味が分かること

め 学習をふりかえり、学んで来たことを確かめ合おう

① 《筆者の考え》
⇒ 自分の考えを発表する ← 感想交流

② ・原因と結果の関係を確認する

・熱すると 【原因】 ↓ 水は水蒸気に 【結果】

・かぜをひいた【結果】 ↑ 雨にぬれたから 【原因】

順番が逆

3 原因と結果に着目して，身の回りの出来事を話す。

T 自分たちも，原因と結果の関係に着目して，身のまわりの出来事などを話しましょう。

C えっ，どんな風に話せばいいのかな？

T 教科書の「昨日，新聞で…」の文をみんなで音読しましょう。

C そうか，この場合は，「さくらんぼのできがよくない」が結果で，「例年より寒かった」が原因だな。

C こんな風に話せばいいんだね。

T では，自分の身のまわりの出来事を話しましょう。
グループの中で順に話していく。

日曜日に野球の試合をしました。ぼくが決勝打を打ったので，チームが勝ちました。

昨日学校の帰り道で，転びそうになりました。よそ見をしていて石でつまずいたからです。

4 学習したことを振り返る。

T 教科書の『ふりかえろう』を読んで，自分たちはどのように学習してきたか，話し合いましょう。

どういう順番で書かれているか，気をつけた。

結論はすぐに分かったので，それをもとに原因を見つけるようにした。

要旨をとらえる勉強は，他の教科でも，資料の文章を調べるときなどに役立ちそうだな。

教科書の『要旨をまとめるときは』を参考にした。

T 教科書『この本を，読もう』に載っている本の中では，どれを読んでみたいですか。
図書室に本があれば実際に一部分を見せたり，読み聞かせる。

C いろんな国のあいさつがわかれば楽しいな。

C 人間の言葉と動物のコミュニケーションを比べる内容が，面白そうだ。

敬語

◎ 指導目標 ◎

・日常よく使われる敬語を理解し，使い慣れることができる。
・言葉には，相手とのつながりをつくる働きがあることに気づくことができる。

◎ 指導にあたって ◎

① **教材について**

　敬語は，相手や目的，場面に応じて，尊敬語，謙譲語，丁寧語などを使い分けます。その規則を理解し，日常生活の中で生かせることが，この教材の主な学習のねらいになっています。普段の生活でこうした言葉を使うことに慣れていない児童にとっては，敬語は違和感があります。表記だけでなく，「声に出す」，「聞く」ことも指導するのがよいでしょう。

　また，尊敬語や謙譲語に含まれる「特別な言葉を使った言い方」を身につければ，児童の言葉の世界がまた１つ広がることにもなります。

② **個別最適な学び・協働的な学びのために**

　尊敬語や謙譲語は，いくつかの種類に分けられ，特別な言葉もあります。これらをただ覚えさせようとするのでは，児童にとってはあまり楽しい学習にはならないでしょう。実際の文や会話の中で，敬語に直したり，敬語を使ったりすることで，児童の興味もわき，学習意欲も高めることができます。これらの活動に，できる限りグループでの対話や相互検証を取り入れることで，児童の理解もより確かなものになっていきます。

　この学習を通して，児童が日常生活で敬語を使うことを意識し，進んで使っていけるようになれば，それがこの学習の深まりであるといえます。

知識 及び 技能	・言葉には，相手とのつながりをつくる働きがあることに気づいている。 ・日常よく使われる敬語を理解し，使い慣れている。
主体的に学習に 取り組む態度	日常よく使われる敬語について進んで関心をもち，学習課題に沿って，使い方を理解し，慣れようとしている。

◎ 学習指導計画　　全 2 時間 ◎

次	時	学習活動	指導上の留意点
1	1	・教科書の「問いをもとう」を基に，敬語の学習をすることをつかむ。 ・丁寧語について調べる。 ・尊敬語について調べる。 ・謙譲語について調べる。	・丁寧語については，比較的容易に理解できる。尊敬語と謙譲語については，ていねいに指導し，内容や違いを理解させる。
	2	・3 つの敬語の使い分けを考える。 ・教科書の問題文を敬語に書き直し，直した文やその理由について話し合う。 ・自分の日常の言葉遣い（敬語が使えているか，どんなときに誰に使っているか）について考え，学習を振り返る。	・具体的な文や会話の表現を通して，敬語を使う場面や使い方について理解させる。 ・今後の自分の生活の中での敬語の使い方にも目を向けさせる。

本時の目標：日常の言葉遣いに関心をもち，敬語の種類や使い方が理解できる。

板書例

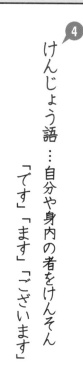

❸

尊敬語…相手や話題の人を敬う気持ちを表す

① 特別な言葉…いらっしゃる　おっしゃる　くださる

② お（ご）～になる

③ ～れる（られる）

④ 「お」や「ご」をつけた言い方

【例】「親せきのおじさんがいらっしゃる。」
　おたずねの人は、出発されました。
　ご主人が、お着きになりました。

❹

けんじょう語…自分や身内の者をけんそん
「です」「ます」「ございます」

① 特別な言葉…うかがう　いただく

② お（ご）～する

【例】記念品をいただいた。
　お客さまをおむかえする。

※児童の発言を板書する。

POINT　敬語の中でも「尊敬語」と「謙譲語」については違いがあり，またそれぞれの中でも種類に分けられるので，丁寧に指導する。

1 「問いをもとう」の場面で，言葉の違いについて話し合う。

T　教科書64ページの絵を見て，2つの言葉の違いで，気づいたことを言いましょう。

①は，親しい言い方をしています。相手は友達かもしれません。

②は，相手が大人の人だと思います。だから，丁寧な言葉を使っています。

相手によって，言葉遣いを変えているね。

T　②のような使い方の言葉を「敬語」といいます。今日は，この敬語の勉強をします。

T　教科書の初めの文を読みましょう。どのような言葉が敬語だと書いてありますか。

C　敬意を表すためのていねいな言葉づかいだと書いてあります。

「敬意」の意味をしっかり押さえておく。辞書引きなどをさせながら，分かりやすい言葉に置き換えるとよい。

2 ていねい語とはどんな言葉かを知り，例文を書こう。

T　敬語にはどんな種類がありますか。

C　ていねい語，尊敬語，けんじょう語です。

C　どう違うのかな？

T　1つずつ，どんな言葉か見ていきましょう。

T　「ていねい語」は，どんな言葉ですか。

あまり親しくない人や大勢の人に対する言葉です。

「です」「ます」「ございます」を使います。

ていねい語

T　ていねい語とはどんな言葉かノートにまとめ，例文を1つ考えて書きましょう。書けたら発表してもらいます。

C　ここは，5年1組の教室です。

C　わたしは，買い物に行きます。

| 準備物 | ・国語辞典 |

ICT　丁寧語・尊敬語・謙譲語を使った例文を書いて共有機能を使って全体共有すると、対話的に言葉の使い方について学びを深め合うことができる。

敬語

め　敬語の種類や使い方を調べて話し合おう

① 敬語
敬意を表すためのていねいな言葉づかい

② ていねい語…あまり親しくない人　大勢の人
「です」「ます」「ございます」
【例】わたしは、買い物に行きます。

3　尊敬語とはどんな言葉かを知り、例文を書こう。

T　「尊敬語」とは、どんな言葉ですか。
C　相手や話題の人を敬う気持ちを表す言葉です。
T　4つの種類に分けられますね。
C　特別な言葉を使った言い方で、いらっしゃる、おっしゃる、くださる、などです。
C　お（ご）・・・なる、という言い方。
C　れる、られる、という言い方もあります。
C　「お」や「ご」をつけた言い方もそうです。
T　尊敬語についてもノートにまとめ、例文も考えましょう。

尊敬語
親せきのおじさんが、北海道からいらっしゃる。
おたずねの人は、2時間ほど前に出発されました。
ご主人が、お着きになりました。

4　けんじょう語とはどんな言葉かを知り、例文を書こう。

T　「けんじょう語」とは、どんな言葉ですか。
C　自分や身内の者の動作をけんそんして言う言い方。
C　特別な言葉を使った言い方もあります。うかがう、いただく、など。
C　お（ご）…する、という言い方もあります。
T　けんじょう語についてもノートにまとめ、例文も考えましょう。

けんじょう語
コンクールに入賞して、記念品をいただいた。
お世話になった人の家にうかがいました。
お客様をお迎えする。もう1つ、考えようかな…。

T　3つの敬語を調べて、思ったことがありますか。
C　これが使いこなせたら、かっこいいかな…。
C　ていねい語は、分かりやすいけど、尊敬語とけんじょう語がこんがらがって難しい。

本時の目標　相手や場面に応じた適切な敬語の使い方が分かり，日常生活に生かすことができる。

板書例

②
〈練習問題 □〉
・体育館にいらっしゃる。
・林さんに話をうかがう。
・校長先生が書かれる（お書きになる）。
・関さんをお招きする。

③
書きなおした理由を話し合おう

④
ふりかえろう
・もう少し敬語が使えそう
・相手を大切にしている感じ
・ちょっと大人になったような

※児童の発言を板書する。

POINT 敬語を使った表現に変える活動などを通して，敬語を使うことに慣れさせ，敬語の3つの種類についての理解を深める。

1 前時の学習の復習をして，3つの敬語の使い分けを考えよう。

T　前の時間の復習です。敬語にはどんな言い方がありましたか。

C　ていねい語は，あまり親しくない人や大勢の人への丁寧な言い方です。

C　尊敬語は，相手や話題の人を敬う言い方です。

C　けんじょう語は，自分や身内を謙遜した言い方です。

C　尊敬語は相手を自分より上に見た言い方で，けんじょう語は相手より自分や身内を下に見た言い方だね。

T　「行く」を3種類の敬語に直し，「行く」のは誰かも考えましょう。

> 尊敬語なら「行かれる」で，行くのは相手です。

> ていねい語なら「行きます」で，行くのは自分です。

> けんじょう語なら「うかがう」で，行くのは自分です。

謙譲語は，自分の動作を表す時に使い，尊敬語は，相手の動作を表す時に使うことを押さえておく。

2 問題文を敬語に書き直してみよう。

T　教科書65ページ①の4つの問題文を音読しましょう。

C　先生は，今，体育館にいる。

C　氷河を毎年さつえいしている林さんに，話を聞く。

T　何か変ですね。

C　敬語を使うところで使っていないんだ。

T　どこをどんな表現にしたらよいでしょう。書き直した文をノートに書き，直したところに赤線を引きましょう。書き直した理由も書きましょう。

> え〜と，「体育館にいる」を「いらっしゃる」に直せばいいんだ。

> 「校長先生が書かれる」これでいいな。尊敬語を使う理由は…。

> 「聞く」のは自分だから，「うかがう」になります。

> 「招く」をどう直したらいいかな？「関さんをお招きする」…これで間違いなし。

108

準備物	・補充ワークシート「山田さんからの電話」
ICT	補充ワークシートのデータを配信すると，直接考えたことを記入し，共有したり蓄積したりすることができ，児童がどう理解しているかを見取ることができる。

敬語

め どんな場面で、だれに対して敬語を使えばよいか考えよう

❶ 3つの敬語の使い分け

行きます（ていねい語）──自分

行く↓行かれる・いらっしゃる（尊敬語）─相手

行く↓うかがう（けんじょう語）──自分

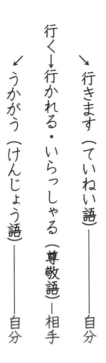

3 書き直した文とその理由について話し合おう。

T　どこをどう書き直したか，直した理由は何か，グループで発表し合いましょう。発表について，意見があれば話し合いましょう。

「校長先生が書く」を「書かれる」に直しました。相手が校長先生だから尊敬語を使います。

「お書きになる」でもいいと思います。同じ尊敬語だから。ここは答えが2つあります。

「林さんに話を聞く」を「お聞きする」にしました。林さんは大人だから尊敬語です。

それはおかしいよ。「話を聞く」は自分が聞かせてもらうから、けんじょう語の「うかがう」だよ。

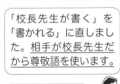

時間があれば，補充ワークシートの問題をさせてもよい。

4 自分の日常の言葉づかいについて考え，学習を振り返ろう。

T　普段，敬語が使えていますか。誰にどんな時に敬語を使ったか，思い出しましょう。

お店屋さんで買い物をする時，店の人に「○○をください。」と丁寧に言えた。

電話で、「どなたか家の人はおられますか」と言われて、「おられません」と答えてしまった。でも、家の人に敬語を使うのはおかしいね。

T　学習を振り返って，思ったことを言いましょう。
C　敬語は難しいですが，ちょっと大人になったような気がします。
C　敬語を使うと，相手を大切にしているように感じます。
　　教科書の「いかそう」も読んでおく。
C　これからは，もう少し敬語が使えそうです。

日常を十七音で

◎ 指導目標 ◎

・比喩や反復などの表現の工夫に気づくことができる。

・俳句の構成や書き表し方などに着目して，俳句を整えることができる。

・俳句の中で，漢字と仮名を適切に使い分けることができる。

・目的や意図に応じて，簡単に書いたり詳しく書いたりするなど，自分の考えが伝わるように書き表し方を工夫することができる。

◎ 指導にあたって ◎

① 教材について

　俳句という，先人が四季折々の風物を季節感あふれる言葉で表現した言語文化に触れたり，自身で創作したりすることで，児童の感性を育むことや伝統的な言語文化の継承者としての誇りを熟成することを意図した教材です。実際には，俳句の作り方や工夫の仕方など，先人の優れた作品を例に，丁寧に指導し，日常の感動を材料に，俳句作りを楽しむことが中心となっています。言葉への感覚を培う機会にすることが期待されます。

　俳句に織り込まれた季節感あふれる言葉は，声に出すことで一層味わい深いものになっています。参考例として扱う俳句も，声に出して味わいながら指導したいものです。さらに，紹介されている3つの工夫の観点は，俳句作りや俳句を鑑賞する際の核心部分ともなっています。参考の俳句を十分に味わうことができるよう指導します。

② 個別最適な学び・協働的な学びのために

　俳句は，「座の文学」といわれています。つまり，本来対話的な文芸ということです。また，「省略の文学」ともいわれています。これは，五・七・五という短い作品にしあげるため，素材や表現方法を否が応でも絞り込まなくてはいけないということを表しています。これらの俳句の本質的な特質を生かし，児童に俳句を作り，交流する楽しさを味わわせたいものです。

　俳句作りは，まず楽しむことから始めます。集めた材料を，五・七・五のリズムで，十七音の文に作り替えることを楽しませます。季語や工夫の観点を最初からこだわらせるのではなく，その効果を分からせ，児童自身が主体的に，自分の俳句に工夫を加えるように指導します。

　可能であれば，この授業の間だけでなく，季節折々に俳句を作る機会を持つことができれば，クラス内の文化的交流や，学級経営の手立てとして，有効です。

知識 及び 技能	・俳句の中で，漢字と仮名を適切に使い分けている。 ・比喩や反復などの表現の工夫に気づいている。
思考力，判断力，表現力等	・俳句を書くときに，目的や意図に応じて簡単に書いたり詳しく書いたりするなど，自分の考えが伝わるように書き表し方を工夫している。 ・俳句を書くときに，俳句に対する感想を伝え合い，自分の句のよいところを見つけている。
主体的に学習に取り組む態度	粘り強く，構成や書き表し方に着目して，文言を整え，学習の見通しをもって俳句を作ろうとしている。

次	時	学習活動	指導上の留意点
1	1	・教科書 P66 の 2 つの例について，感想を話し合う。 ・「表現を工夫して俳句を作ろう」という学習課題を設定し，学習計画を立てる。 ・「学習の進め方」を確認し，学習の見通しをもつ。 ・P67 の例文を参考に，生活の中から俳句を作る材料を集める準備をする。	・具体的な俳句の例を読むことで，これから作ろうとする俳句のイメージ作りをさせる。 ・俳句の形式（五・七・五音で表現されている）や季語について説明しておき，材料探しの中で，季語になるような言葉も意識的に探させておく。
2		※短い文章で日常の出来事を書き留め，俳句を作る材料を集めるための日時をあけておく。	
	2	・材料をもとにして自分の俳句を作る。 ・P68 を参考にして，作った俳句の表現を工夫する視点をつかむ。	・集めた俳句を作る材料から，17 音で表すイメージをとらえる。 ・参考とする俳句を鑑賞したり，比べたりしながら，工夫による効果を分からせる。
	3	・前時で学んだ 3 つの工夫の再確認。 ・教科書の例を参考にして，自分の俳句を完成させる。 ・グループで俳句を読み合う。 ・学習を振り返る。	・工夫の仕方の再確認や教科書の俳句の例から，自分の俳句の表現の工夫やその修正のイメージをしっかりと持たせる。 ・俳句の読み合いでは，「表現の工夫」の視点もしっかりと持って感想を述べ合う。

本時の目標　俳句の基本的な内容を理解し，俳句作りの見通しを持つことができ，材料集めができる。

板書例

② 〈俳句とは〉
・日常生活の感動
・五・七・五の十七音
・季語

③ 〈学習の進め方〉
① 材料集め
② 五・七・五の十七音の形
③ 表現を工夫
④ 読み合う

④ 〈材料集め〉
・気づいた、おどろいた、心が動いた
・生活の中から見つける
・季節を表す言葉

POINT 日常生活の出来事を，表現を工夫することで，感動的に伝えることができる俳句の楽しさや面白さを分からせる。

1 学習課題と本時のめあてを確認し，教科書の俳句を鑑賞する。

T　今日から俳句の学習です。

C　俳句って 4 年のときに短歌と一緒に習ったね。

C　昔の人が作った俳句を，リズムよく読んだ。
　　教科書 P60 のはじめの 3 行を読む。

T　学習課題は「表現を工夫して俳句を作ろう」です。そのために，今日は俳句について知りましょう。
　　教科書 P66 の 2 首の児童作品を読む。

T　この二つの句を詠んで，共感するところや，言葉の使い方で「いいな」と思うところを言いましょう。

「次は勝つ」という言葉を最初に書くことで，負けて悔しい気持ちが強く表われている。ぼくもそんなことがあった。

「にじの橋〜」の俳句が好きだわ。キレイな虹を見た感動を思い出した。

「にじの橋」という言葉が，虹が架かっている様子がよくわかって「いいな」と思った。

2 俳句の約束ごとを確かめる。

T　俳句の特徴を確かめましょう。まず今読んだ 2 つの俳句を，文が切れるところに線を引いて，音を数えてみましょう。

にじの橋／雨の …／すべり…，五・七・五になる。

次も，五・七・五の十七音です。

次は勝つ／ボールをけって／夏の空，だね。

のばす音やつまる音も 1 音と数えるのね。

　　俳句が，五・七・五の十七音でできていることを確かめる。

T　次に，それぞれの俳句の季節は分かりますか。

C　「にじ」や「雨」の句は，梅雨の頃だと思います。

C　「夏の空」とある方は，簡単だ。夏です。

T　俳句は五・七・五の十七音でできており，季節を表す『季語』が含まれています。

<table>
<tr><td>準備物</td><td>・黒板掲示用の2つの俳句カード</td><td>ICT</td><td>材料集めをしたものを，共有機能を使って全体共有すると，他の児童が集めた材料を参考にすることができ，学習を支え合うことができる。</td></tr>
</table>

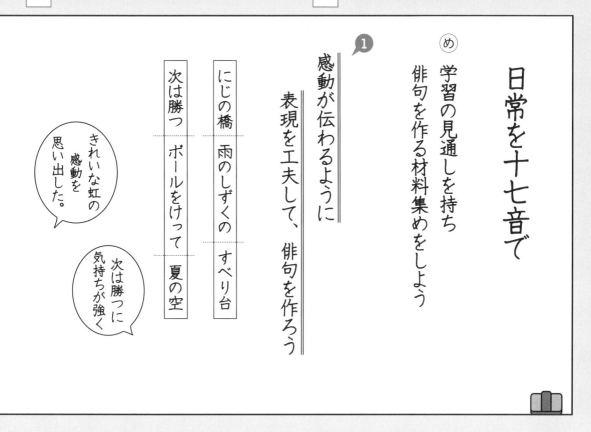

（黒板）

日常を十七音で

め　学習の見通しを持ち
　　俳句を作る材料集めをしよう

❶　感動が伝わるように
　　表現を工夫して、俳句を作ろう

にじの橋　雨のしずくの　すべり台

次は勝つ　ボールをけって　夏の空

きれいな虹の感動を思い出した。

次は勝つに気持ちが強く

3　俳句を作る学習の進め方を確かめ，学習の見通しをもつ。

T　教科書66ページ下の「見通しをもとう」を見ましょう。どのように学習を進めていくのですか。書いてあることに，あとひと言足して詳しく言いましょう。

まず俳句の材料を集める。いい材料を見つけたら，いい俳句ができそうな気がします。

五・七・五の十七音の形にする。この中に季語が入ります。

表現を工夫する。読みかえして，もっと表現を工夫できないか考える。

友だちと読み合う。意見を聞いて，また書きなおしてもいいね。

T　67ページの「目標」も読んでおきましょう。
C　感動が伝わるように工夫するんだ。
C　表現の仕方で受ける印象が変わるんだ。
C　伝えたい内容に合わせて，言葉や表現を工夫する。

4　俳句の材料集めのために，メモを取る。

　　教科書67ページの「材料を集めよう」を読む。
T　俳句の材料集めをするとき，どんなことを見つけたらよいのですか。
C　気づいたこと，驚いたこと，心が動いたこと。
C　生活の中から見つけるんだね。
T　どんな風にメモをしておけばよいか，下の例も見ておきましょう。

あじさいの様子や動きをよく見ているな。

「あじさいはうれしそう」って，ちょっと言葉の工夫をしている感じがするね。

畑にスイカがなっているのを見たな…。

感じたことや季節を表す言葉を忘れないようにメモしておこう！

T　メモに取った出来事の時期や周りの様子で季節を表す言葉がないか，一緒にメモをしておきましょう。
　　次時までに，各自で材料集めをしてくる。

日常を十七音で　113

板書例

③④

④ 言葉の順序

「鳴くせみか」…せみを強調

「蝉の鳴く」…鳴くを強調

自分の俳句　→　もっと工夫してみよう

③ ② 文字の書き表し方（ひらがな、かたかな…）

ひらがなばかり…やわらかい感じ

チチポポ…軽やかに、楽しそう

POINT　少しの工夫で，俳句から受ける感じが違ってくることを，教科書の具体例からとらえさせる。学んだ工夫から，再度自分の

1 教科書の例を参考にして，集めた材料をもとに，自分の俳句を作る。

T　教科書に書かれている材料と，そこから作られた俳句の例を比べて見てみましょう。

雨に当たってあじさいが動いている様子を「ゆれている」という言葉で表している。

見つけた材料を17音で表すのは難しいね。「うれしそう」だと感じたことが，これでは分からないよ。

材料の中のどの言葉を使うのか，どんな言葉に変えたらうまく伝わるのか，難しいね。

季語は，「あじさい」だね。

T　材料として集めたメモをもとに，俳句を作ってみましょう。1つの材料で何通りか作ってもいいですよ。

　　何通りかの俳句を作らせることで五・七・五に慣れさせる。季節が分かる言葉はたいてい季語になることを教える。資料「季語一覧」QRを参考にさせてもよい。

T　できましたか。その内1つを選びましょう。

2 表現の工夫（使う言葉）を知り，読んだ感じや印象を話し合う。

　　教科書P68「使う言葉を工夫した俳句」の2句を音読する。

T　どんな表現の工夫をしていますか。この俳句を読んで，どんなことを感じますか。話し合いましょう。

「空の長さ」なんて，普通は言わないけど，それで鯉のぼりがうかんでいる様子を表そうとしたんだね。

「りりりりりり」は，たくさんの鈴が小さくあちこちで鳴っている様子が浮かんでくるわ。

T　どちらも上手に言葉を選んでいますね。このように，伝えたい気持ちや事柄がうまく伝わるような，自分らしく工夫した言葉を探しましょう。

　　表現の工夫により作品が変わることを実感させる。自分で作った俳句の工夫も大切だが，言葉を選ぶことで作品の印象が変わるのを分からせることが重要となる。

日常を十七音で

め　日常の感動を俳句に表し、さまざまな表現の工夫があることを知ろう

① 俳句を作ろう

季語を入れる

集めた材料 → 十七音で表す

（自分が作った俳句例）
> 甲子園　きっときっと　汗まみれ

② 〈表現の工夫〉

① 使う言葉

「りりりりりり」…すずが鳴る様子がうかぶ

「空の長さ」…こいのぼりが空にうかぶ様子

作った俳句を見直させる。

3　表現の工夫（どの文字で書き表すか）を知り，読んだ感じや印象を話し合う。

教科書 P68「言葉の書き表し方を工夫した俳句」の 2 句を読む。

T　言葉の書き表し方の工夫とはどういうことですか。

C　一つ目の句は，全部平仮名で書いている。

C　2 つめは「チチポポ」と片仮名で書いていること？

T　2 つの句を読んだ印象と言葉の工夫について思ったことを出し合いましょう。

「をりとりて〜」の句は，平仮名ばかりで，やわらかい印象を受ける。

「チチポポと〜」は鼓の音が軽やかに楽しそうに鳴っている感じがする。

すすきのしなやかさ，柔らかさが伝わってくるね。

T　どちらも文字から受ける印象を上手に使っています。このように自分の俳句の印象をうまく伝えるためにはどの文字を使えばよいかを考えましょう。

4　表現の工夫（言葉の順序）を知り，読んだ感じや印象を話し合う。

教科書 P68「言葉の順序を工夫した俳句」の 2 句を音読する。

C　今度はほとんど同じ俳句だ。

C　最後の五音の言葉の順番が違うだけだ。

T　2 つの俳句を比べて読むと，どんな印象の違いを感じますか。

「鳴くせみか」は，「せみ」が強調されていると思う。

言葉の順序だけで，こんなに変わるんだね。

そうだね。「せみの鳴く」になると，「鳴く」が強調された印象になるわ。

T　このように，同じ様子をよんでも，言葉の順序で伝えたい印象が変わります。いろいろな工夫を見てきましたが，もう一度，自分の俳句を見てみましょう。

C　自分の俳句ももっと工夫ができそうな気がする。

C　言葉の順序を変えてみようかな…。

本時の目標 | 自分の作った俳句の表現を工夫し，グループで交流することができる。

板書例

〈感想交流〉

③

② 汗や涙に感動
　↓
③ 「しおのあじ」のひと言で表現

◎ 「きっと」のくりかえし…感動が伝わる

◎ 「甲子園」だけで場面が分かる

④

〈ふりかえり〉

・「ふりかえろう」
　ムダな言葉をはぶき，感動が伝わる言葉に。

・「たいせつ」「いかそう」
　俳句以外でも工夫をしたい，試したい。

POINT　3つの表現の工夫を自分の作品に取り入れられるかどうか，考える時間を可能な限り与えたい。

1 めあての確認をし，前時の学習を振り返る。

本時のめあてを板書し，みんなで確認する。

C　まず，表現を工夫して，自分の俳句を手直しする。

C　手直しした俳句を読み合って，感想を交流する。

T　前の時間の最初に俳句を作りました。その後，表現の工夫の仕方を学習しましたね。

C　はい，覚えています。

T　三つの表現の工夫を，教科書に書いてある言葉のままではなく，自分たちの言葉でわかるように説明し合って確かめましょう。

> 漢字，ひらがな，カタカナのどれを使うか考える。使う文字で柔らかな感じになったり，軽快になったりする。

> 感動が伝わるように，使う言葉を工夫する。音をそのまま表したり，自分らしい言葉で表現したりする。

> 言葉の順序を工夫する。順序が違うだけで，強調されることが違ってきたりして，俳句の印象が変わってくる。

2 表現を工夫して，自分の俳句を完成させる。

T　教科書に載っている，初めに書いた「あじさい」の俳句と書きなおした俳句を比べてみましょう。

> 「ゆれている」を「おどりだす」に変えて，うれしそうな感じが出てきた。

> 「雨の中」って，ありふれているけど，「雨の歌」に変えて，何か楽しそうな感じがしてとてもいい。

> こんな風にうまく書きかえられたらいいね。

T　学習した表現の工夫や，教科書の書き直し例を参考にして，自分の俳句を完成させましょう。

C　「甲子園きっときっと汗まみれ」の最後の五音を「しおのあじ」に変えよう。

　先に作った俳句にこだわらず，意欲のある児童には，新たに，工夫の観点を取り入れた俳句を作らせてもよい。

T　完成したら，自分が伝えたかったこと，そのために工夫したところをまとめておきましょう。

準備物 ・黒板掲示用俳句カード「雨の中…」「雨の歌…」

ICT スライド機能などを活用して俳句を作ると，挿絵や写真を入れることもでき，児童が作った俳句を集めて，「みんなの俳句集」を簡単に作ることもできる。

日常を十七音で

め 表現を工夫して俳句を手直しし、できた俳句を読み合い、感想を交流しよう

1 〈表現の工夫〉
・使う言葉
・書き表し方（ひらがなにする・・・）
・言葉の順序

2 〈自分の俳句を完成させる〉

（例）雨の中あじさいたちがゆれている →

雨の歌あじさいたちがおどりだす →

> うれしそう 楽しそうな感じ

① （完成させた自分の俳句）

甲子園　きっときっと　しおのあじ

---

3 俳句を読み合い，感想を交流する。

T　まず①俳句を読みましょう。その後に②伝えたかった事柄，③そのために工夫したところを発表しましょう。

> ぼくが作った俳句は①「甲子園きっときっとしおのあじ」です。ぼくが夏に甲子園に高校野球を見に行ったとき，…

> 甲子園っていうだけで，野球のことだって分かる。多分，高校野球だよね。

> 「しおのあじ」っていう表現がおもしろいね。

C　②甲子園ではみんな汗や涙を流していて，すごく感動しました。③工夫したのは，汗と悔し涙，うれし涙を１つの言葉「しおのあじ」で表現したことと，悲しい印象だけにならないようにひらがなにしました。

C　「きっと」をくり返していることで，感動したことが伝わってくる。「しおのあじ」も強調されている。

C　甲子園という初めの言葉でどんな場面かが分かる。

4 学習を振り返る。

T　教科書の「ふりかえろう」を読んで，学んだことを発表しましょう。

C　表現を工夫するだけで，場面の様子が分かりやすくなったり，感動がより伝わって来ます。

C　表現の３つの工夫について，一つずつ見直しました。

C　できるだけムダな言葉を省いて，感動が伝わるような言葉を選ぶように気をつけました。

T　「たいせつ」「いかそう」を読み，これからの学習に生かしていきたいことを話し合いましょう。

> 一度書いたら終わりじゃなくて，いろいろな表現を試して見るとだんだんよくなっていくような気がする。

> 俳句を作るだけでなく，いろいろな文や言葉を考えるときにも役立つね。

> 言葉の順序を変えたり，仮名に変えるだけで印象が変わるんだから，これから，いろいろ試してみるわ。

漢字の広場 1

◎ 指導目標 ◎

・第 4 学年までに配当されている漢字を書き，文や文章の中で使うことができる。

・文章全体の構成や書き表し方などに着目して，文や文章を整えることができる。

・進んで第 4 学年までに配当されている漢字を書き，学習課題に沿って，文を書こうとすることができる。

◎ 指導にあたって ◎

① **教材について**

　　前学年までに配当された漢字を与えられた条件で使うことで，漢字の力をつけようとする教材です。「漢字の広場 1」では，図書館での様子についてのイラストと言葉が提示されています。4 年生で習った漢字の復習をして，条件に合った文を作ります。文の書き方としては，「図書館の人になったつもりで，本の場所や図書館の使い方などについて説明する」という設定になっています。

　　作文が苦手な児童にとっては，「文章に書きましょう」というだけで大変かもしれません。ましてここでは，「図書館の人になったつもりで」書くことが求められています。文章への意識が高くならざるを得ません。ただし，メインの目標は，漢字の復習です。全体で一斉に読む，二人組で問題を出し合う，などの工夫をして，漢字の復習にもしっかり取り組ませます。

② **個別最適な学び・協働的な学びのために**

　　この単元では，「図書館の人になったつもりで」という条件が付いています。文作りの前に，「図書館の人ならば，どのように説明しますか」「図書館の人は利用する人からどんなことを尋ねられそうですか」など，問題提起をすることで，文作りが苦手な児童もイメージしやすくなるでしょう。その後，文作りをし，それぞれが作った文を交流し合います。1 時間の配当のため，重点的に復習する漢字を選ぶ，作文が進まない児童には友達が作った文を写してもよいことにするなどの対応を考えます。

◎　評　価　規　準　◎

知識 及び 技能	第4学年までに配当されている漢字を書き，文や文章の中で使っている。
思考力，判断力，表現力等	「書くこと」において，文章全体の構成や書き表し方などに着目して，文や文章を整えている。
主体的に学習に取り組む態度	進んで第4学年までに配当されている漢字を書き，学習課題に沿って，文を書こうとしている。

◎　学 習 指 導 計 画　　全 1 時間　◎

次	時	学習活動	指導上の留意点
1	1	・教科書 P70 に提示された言葉を使いながら，図書館の人になったつもりで，本の場所や図書館の使い方などについて説明する文章を書く。 ・書いた文章を読み返すなどして，構成などを整える。 ・書いた文章を見せ合い，交流するとともに，示された漢字に触れる。	・漢字の練習方法を紹介し，自分に合ったやり方を考えさせる。 ・図書館を利用する人に話しかけるように，文章を考えるように指導する。

本時の目標 提示された第4学年までの漢字を正しく書き，文や文章の中で使うことができる。

板書例

❸

◇図書館の人になったつもりで、説明する文章を書こう

・本の利用の仕方について
・本が置いてある場所の案内
・本の貸し出しについて

※

（例）本は、分類して配置されています。

・本の貸し出しは、一人五さつ以内でお願いします。
・本を借りるときは、一列にお並びください。
・児童書は、ほかの本とは区別して本だなに置いてあります。

※

❹

書いた文章を交流しよう

※児童の発言を板書する。

POINT 想像する部分では，ペアやグループの人と話し合いでイメージを十分膨らませ考えさせる。書く時間も十分取って，漢字の

---

1 4年生の漢字を声に出して読もう。

T 4年生までで習った漢字が出ています。ペアの人と読み方を確かめましょう。

4年生までで覚えられなかった児童，一度覚えたけれど忘れてしまった児童もいるだろう。読みの段階から，丁寧に取り組ませる。

大丈夫です。全部正しく読む自信があります。

少し自信のない漢字もあるよ。この時間で，読んだり書いたりできるようになりたいな。

「漢字の広場」は，1年間で6回ある。できれば提示されたすべての漢字を丁寧に復習したいところだが，1時間だけの配当なので，学習の流れを児童に覚えさせて効率的に進めていく。

2 どのようなお話なのか，想像してみよう。

T 絵からどんなことが分かりますか。

入り口のところに案内図があります。

本が種類ごとに分類されて配置してあります。

C 読みたい本がない場合は，図書館の人に要望を出すと，本を準備してもらえるみたいだね。

C きっと図書館の人は，図書館のことを詳しく知っているんだね。

絵にどのようなものが出てくるかを簡単に確認していく。文章を書くための素材を見つける活動である。詳しく見ている児童の意見を広めたり，絵から想像できることも発表させたりして，文章にすることをできるだけたくさん見つけさせる。

準備物
・漢字カード
・教科書P70の挿絵の拡大コピー
　（黒板掲示用イラスト）QR
・国語辞典

ICT　漢字カードを一字ずつデータ化し，黒板提示用イラストと共にスライド上に配置し配信すると，カードをイラスト上で動かす活動を通して語彙を増やせる。

漢字の広場 一

め　四年生までの漢字を使って、図書館の人になったつもりで、説明文を書こう

①

（イラスト内のラベル：案内図、最新、便利、分類、司書、要望、伝記、配置、借りる、英語、辞書、五さつ以内、静か、席、児童書、区別）

※イラストの上に漢字カードを貼る。
※児童が文作りで使用した漢字カードを左へ移動する。

②〈どんなお話かな？〉
☆図書館で
・本が分類されて置いてある
・入り口に、案内図がはってある
※

定着をはかる。

3　図書館の人になったつもりで，説明する文章を書こう。

T　図書館の人だと，どのような説明をすると思いますか。
C　本の貸し出しのことについて。
C　きっと，本が置いてある場所について教えてくれる。
T　文章を思いついた人は，言ってみましょう。
C　本の貸し出しは，一人五さつ以内でお願いします。
C　本を借りるときは，一列にお並びください。
　いくつか児童から見本として文を発表させ，苦手な児童もどんな文を作れるのかイメージできるようにする。
T　では，できるだけたくさんの漢字を使って，文章を書いていきましょう。

図書館の人が話すように書いてみよう。

「児童書は他の本とは区別して，本だなに置いてあります。」でどうかな。

4　書いた文章を交流しよう。

T　声に出して読んでみましょう。おかしな部分は直していきましょう。
　作った文章をペアやグループの人と読み合い，文章をよりよくするためにアドバイスし合わせる。

山下さんの文章は，もっと図書館の人が話すようにしたらいいと思うよ。

原田さんの文章は，とても上手だね。わたしもまねさせて。

教えてもらったように，文章を書き直そう。

　時間が足りないことも考えられるので，グループの中でノートを回す，グループの中でおすすめの文章を一つずつ紹介するなどの工夫をする。時間があれば，全体でいくつか作った文章を発表させるとよい。

古典の世界（一）

◎ 指導目標 ◎

・古文を音読するなどして，言葉の響きやリズムに親しむことができる。

・古典について解説した文章を読んだり作品の内容の大体を知ったりすることを通して，昔の人のものの見方や感じ方について知識を得ることができる。

・進んで昔の人のものの見方や感じ方について知り，学習課題に沿って，古文を音読しようとすることができる。

◎ 指導にあたって ◎

① 教材について

児童にとって，古典の音読は，意外に楽しいものです。それは，五七の調子や文語のリズミカルな表現によるものだと思われます。また，平家物語のように漢文調の文体は難しい感じを受けますが，声に出してみると言葉の響きを心地よく感じます。教科書に掲載された4つの作品は，音読を楽しむだけではなく，暗唱をするだけの十分な価値のある古典です。

歴史的仮名づかいや昔の言い回しなどは，大体の内容をつかむために必要な範囲内で触れておきます。

音読の指導は，よい音読を聞かせ，耳から音読のよさに触れさせることが大切です。それにはまず指導者が繰り返し音読し，範読の質を高めておきたいものです。範読やCDなどの音声データでいい音読を聞くことと，児童自身が音読することの繰り返しで，音読の楽しさを体で味わうことが出来るようにしましょう。

② 個別最適な学び・協働的な学びのために

5年生の児童には，古典の原文はまだ馴染みが薄いので，グループで1文ずつ現代語訳と対照しながら読み進めさせ，内容を捉えさせます。作品を読んだ感想や作品から読み取れるものの見方や感じ方については，より広い視野で捉えることができるように，グループでの意見交流を重視します。また，他者の発表を聞いた時は，短くてもよいのでコメントを必ず伝えるようにさせましょう。発表した内容についての理解を深めるだけでなく，今後の対話を活発にさせることにもつながっていきます。

知識 及び 技能	・古文を音読するなどして，言葉の響きやリズムに親しんでいる。 ・古典について解説した文章を読んだり，作品の内容の大体を知ったりすることを通して，昔の人のものの見方や感じ方について知識を得ている。
主体的に学習に取り組む態度	進んで言葉の響きやリズムに親しみ，学習課題に沿って，古文を音読しようとしている。

◎ 学習指導計画　全 2 時間 ◎

次	時	学習活動	指導上の留意点
1	1	・古典の世界を想像して，関心を持つ。 ・「竹取物語」「平家物語」「方丈記」「徒然草」を音読し，現代語訳や解説から内容の大体を知り，関心を持つ。	・範読や朗読 CD などで，言葉の響きやリズムを感じとらせる。 ・スムーズに音読ができるように指導し，文語調の古典に親しむ。 ・原文と現代文を対比して読み，およその内容をつかませる。
	2	・暗唱発表をして，感想を伝え合う。 ・古典を読んだ感想を書き，交流する。 ・4 つの古典に表された，昔の人々のものの見方・感じ方について話し合う。 ・学習を振り返り，まとめの音読をする。	・暗唱や感想の発表を聞いたら，必ず相手に思ったことや気づいたことを伝えさせる。 ・4 つの古典の内容から，昔の人のものの見方，感じ方を読み取らせる。

本時の目標：古典の4作品の大体の内容を知り，音読したり感想を述べたりできる。

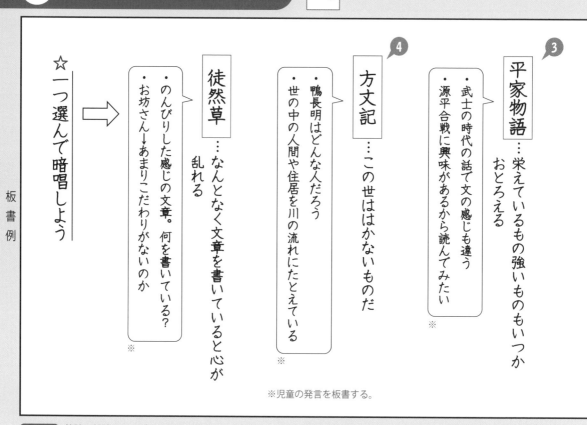

板書例

☆一つ選んで暗唱しよう

徒然草…なんとなく文章を書いていると心が乱れる
・のんびりした感じの文章。何を書いている？
・お坊さん→あまりこだわりがないのか
※

方丈記❹…この世ははかないものだ
・鴨長明はどんな人だろう
・世の中の人間や住居を川の流れにたとえている
※

平家物語❸…栄えているもの強いものもいつかおとろえる
・武士の時代の話で文の感じも違う
・源平合戦に興味があるから読んでみたい
※

※児童の発言を板書する。

POINT　範読や朗読CDなどで，言葉の響きやリズムを感じ取り，古文と現代文を対比しておよその内容を捉えさせる。

1 学習課題をつかみ，絵から気づいたことや感じたことを話し合おう。

教科書の初めのページの文を読む。
T　ここでは，どんなことを勉強するのですか。
C　千年以上前の昔から，人々はどのような物を楽しみ，何を見て，どんな気持ちを抱いていたのか知る。
C　言葉の響きやリズムを味わう，です。
C　様子を想像して音読をする，です。
T　教科書の「古典の一場面をえがいた絵」を見て，気づいたことや感じたことを言いましょう。

女の人も百人一首のお姫様みたい。

枕草子は「春の空」で出てきたね。「春はあけぼの…」だった。竹取物語は，かぐや姫の話だね。

千年以上前ってすごく古い！その頃はこんな服装だったんだ。

2 竹取物語の大体の内容を知り，音読をして，感想を持とう。

竹取物語を教師の範読，または朗読CDなどで聴かせる。
T　どんな内容なのでしょうか。下に今の言葉に直した文があるので比べて読みましょう。
原文と現代文を交互に1文ずつ，全員音読で確かめる。
C　今は昔，竹取の翁といふものありけり。
C　昔，竹取の翁とよばれる人がいた。
C　野山にまじりて竹を取りつつ…。
T　どんな話でしょう。読んだ感想も言いましょう。

千年前のメルヘンだね。昔の人も不思議な出来事にわくわくしていたのだ。

下の絵は，おじいさんの家。子どもがいなかったから大事に育てたのだろうね。

竹取のおじいさんが，光る竹の筒の中からかわいらしい女の子を見つけた。

原文を音読し，言葉の響きやリズムを味わう。

め　四つの古典作品のだいたいの内容をつかみ音読したり，感想を交流したりしよう

古典の世界（一）

❶

《課題》

・昔の人の楽しみ、気持ちなどを知る

・読む→言葉のひびきやリズム、様子などを想像

❷

竹取物語…光る竹の筒の中から女の子を見つけた

・千年前のメルヘン。昔の人もわくわく？

・子どもがいないので大事に育てた？　※

---

3 平家物語の大体の内容を知り，音読をして，感想を持とう。

平家物語を教師の範読，または朗読 CD などで聴かせる。

T　先程と同じように，元の文と今の言葉の文を1文ずつ交互に読んで，意味を確かめていきましょう。

C　祇園精舎の鐘の声，諸行無常の響きあり。

C　祇園精舎の鐘の音は，「全ての物事は…。

C　沙羅双樹の花の色，盛者必衰の理をあらはす。

C　沙羅双樹の花のすがたは…。

T　今度も書かれている内容と感想を話しましょう。

難しいことが書いてある感じ。祇園精舎って何？

栄えているものも強いものも，いつかは衰えてしまうということかな。

武士の時代の話で，竹取物語と内容も文の感じも違う。

源平合戦に興味があるから，読んでみたいな。

原文を音読し，言葉の響きやリズムを味わう。

4 方丈記と徒然草の大体の内容を知り，音読をして，感想を持とう。

方丈記，徒然草の順で，教師の範読，または朗読 CD などで聴かせ，児童に原文と現代文を交互に音読させていく。

T　はじめに方丈記について内容と感想を話し合い，次に徒然草についても話し合いましょう。

作者の鴨長明はどんな人だろう。

世の中の人間や住居を川の流れにたとえているんだね。

何かのんびりした文章。この後，どんなことを書いているのかな。

兼好法師はお坊さんになったから，あまりこだわりがない？

ひまなので何となく文を書いていたら心が乱れる。

2つの原文を音読し，言葉の響きやリズムを味わう。

T　4つの古典の中から，好きだなと思う作品を選び，次の学習までに，何度も音読をして，覚えましょう。

本時の目標　昔の人のものの見方や感じ方に触れ，古典を読んだ感想を伝え合い，音読をすることができる。

板書例

② ◇　比べてみよう

〈昔の文章〉
・今とかなりちがう
・リズムがあって読みやすい
　　　　　　　　　　　　※

③ 〈昔の人のものの見方、感じ方〉
・日記のように出来事を書いた
・旅を楽しみ、めずらしいものを見たい
・世の中や人の生活→はかない
　　　　　　　　　　　　※

④ ◇　音読を工夫しよう

POINT　古典を書いた人々の物の見方や感じ方，読んだ感想について話し合う。それらを踏まえて，最後にもう一度音読を味わう。

1 選んだ作品の暗唱発表をしよう。

T　好きな古典を覚えてきましたか。では，グループ内で暗唱発表をしましょう。

　隣どうし，またはグループ内で暗唱を発表する。

T　暗唱発表を聞いた感想も伝えてあげましょう。

> 祇園精舎の鐘の声…
> リズムがよくて，歌を歌うように覚えやすかったです。
> 難しい言葉づかいもうまく読めていたね。

T　では，何人かの人に，みんなの前で発表してもらいます。発表したい人は手を挙げてください。グループから推薦してもいいですよ。

C　はい，ぼくが発表します。…祇園精舎の…

C　わたしたちの班の山田さんを推薦します。

2 古典を読んだ感想を書き，交流しよう。

T　4つの古典を読んで考えたり，感じたりしたことをノートに書きましょう。自分の気に入った1つに絞って書いてもいいです。

C　ぼくは，平家物語にしよう。

C　わたしは，徒然草と竹取物語の2つ書こう。

　書けたら，グループの中で交流する。

> 平家物語は，リズミカルで読みやすくて好きになりました。平氏一門の運命にも興味があり…。
> 「かぐやひめ」のお話はよく知っているので，分かりやすいです。

　感想を書く前に，教科書を参考に各古典の解説をしておく。話の内容だけでなく，音読した際の言葉の調子も含めて感想を書くように指導する。

準備物

ICT　音読しているところを録画し，全体共有すると，互いの読みを語り合ったり，音読表現について意見しあったりしやすく，学習の様子も見取りやすくなる。

古典の世界（一）

め　感想や考えたことを交流し音読や暗唱をして古典のよさを味わおう

◇　選んだ作品を暗唱しよう　①
・全体でも暗唱発表
・ペア（グループ）内で暗唱↑感想を伝える

◇　感想を書き、交流しよう
・読み方や、言葉の感じの感想
・内容についての感想

（例）
　平家物語
・リズミカルで読みやすい
・合戦のことがもっと知りたい
※

※児童の発言を板書する。

3　昔の人のものの見方や感じ方について話し合おう。

T　4つの古典を読みましたが，書き表し方や言い回しなどは，今の文と比べてどうですか？
C　今とは，かなり違う感じがします。
C　言葉は難しくても，読んでいると昔の文の方がリズム感があって，読みやすいです。
T　では，昔の人は，物事をどのように見ていたのでしょう。

徒然草は，日記みたいなものかな。昔の人も出来事を書いたりしていたんだね。

昔の人は，世の中も人の生活も，はかないものだと思ったのかな…。

4　読んだこと，話し合ったことを思い出しながら音読をしよう。

T　いろいろな感想や意見が出てきましたね。前の時間と今日の学習を思い出しながら，工夫して音読をしましょう。

竹からかぐや姫を見つけたところを，感情をこめて読もう。今は昔，竹取の翁と…。

平家物語は，低い声で「無常」な感じをだして読んでみよう。

T　古典の学習をしてみて，どうでしたか。感じたことや気づいたことを言いましょう。
C　ちょっと味わいがあって面白かった。
C　昔の人の考え方や暮らしのようすが少し分かった。
C　もうちょっと，続きが読んでみたいなと思った。
　　最後は全員で4つの古典を一斉音読して終わる。

目的に応じて引用するとき

全授業時間 2 時間

◎ 指導目標 ◎

・引用して，自分の考えが伝わるように書き表し方を工夫することができる。
・情報と情報との関係付けの仕方を理解し，使うことができる。

◎ 指導にあたって ◎

① 教材について

　書籍やインターネットを利用した調べ学習や，それらを土台としたプレゼンテーションをする学習を通して，児童は多くの情報に触れてきていることでしょう。その中で，自分の考えの根拠となる資料を探して見つけ，実際の発表にそのまま使うといった姿は，多くの児童に見られることです。その「引用」の仕方について学び，正しく情報を取り扱う力を身につけることに主眼が置かれる教材です。情報化がより一層進む社会で，児童を取り巻く状況は大きく変化しています。一人一台の端末が行き渡り，家庭でもタブレットやスマートフォンを持つ時代となり，子どもたち一人ひとりが，それぞれ多くの情報に簡単に触れることができる状況にあります。そのような中で，「情報リテラシー」について取り扱う，これからの時代を担っていく子どもたちにとって重要で学ぶべき教材です。これまでの情報の取り扱い方を振り返りながら，「引用」するときの正しい方法を身につけることができるように，学習計画を立てて展開していくようにしましょう。

② 個別最適な学び・協働的な学びのために

　まずは情報を適切に取り扱うことを念頭に置いて，引用の仕方について学んでいきます。引用例をもとに，どのようにして引用するのか，グループで読み取って見つけ，考えていくようにします。そのような空間づくりをすることで，子どもたちは対話的に協働して学習を進めていくことになるでしょう。教科書にある文章から目的に合わせた引用箇所を探す学習の際にも，グループ内で自由に対話ができる状況にしておくとよいでしょう。また，第2時については，教科横断的な課題を設定し，グループで協力して書籍やインターネットを利用して，目的に応じた情報及び引用箇所を探してまとめていくような展開にしてもよいでしょう。そこでは個々が調べ学習を進めながらも，自然と対話できる状況をつくっておくことで，それぞれの個性が生きるとともに，それらが対話を通して混じり合う中で，情報を適切に取り扱うことについて深く学ぶことにつながっていくものと考えられます。

知識 及び 技能	情報と情報との関係付けの仕方を理解し，使うことができる。
思考力，判断力，表現力等	「書くこと」において，引用して，自分の考えが伝わるように書き表し方を工夫している。
主体的に学習に取り組む態度	進んで目的に応じた引用の仕方を理解し，学習課題に沿って引用カードを書こうとしている。

次	時	学習活動	指導上の留意点
1	1	・書籍やインターネットなど「引用文献」が書かれている例を見た上で，これまでの調べ学習やプレゼンテーションなどの学習活動での，自身の学び方を振り返る。 ・引用する時の注意点について，実際の引用例を見ながらグループで話し合い，考える。 ・教科書 P77 上段の文章を読み，①「綺麗な水が使えないことで起こる問題」と②「手洗いの時に蛇口を閉めることの大切さ」について，文章を書くために引用する箇所を見つけて，引用カードに書いて整理する。 ・学習を振り返り，次時の見通しをもつ。	・これまでの学習活動を振り返る際に，総合的な学習の時間や社会科，理科等の学習を強化横断的に振り返るように促す。 ・実際の引用例を配布し，それをもとに，引用方法について見つけて考えられるようにする。 ・学級の実態に応じて，課題を①のみにするなど，柔軟に取り扱うようにする。 ・①のみを取り扱う場合，②は次時に取り扱うなど，実態に合わせて対応する。 ・全体で共有する際に，課題と引用箇所が対応しているか確認するようにする。 ・児童と次時の課題設定をしておく。
2	2	・児童が決めた事柄に関する報告文を書く。その時の引用について，考えることを捉える。 ・グループで書籍やインターネットを利用して，引用箇所を探して見つけ，引用カードに整理してまとめる。 ・書いた引用カードを全体で共有する。 ・学習を振り返る。	・教科横断的に考えて，課題を設定するようにする。 ・関連書籍を用意しておくようにする。 ・グループごとに違う課題を与えてもよい。 ・課題と引用箇所が対応しているか確認するようにする。 ・学習内容を活かす場を考えるよう促す。

本時の目標：目的に応じた引用の仕方を理解し，引用カードにまとめようとしている。

板書例

③ 〈練習しよう〉
・きれいな水が使えないことで起こる問題

児童が作った
カード①

児童が作った
カード②

・手洗いの時に蛇口を閉めることの大切さ

④ 〈やってみよう〉
地球温暖化・森林破壊・大気汚染など

児童が作った
カード③

児童が作った
カード④

POINT　実際に引用文献が記載されている書籍を例として見てみることで，情報を取り扱う際のリテラシーについても触れながら，

1 どんな時に本やインターネットから引用するか。

T　皆さんはこのような「引用文献」と言うものをみたことがありますか。どんな時に本やインターネットから引用するでしょうか。

T　本やインターネットに書かれていることを，そのまま自分の文章として書いてしまってよいでしょうか。

C　ダメだと思う。文章を盗んだのと同じだよ。

C　今まで，引用したことを知らせずに，そのまま文章を写していたよ…。

> 今まであまり意識したことがなかったな…。

> 本の最後に書いてあるのをみたことがあるよ。

> レポートを書く時に，本から文章をそのまま使うことがあります。

> 調べたことをそのまま記録して残しておくこともあるよね。

2 引用するときに注意することはどのようなことか，班で考えよう。

T　では，何をどのように書けばよいか，班で本の例を見ながら考えましょう。

> 自分が書きたい内容に合うものを選びたいね。

> 出典で，著者・書名・出版社・発行年・ページが書かれているよ。

> インターネットを使って調べる時は，サイト名やアドレス，管理者がわかればいいかな。

> 正確に文章を写さないと，本を書いた人の言いたいことが変わってしまうかもね。

「情報リテラシー」について意識づけることを念頭において，考える時間を取るようにしよう。

め 目的に応じて、正しく引用する方法を考えよう

目的に応じて引用するとき

❶ 〈引用するとき〉
・報告する文章を書くとき
・調べたことを記録する

❷ 〈気をつけること〉
・目的に合うか
・正確に写す
・出典（筆者・書名・出版社・発行年・書かれているページ）
・ウェブサイト名・アドレス・管理者

学習指導していくとよい。

3 引用の仕方を練習しよう。班で協力して引用するところを探そう。

T　引用の仕方を練習してみましょう。『水と未来』の52ページからどこを引用したらよいでしょうか。「綺麗な水が使えないことで起こる問題」について報告文を書く場合と，「手洗いの時に蛇口を閉めることの大切さ」について文章を書く場合について，それぞれ考えましょう。

目的にあったところを文章から探したいね。

同じページの中にもいろんなことが書かれているね。

間違えないように，正確に写しておかないといけないね。

目的によって選ぶ文章も違ってくるね。

学級の実態に応じて，個別・ペア・グループで活動できるようにしよう。

4 本時の学習を振り返り，次時の学習の見通しをもとう。

T　今日の学習で学んだことを班で振り返りましょう。

目的に合う文章を探すのが難しかったね。

今までは「引用」をちゃんとせずに，そのまま文章を使っていたから，これからは気をつけないといけないね。

せっかくだから環境問題をテーマにするのだったら，どんな情報を集めるか考えてみたいね。

社会科の学習で環境問題について学習しているから，レポート作りにも活かしたいな。

T　では，次の時間は，環境問題について文章を書く場合，どのようにして情報を集めるか，一緒に考えていきましょう。

社会科や理科の学習と関連付けて計画するとよい。

板書例

④ 〈まとめ〉
・目的に合うように
・勝手に情報を使わない
・正確に写して使う

③ 〈学級全体で交流しよう〉

児童が作った
カード③

児童が作った
カード①

児童が作った
カード④

児童が作った
カード②

1 目的や調べることに合わせて引用できるようにしよう。

T　目的や調べることに合わせて引用することが大切だと学習しましたね。今日は，「環境問題」について調べて報告文を書くとしたら，どのように引用したらよいかを考えていきます。「環境問題」と聞いて思いつくものはありますか。

地球温暖化や森林破壊かな。

大気汚染や騒音問題もあるよね。

海洋汚染と水質汚濁はちがうものなのかな。

図書館に行ったらたくさん本があって，情報を集めやすいよね。

社会科や理科の学習と教科横断的に取り扱うものとし，自然災害や環境問題，産業の様子などの学習と関連づけて学習計画を立てるとよい。

2 引用カードを使って，引用する箇所を整理してまとめていこう。

T　では，調べるテーマごとに，引用する文章を探していきましょう。この前に使った引用カードに，引用する文章を整理してまとめていくようにします。どのようなことに気をつけたいですか。

C　正確に写し取るようにしたいです。

C　出典をしっかりと書き残していくようにしたいです。

T　引用文献の取り扱いに十分注意して，活動を進めていきましょう。

うちの班は地球温暖化がテーマか。

地球温暖化が進むと，どんな問題が起こるのかな。

どうやって地球温暖化が起こるのかな。

みんなどんな本を読んでいる？一緒に調べようよ。

班ごとに１つのテーマを与えるようにすると，班で支え合いながら情報を集める活動を進めていくことができる。

準備物
・引用カード QR
・文書ソフト
・関連する書籍

ICT
引用カードのデータを児童と共有することで、調べ学習をスムーズに進めることができ、評価もしやすくなる。

目的に応じて引用するとき

め 目的に合わせて、引用しよう

① 〈調べること〉
「環境問題」
地球温暖化・森林破壊・大気汚染・
海洋汚染・水質汚濁・騒音 など

② 〈引用カード〉

引用カード（　）
5年（　）組（　）番 名前（　　　　　　）
〈目的・調べること〉
〈引用するところ〉
〈出典〉

・正確に写し取る
・出典を書く

対する意欲も高められる。

---

3 書いた引用カードを学級全体で交流しよう。

T たくさん情報を集めることができましたね。では、<u>情報を集めて書いた引用カードを、学級全体で交流</u><u>したいと思います。</u>

私たちは地球温暖化がどうやって起こるのか、あとは地球温暖化が進んでいくとどんな問題が起こってくるのかを調べました。

地球温暖化の原因についてはこの本の○ページに書かれていて、他の本にも同じように書かれていました。

起こる問題については、別の本の○ページに細かく書かれていました。

残り時間など、状況に合わせて発表する班の数などを調整するようにしよう。教室掲示やデータ共有によって交流することも可能。

---

4 「引用」する時に大切なことはどのようなことか考えよう。

T 班で協力して、テーマごとに引用する箇所を整理してまとめる学習をしました。「引用」する時に大切なことはどのようなことだったでしょうか。班で話し合いましょう。

目的に合った文章を探さないと、調べている意味がなくなるよね。

人の文章を勝手に使うのはよくないよね。出典を書いておかなくちゃ。

引用するところを正確に写して使わないといけないよね。

何かを調べるときに、何冊か本を読んで、正しい情報か判断しないとね。

班で話し合ったことを、学級全体でも共有する。

T 「引用」する時には、情報を正確に集めて整理して、正しい情報であるかも判断して、適切に使いたいですね。

みんなが使いやすいデザイン

全授業時間 8 時間

◎ 指導目標 ◎

・目的や意図に応じて，感じたことや考えたことなどから書く内容を選び，集めた材料を分類したり関係付けたりして，伝えたいことを明確にすることができる。
・情報と情報との関係付けの方法を理解し，使うことができる。

◎ 指導にあたって ◎

① **教材について**

　本単元は，学校や家，地域といった，身の回りにあるユニバーサルデザインを見つけて，取材したり，書籍やインターネットを活用して情報を集めて整理したりして，報告文にまとめる学習を行います。「新聞を作ろう」（4 年上）や「アンケート調査のしかた」（4 年上），「目的に応じて引用するとき」（5 年上）の学習などの既習内容と関連づけて，発達段階に応じて系統的に考えた学習計画を立てるとよいでしょう。取材やアンケートをしたり，書籍やインターネットを利用した調べ学習をしたりするなど，子どもたちは多岐に渡る調査方法を考えることが予想されます。したがって「情報リテラシー」の視点を念頭に置いた学習指導も必要となります。

　本単元の学習を始めるにあたり，前もって学校図書館や関係のありそうな教職員，地域との連携をとっておくようにしましょう。また，単元の学習を展開していく中で，必要に応じた関係各所との連携を含めた支援をしていくようにしましょう。そうすることで子どもたちは様々な切り口から調査を進め，生き生きと学習を続けていくことができます。

② **個別最適な学び・協働的な学びのために**

　本単元の学習では，既習内容を活かして，「取材」や「アンケート」，「文献調査」といったように，多岐に渡る方法の中から子どもたち一人一人がそれぞれ方法を選んで調査活動をし，そこで得られた情報を整理してまとめ，報告文を書いていきます。取り扱うユニバーサルデザインや調査の方法などに，様々な面で子どもたち自身が選択・判断して学習を進めていきますので，そこに個性が現れるものと考えられます。その分，子どもたちの中で，友だちや調査対象となる人たちに聞いてみたいことがたくさん出てくるでしょう。これを満たすためにも，調査から報告文の制作，その読み合いに至るまで，自由に対話を通して学び合う空間づくりをするようにしましょう。対話的に協働して，互いに補い合いながら，よりよい調査と執筆活動をすることができるでしょう。

知識 及び 技能	情報と情報との関係付けの方法を理解し，使うことができる。
思考力，判断力，表現力等	「書くこと」において，目的や意図に応じて，感じたことや考えたことなどから書く内容を選び，集めた材料を分類したり，関係付けたりして，伝えたいことを明確にしている。
主体的に学習に取り組む態度	粘り強く，目的や意図に応じて，集めた材料を分類したり，関係付けたりし，学習の見通しをもって報告する文章を書こうとしている。

◎ 学習指導計画　　全8時間 ◎

次	時	学習活動	指導上の留意点
1	1	・ユニバーサルデザインについて掴み，その例を共有する。 ・身の回りにあるユニバーサルデザインを探し，共有する。 ・学習課題を設定し，学習計画を立てる。	・実例となるもの（シャンプーのボトルなど）を用意し，提示する。 ・学校内を探索しに行ったり，関連書籍を見てみたりできるようにする。 ・家や地域でもユニバーサルデザインに当たるものを探すように促す。
2	2	・家や地域で見つけてきた物を共有する。 ・さらに調べて報告したいものを見つける。 ・見つけたものの中から，特に調べて報告したいものを選ぶ。	・学校や地域，家庭など幅広く見るように働きかける。 ・学校の中を探しに行ってもよいものとする。また，校外を短時間で見て回る計画を立ててもよい。
3	3・4	・調査の仕方を選んで取材し，集めた情報を整理してまとめる。	・既習内容を活かして，調べたことを記録し，整理できるようにする。
	5・6	・報告文の構成を考えて，下書きを書く。 ・下書きを推敲し，清書をする。	・読み手に伝わるよう，文章構成を工夫するように支援する。
4	7・8	・書いた文章を読み合い，感想を伝え合う。 ・学習を振り返る。	・互いの文章のよさや工夫に目が向けられるように支援する。

本時の目標：ユニバーサルデザインについて捉え，学習課題及び計画を立てることができる。

板書例

4

〈ふりかえり〉
・ユニバーサルデザインは他にも？
・家や通学路でも探したい
・本やインターネットを使って調べる
・教頭先生に聞いてみたい
・友だちにも聞きながら

3

〈学習計画を立てよう〉

学習計画シート
5年（　）組（　）番
名前（　　　　　　）
①ユニバーサルデザインの例（いくつでも）
②調べて報告文にする題材（1つにしぼる）
③調べる方法
④協力してもらう人・どのように協力してもらうか
⑤情報を集めて，整理して，まとめる
⑥文章構成を考える
⑦報告文を書く
⑧報告文を推敲（すいこう）する
⑨報告文を読み合い，感想や意見を伝え合う
⑩単元のふりかえり（「自分や友だちの文章のよさ」を中心に書こう）

※拡大印刷したものを掲示，モニターに映す。

POINT 「実物」を見たり，それらに触れたりできることは児童の学びにとって重要。実物を用意したり，教室を出て見に行ったり

1 「ユニバーサルデザイン」とはどんなものか知ろう。

T 「ユニバーサルデザイン」という言葉を知っていますか。「ユニバーサルデザイン」とはどんなものでしょうか。

- 聞いたことがあるよ。みんなが使いやすいようにつくられているものだね。
- お年寄りでも障害があっても，みんなが使いやすいように考えられているよね。
- あまり詳しくないから，調べてみたいな。
- ほら，学校にも非常口とかにあるマークとかあるよね。

T そうですね。誰もが使いやすいように考えられたデザインのことを「ユニバーサルデザイン」と言います。
「ユニバーサルデザイン」という語句の意味を確実に押さえるようにする。

2 例えば「ユニバーサルデザイン」には，このようなものがある。

T 例えば「ユニバーサルデザイン」には，このようなものがあります。この写真（実物）のどこにユニバーサルデザインが隠れているでしょうか。

- この凸凹で「シャンプーだ」って分かるようにしているのかな。
- じゃあコンディショナーのボトルにもあるのかな。
- シャンプーのボトルのここに凸凹があるね。
- 他に，道路や駅の中にもあるよね。

「ユニバーサルデザイン」の例を広く見つけるために，家庭や地域にも目を向けられるように，児童の発言に対して切り返す。

準備物	・ユニバーサルデザインの例（写真・実物） ・学習計画シート
ICT	学習計画シートを共有し，児童が入力するようにすると，自身で修正したり，教員が見取ったりしやすくなる。

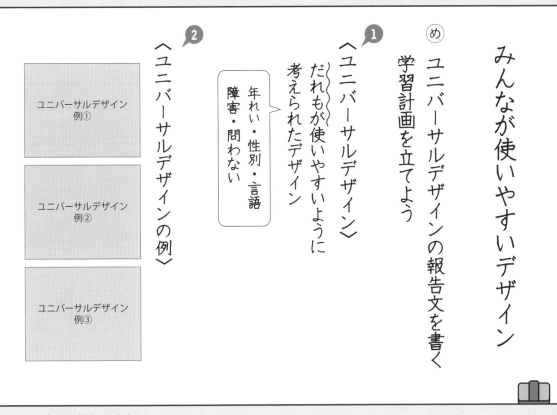

みんなが使いやすいデザイン

め　ユニバーサルデザインの報告文を書く学習計画を立てよう

① 〈ユニバーサルデザイン〉
だれもが使いやすいように考えられたデザイン

年れい・性別・言語
障害・問わない

② 〈ユニバーサルデザインの例〉

ユニバーサルデザイン
例①

ユニバーサルデザイン
例②

ユニバーサルデザイン
例③

するなど，場の設定を工夫する。

3　学習計画を立てよう。どのように学習を進めていくとよいか。

T　この単元では，「ユニバーサルデザイン」のものの中から一つに絞って報告文を書きます。これから先の学習計画を立てましょう。

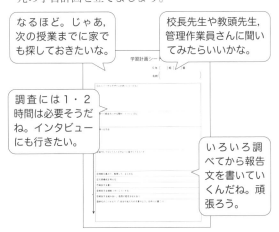

なるほど。じゃあ，次の授業までに家でも探しておきたいな。

校長先生や教頭先生，管理作業員さんに聞いてみたらいいかな。

調査には1・2時間は必要そうだね。インタビューにも行きたい。

いろいろ調べてから報告文を書いていくんだね。頑張ろう。

学習計画の大枠は教員側から提示し，細部で児童が選択・判断して学習計画を修正しながら学習を進めていけるよう，余白をもって展開していく。

4　今日の学習を振り返り，これから先の学習を見通そう。

T　今日の学習を振り返って，これから先の学習を見通しましょう。

ユニバーサルデザインは他にももっとあるはずだから，まずは探してみたいね。

家や通学路，近くの図書館でも見つかるかも。探しておきたいな。

本やインターネットを使って調べられそうだね。前の「引用」の学習を活かしたいな。

学校の中にあるものは校長先生や教頭先生，管理作業員さんが詳しいかもね。

T　では，次の学習では，さらに身の回りにある「ユニバーサルデザイン」について調べていきましょう。

教科書の QR コードの動画 を視聴して，これからの取り組みの参考にする。

本時の目標｜ユニバーサルデザインについて正しく調べ，集めた情報の中から，題材を選択することができる。

板書例

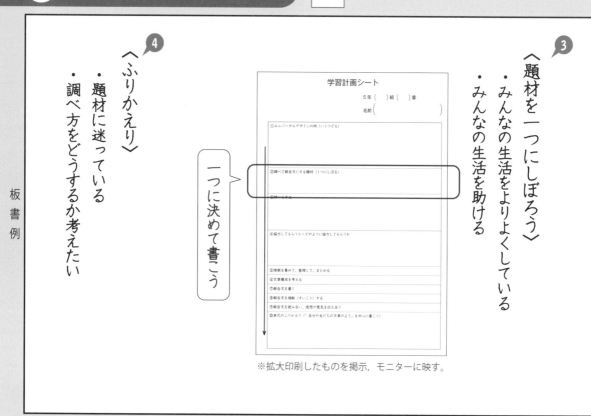

〈題材を一つにしぼろう〉
・みんなの生活をよりよくしている
・みんなの生活を助ける

一つに決めて書こう

〈ふりかえり〉
・題材に迷っている
・調べ方をどうするか考えたい

学習計画シート

5年 （　）組 （　）番
名前 （　　　　　　　　）

①ユニバーサルデザインの例 （い・くつでも）

②調べて報告文にする題材 （1つにしぼる）

③...調べ方

④協力してもらう人・どのように協力してもらうか

⑤情報を集めて、整理して、まとめる

⑥文章構成を考える

⑦報告文を書く

⑧報告文を推敲（すいこう）する

⑨報告文を読み合い、感想や意見を伝え合う

⑩単元のふりかえり（「自分や友だちの文章のよさ」を中心に書こう）

※拡大印刷したものを掲示，モニターに映す。

POINT 特にインターネットを利用した調べ学習については，「情報リテラシー」の意識づけが肝要となる。正しく情報を取り扱う

1 見つけた「ユニバーサルデザイン」を紹介しよう。

T 昨日の学習から1日経ちましたが，身の回りにあるユニバーサルデザインは見つかりましたか。

見つかったよ。トイレのマークとかもそうだよね。学校にあるよ。

非常口のマークもあったね。あれってピクトグラムっていうんだよ。

家のシャンプーとコンディショナーのボトルにも本当にあったよ。

通学路にある信号機の音は，みんなが安全に横断歩道を渡れるようにだよね。

「ピクトグラム」などの用語は教員側から提示してもよい。一気に調べ学習に幅が出る。

2 他にも「ユニバーサルデザイン」がないか，探そう。

T 他にも「ユニバーサルデザイン」が活かされているものがないか，探しましょう。

ピクトグラムって，種類がいっぱいあるんだね。何を表すのか分かりやすいね。

バスや電車によく乗るんだけれど，優先スペースもユニバーサルデザインかな。

そうか。歩道や公園の段差がなくなっているのもユニバーサルデザインなんだね。

点字ブロックや展示の案内板は目が不自由な人にとって大切だね。

T では，探したり調べたりして見つけた「ユニバーサルデザイン」をみんなに紹介しましょう。

児童からできるだけたくさんの事例を引き出し，板書して残しておく。

準備物	・文書作成ソフト ・関連書籍 ・学習計画シート [QR]

ICT インターネットを使って調べると，ユニバーサルデザインの例について情報を広く集めやすく，情報共有も簡単にできる。

みんなが使いやすいデザイン

め ユニバーサルデザインの例をさがして題材を一つにしぼろう

① 〈見つけたユニバーサルデザイン〉
・ピクトグラム（非常口・トイレなど）
・信号機（音）
・シャンプーの容器

② 〈ユニバーサルデザインを探そう〉
・自動ドア
・段差をなくす（歩道・公園）
・スロープ
・点字ブロック
・多機能トイレ
・センサー式じゃ口
・ピクトグラム
・案内板
・優先スペース（電車・バス）

みんなにとって使いやすい

ことができるように支援する。

---

3 見つけたたくさんの「ユニバーサルデザイン」の中から題材を一つに絞ろう。

T これまでに見つけてきた「ユニバーサルデザイン」の例から，題材を一つに絞りましょう。

私は電車の優先スペースにしようかな。よく電車を使うから，駅員さんにも聞いてみようと思う。

どれもみんなの生活に役立っているよね。私はピクトグラムに一番よく触れているかも。

たくさんのユニバーサルデザインの例が見つかったから，一つに絞るのは難しいな。

そう言えば，学校の入り口にスロープができたよね。教頭先生に事情を聞いてみようかな。

---

4 今日の学習を振り返り，これから先の学習を見通そう。

T 今日の学習を振り返って，これから先の学習を見通しましょう。

題材を一つに絞るのに迷っているから，次の学習の時に相談に乗って欲しいな。

いいよ。次の学習の時に聞いてきてよ。一緒に相談しよう。

題材は学校の出入り口のスロープに決めたよ。どうやって調べようかな。

実際にそこに行って写真を撮ったり，教頭先生に聞いてみたりするのもいいよね。今日のうちに約束しとこうっと。

残り時間など状況に応じて，振り返ったことを学級全体で共有する。

児童の活動状況を見取り，必要に応じて，次時以降に関係しそうな教職員などに連絡しておく。

本時の目標 正しく情報を集めて分類したり関係づけたりして，伝えたいことを明確にしている。

板書例

③
〈情報を集めて整理しよう〉
・調査シート「　」に整理→まとめる
・文章の構成を考える

調査シート 〈　　　　　について〉
5年（　）組（　）番
名前（　　　　　　）

に行って・　　　　に聞いて　わかったこと①

に行って・　　　　に聞いて　わかったこと②

に行って・　　　　に聞いて　わかったこと③

本を読んで分かったこと（引用など）

インターネットで調べて分かったこと（引用など）

自分の考え

※拡大印刷したものを掲示，モニターに映す。

④
〈ふりかえり〉
・□□先生に聞いて分かった
・本とインターネットで調べた
・まだ調べたい
・どう文章にまとめる？

※児童の発言に合わせて書く

POINT　取材やアンケート，書籍やインターネットを利用した調査など，児童が選択・判断して情報を集められるよう，前もって

1 情報の集め方や調べ方をどうするか考えよう。

T　昨日の学習では，題材を一つに絞りましたね。今日はその自分で決めた題材について，調べて情報を集めていきます。どのようにして調べて情報を集めるか考えましょう。班で考えを話し合いましょう。

私はインターネットや本で調べてみようかな。

僕は実際にそこに行って取材してくるよ。

情報がいっぱい見つかる分，ちゃんと整理しないといけないね。

インターネットや本に書かれていることをそのまま使うのはよくないよね。

T　班での話し合いで，どんな案が出てきたか，学級全体で共有しましょう。
必要に応じて，「情報リテラシー」を念頭においた指導をする。

2 誰に聞くとよいか。また，どこに行くと調べられるか。

T　誰に聞くとよいでしょうか。また，どこに行くと調べられるでしょうか。班で考えを話し合いましょう。

学校にあるスロープのことは，校長先生や教頭先生に聞いてみるよ。

学校の帰りに地域の人に聞いてみようと思う。あとはインターネットを使って調べるよ。

図書館に行ってみようかな。いい本が見つかるかも知れないね。

実際に見たものを写真に撮っておくのもいいね。

T　班での話し合いで，どんな案が出てきたか，学級全体で共有しましょう。

児童自身で選択・判断した方法で調べて，情報を集められるようにする。

みんなが使いやすいデザイン

め　正しく情報を集めて、整理して
　　考えをまとめよう

❶〈情報の集め方・調べ方〉

・インターネット・本
・アンケート・取材

引用
そのまま×

❷〈だれに? どこに?〉

・校長先生・教頭先生・管理作業員さん
・地域の人・お家の人・クラスの友だち
・図書館

※

※児童の発言に合わせて書く

場の設定を考えておく。

---

3 情報を集めて整理して, 自分の考えをまとめよう。

T　では, 一人ひとりで調べて情報を集め, <u>調査シートに情報を整理して, 自分の考えをまとめましょう</u>。

僕は本を探しに図書館に行ってくるよ。君はどうするの。

学校にあるスロープは, 怪我をしている人や足が不自由な人が安心・安全に通行できるように設置したって, 校長先生が言っていたよ。

私は校長先生の所にインタビューに行ってくるよ。写真も撮りたい。

この本にも書いてあったよ。似た言葉で, バリアフリーっていう言葉もあるんだって。

　第3・4時の2時間を調べ学習に充てるようにする。<u>柔軟に単元計画を修正する</u>。

4 今日の学習を振り返り, これから先の学習を見通そう。

T　今日の学習を振り返って, これから先の学習を見通しましょう。

本とインターネットを使って調べたけれど, 情報が多くて, まだ整理はできていないよ。

校長先生に聞いたら, 疑問だったことが分かったよ。

もうちょっと家でも調べてみたいな。それから文章を考えたいな。

だいぶ情報を整理できたから, 次はどう文章にまとめるか考えたいな。

T　今日の学習を振り返ってどうでしたか。学級全体で共有しましょう。

T　どう報告文にまとめていけばよいか, 次の学習で考えていきましょう。

板書例

③
〈「すいこう」する時のコツ〉 ご・こ・こ・い

・ご　誤字・脱字はないか
・こ　言葉の順序
・こ　ことわざ・比喩・四字熟語など工夫
・い　引用するところ　など

読み手により伝わる文章にしよう

④
〈ふりかえり〉
・もう少し「すいこう」したい
・友だちに伝わるかな？
・情報の整理が大変だった
・自分の考えも書けた

POINT 児童が書く報告文が，書籍やインターネット上にある情報をそのまま使っただけのものにならないようにする。児童の私見が

1 例文を読んで，報告文を書く時のコツを見つけよう。

T　いよいよ，今日は報告文を書いていきます。この例文を読んでみて，班で協力して報告文を書く時のコツを見つけましょう。

タイトルが工夫されていて，どんな報告文か想像できるね。

小見出しで文章が分けられていて，読みやすくて分かりやすいね。

まとめで自分の意見をかけているし，前に書いている文章とも噛み合っているよ。

参考にした本のこともちゃんと書かれているね。私たちも気をつけなくちゃね。

報告文の書き方を確認しながら，「相手意識」をもって報告文を書くことができるように意識づける。

2 調べて集めてきた情報を整理して，報告文を書こう。

T　では，調べて集めてきた情報を整理して，それぞれ報告文を書きましょう。

前に「初め」「中」「終わり」の文章構成について学習したよね。

小見出しをうまくつけて，話の流れが分かりやすくなるように工夫しようっと。

最後は自分の意見もしっかりと書きたいな。読んだ人と話し合ってみたいな。

調べて分かったことを書く時に，撮ってきた写真も入れておくと伝わりやすいかな。

　文章の書き方や内容について，いつでも友だちと聞き合える空間づくりをする。また，必要に応じて支援ができるようにしておく。

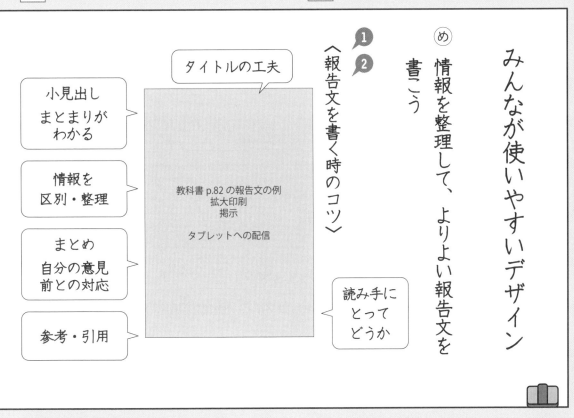

入るようにするとよい。

3 より相手に伝わる文章になるように，報告文を推敲しよう。

T 報告文を一旦書き終えたら，より相手に伝わる文章になるように，報告文を推敲します。文章を推敲する時には，どんなことに気をつけたらいいですか。班で話し合いましょう。

まずは誤字・脱字がないかチェックしたいね。漢字で書ける所は漢字で書きたいな。

言葉の順番を間違えたら，考えが伝わりにくくなることもあるよね。注意しなきゃ。

ことわざや比喩，四字熟語などが使えるところがあったら工夫して使いたいな。

引用した本や文章は，もう一度確認しておきたいね。間違えていたら大変だよ。

C ご・こ・こ・いと頭文字で覚えたよ。
T 読み手にどう伝わるかをよく考えながら，丁寧に推敲しましょう。

4 今日までの学習を振り返り，これから先の学習を見通そう。

T この二日間の学習を振り返り，これから先の学習を見通しましょう。

自分の考えも書けたけれど，友だちに伝わるかな。もう少し推敲しておきたいな。

みんながどのユニバーサルデザインを選んでいるのか，明日読むのが楽しみだな。

情報を整理するのが大変だったけれど，みんなに相談して，うまく文章が書けたよ。

同じ題材について書いた人がいたら，文章を見比べたり，意見を聞き合ったりしたいな。

T 明日はいよいよ，みんなが書いた報告文を交流します。楽しみですね。

推敲の作業は，次の学習で報告文を交流する直前までにしておくように声かけをする。

板書例

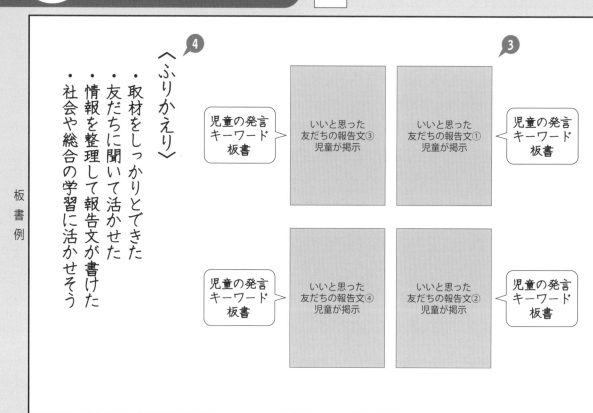

〈ふりかえり〉
・取材をしっかりとできた
・友だちに聞いて活かせた
・情報を整理して報告文が書けた
・社会や総合の学習に活かせそう

④

児童の発言
キーワード
板書

いいと思った
友だちの報告文③
児童が掲示

いいと思った
友だちの報告文①
児童が掲示

児童の発言
キーワード
板書

③

児童の発言
キーワード
板書

いいと思った
友だちの報告文④
児童が掲示

いいと思った
友だちの報告文②
児童が掲示

児童の発言
キーワード
板書

POINT これから先の学習に繋げていくことを意識して，自他の文章の「よさ」の部分にスポットライトを当てるようにする。

1 報告文を読み合う時は，どんなことに気をつけたいか。

T　いよいよ今日は，みんなが書いた報告文を読み合って，感想や意見を聞き合ったり，質問をし合ったりします。その時，どんなことに気をつけたらよいでしょうか。班で話し合いましょう。

友だちが書いた文章のいいところを見つけたいな。

いいところが見つかったら，これから先の学習にも活かせるかもね。

報告文を読んで，自分の意見や感想を伝えたいな。

分からなかったところは質問をして，友だちの考えを聞いてみたいね。

表現の工夫や文章のよさなどの視点をもって，報告文を読み合う活動ができるように支援する。

2 報告文を読み合う時の手順を確認しよう。

T　報告文を読み合う活動では，これから話すような手順で行います。

〈手順〉
　① 隣の席の人とペアで読み合う。
　② 感想や意見，質問を聞き合う。
　③ 席を移動して別の人と読み合う。
　その後，②と③を繰り返します。

T　たくさんの人と，報告文を読み合えるといいですね。

　実際に面と向かって報告文を読み合い，質疑応答などをその場で行うことで，双方向のやり取りを通して，交流を進めていくことができる。

　別の方法として，報告文を読んだら付箋やカードに感想や意見を書いて，貼っていく形式も考えられる。

準備物	・文書作成ソフト・作成した報告文 ・感想シート（データ・用紙）QR	ICT	作成した報告文をデータで共有すると，互いの文章を読み合う活動がスムーズにでき，効率よく活動を進められる。

みんなが使いやすいデザイン

め　報告文を読み合い、感想や意見を伝え合おう

❶〈気をつけること〉

・友だちの文章のいいところ
・質問したい
・自分の意見や感想を伝える

> 見つける
> 伝える

> 活かす

❷〈報告文を読み合おう〉

①となりの席の人とペアで読み合う
②感想や意見、質問を聴き合う
③席を移動して別の人と読み合う

---

3 報告文を読み合い，感想や意見を聞き合おう。

T　では，報告文を読み合い，感想や意見を聞き合いましょう。まずは，隣の人と読み合いましょう。その後は席を移動して他の人と交流していきましょう。

> 手すりはお年寄りの人だけのためではなく，結局みんなのためにあると思ったんだけれど，君はどう思う？

> そこまで考えていなかったけど，確かにそうだね。怪我をした人も小さい子も，考えてみたらみんな使えるね。

> 小見出しを書いてうまく話が分けられていたから分かりやすかったよ。みんなにも紹介していいかな。

> そう言ってくれて嬉しいよ。君の文章もタイトルにインパクトがあって，話のつながりもよかったよ。

残り時間や状況に応じて，よいと感じた報告文を学級全体の場でも共有する時間をとる。

---

4 これまでの学習で，工夫できたことや成長できたことを振り返ろう。

T　これまでの学習で，工夫できたことや成長できたこと，これから先の学習に繋げられそうなことなど，振り返って考えましょう。

> 取材をしっかりとできたよ。分からないことは友だちにも聞いてみて，文章を書けたよ。

> 本やインターネットでも調べてみたら，たくさんの情報を集めることができたよ。

> そう言えば，その情報をちゃんと整理して報告文を書けていたね。よく頑張ったよね。

> 情報を整理して報告文を書いてきたけれど，この経験は社会や総合学習でも活かせそうだね。

本単元の学びと成長を，児童が肯定的に捉え，これから先の学習のどのような場面で活かせそうか，見通しをもてるようにする。

ワークシート　みんなが使いやすいデザイン

学習計画シート

5年（　　）組（　　）番

名前（　　　　　　　　　　　）

①ユニバーサルデザインの例（いくつでも）

②調べて報告文にする題材（１つにしぼる）

③調べる方法

④協力してもらう人・どのように協力してもらうか

⑤情報を集めて、整理して、まとめる

⑥文章構成を考える

⑦報告文を書く

⑧報告文を推敲（すいこう）する

⑨報告文を読み合い、感想や意見を伝え合う

⑩単元のふりかえり（「自分や友だちの文章のよさ」を中心に書こう）

喜楽研

ワークシート　みんなが使いやすいデザイン

調査シート　〈　　　　　　　　　　　について〉

5年（　　）組（　　）番
名前（　　　　　　　　　　　）

に行って・　　　　　　　　　に聞いて　わかったこと ①

に行って・　　　　　　　　　に聞いて　わかったこと ②

に行って・　　　　　　　　　に聞いて　わかったこと ③

本を読んで分かったこと（引用など）

インターネットで調べて分かったこと（引用など）

自分の考え

喜楽研

同じ読み方の漢字

◎ 指導目標 ◎

・第 5 学年までに配当されている漢字を読むとともに，漸次書き，文や文章の中で使うことができる。
・進んで同じ読み方をする漢字の使い分けに関心をもち，学習課題に沿って，それらを理解しようとすることができる。

◎ 指導にあたって ◎

① 教材について

　日本語には，同訓異字や同音異義語が多く存在しています。それが日本語の特色でもあります。できるだけ多くの同訓異字や同音異義語に触れ，使い分けや意味を調べさせながら，文の中で使い，区別ができるようにしていくことで，特色の理解を促します。

　本教材では，国語辞典や漢字辞典を活用して調べたり，新しい漢字や熟語を見つけたりする活動が多くなります。この機会に，辞典の使い方により習熟させ，辞典を活用する習慣をつけたいものです。

② 個別最適な学び・協働的な学びのために

　同訓異字や同音異義語を辞書で調べることは，児童にとって興味のある学習です。その興味に働きかけるような学習をすることで，児童の主体的な学習態度を高めることができるでしょう。そのためには，より多くの事例を扱い，クイズ，対話，発表など多様な学習形態を取り入れて，児童の関心が途切れないように配慮していきます。また，漢字や熟語の区別は前後の文脈だけでなく，漢字そのものの成り立ちなどにも目を向けさせれば，漢字に対する興味・関心を高めることも期待できます。新出漢字の学習の際にも，できるだけ同訓異字や同音異義語に触れさせるのも，理解を深めていくことにつながります。

　調べたり見つけたりした言葉や問題の答えなどは，個々の児童の学習に止めておくのではなく，交流や発表し合うことで，より理解を確かなものにしていくことになり，教材に対する視野も広がります。

◎ 評 価 規 準 ◎

知識 及び 技能	第5学年までに配当されている漢字を読むとともに，漸次書き，文や文章の中で使っている。
主体的に学習に取り組む態度	進んで同じ読み方をする漢字の使い分けに関心をもち，学習課題に沿って，それらを理解しようとしている。

◎ 学 習 指 導 計 画　　全 2 時 間 ◎

次	時	学習活動	指導上の留意点
1	1	・教科書の例から同じ訓でも意味が違う漢字があることをつかむ。 ・どの漢字を当てはめたらよいか教科書の問題で考える。 ・同じ訓の漢字を集め，文を作る。 ・漢字のまちがいを見つけるクイズに答える。	・できるだけ多くの例にあたらせ，同じ訓で意味の違う漢字が何組もあることを実感させ，文の中で正しく使えるように慣れさせる。
	2	・教科書の例から，同じ音で意味が違う熟語もあることをつかむ。 ・同じ音の熟語の意味を調べる。 ・辞典から，同じ音で意味の違う熟語を見つけさせる。 ・文作りや，熟語のまちがいを見つけるクイズなどに取り組む。	・多くの事例を取り上げることで，同音異義の熟語についての認識を広げる。 ・文作りやまちがい探しなどの学習活動で，同音異義熟語の理解を確かなものにする。

同じ読み方の漢字

第 ❶ 時（1/2）

本時の目標 同じ読み方で，意味の違う漢字があることが分かる。

板書例

《同じ訓の漢字を集めて文を作る》 ❸

【例】 戸を開ける
　　　 夜が明ける
　　　 あなを空ける

　　　　　⇩

　　　　　発表

《まちがい探しクイズ》 ❹
（ワークシート）

① ノートに丸い線を引く
　　　　円い

② 計画を実行に写した
　　　　　　　　移した

③ 友だちと命った
　　　　　　会った

④ 早く　帰れる
　　　進く家に返れる

POINT 同じ訓の漢字を集めたり，それらの漢字を文に当てはめたり，文の中で使ったりする。

---

1 言葉の組み合わせを考えよう。

黒板に「熱い」「暑い」「厚い」の３枚のカードを貼る。

C　どれも「あつい」です。

T　教科書84ページの上の段に書かれている３つの「あつい」と下の言葉を正しく線でつなぎましょう。
　　国語辞典などで意味の違いを見つけて答えさせる。

「熱い」は，温度が高いという意味だから「お茶」とつなぐ。

「暑い」は気温が高いことだから，「夏」とつなげばいい。

「厚い」は，厚みがあるという意味だから「辞書」につながる。

全体で正解を確認してから次に進む。

T　これらの漢字の読みは「音」「訓」どちらですか。

C　訓読みです。

T　今日は，このように同じ訓を持ち，意味や使い方が違う漢字を学習していきます。

2 文の中でどの漢字を使えばよいか答えよう。

T　教科書の問題で練習をしましょう。①の問題に答えていきます。まずはじめは，辞典を使わないで答えてみましょう。

C　①は，時計の針は「差す」で，刀は「指す」かな？

C　②は，場所に到着するから「着く」で，泥が「付く」だ。

C　③は難しい。よく分からないよ。

T　では，自分が考えた答えがあっているか，辞典で調べてみましょう。

間違えた！①は時計の針が「指す」で刀を「差す」だった。

②は，思った通りだった。「着く」は到着する意味で，「付く」は，くっつくことだった。

③はきょりが「測る」，時間が「計る」，重さは「量る」だった。

全体で正解を確認してから，また次に進む。

| 準備物 | ・板書用カード「熱い」「厚い」「暑い」「辞書」「お茶」「夏」
・クイズ「漢字まちがい直し」（児童数）
　（児童用ワークシート見本 QR 解説例含む）
・参考資料「同訓異字」収録 QR
・国語辞典, 漢字辞典（各自） |

ICT　クイズ漢字まちがい探しのデータを配信すると, 漢字の間違いを見つけて直接記入し, 共有機能を使って全体共有して互いに確認し合いやすくなる。

同じ読み方の漢字

め　同じ読み方で意味がちがう漢字を見つけ文の中で使い分けられるようにしよう

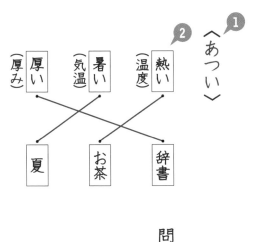

〈あつい〉

① 熱い（温度）・暑い（気温）・厚い（厚み）

② 夏　お茶　辞書

問題 □
① 十二時を指す｜刀を差す
② 場所に着く｜どろが付く
③ きょりを測る｜時間を計る

3　同じ訓の漢字を集め, 文を作ろう。

T　他に同じ訓を持つ漢字を知っていますか？
C　丸いと円い。合うと会う…。
C　う～ん, 思いつかない。
T　同じ訓を持つ漢字を集めて意味を調べ, 短い文を作りましょう。
C　漢字辞典の音訓索引を使ったら, すぐに見つかる！
　　時間を決めて, グループで作業をさせ, 発表させる。

「開ける」「明ける」「空ける」, どれも訓は「あける」だよ。

「開ける」は開くという意味だから, 「戸を開ける」。

「明ける」は明るくなるだから「夜が明ける」でいいね。

「空ける」は, 空になる意味だから…, 「穴を空ける」だね。

T　グループで考えた文を発表しましょう。
C　「病気を治す」と「故障を直す」。
C　「赤と黄色が混ざる」, 「男子と女子が交ざる」。

4　まちがいを探して正しく書き直そう。

T　最後に漢字まちがい探しクイズをします。①から⑧の文でまちがいを見つけましょう。
　　クイズ用紙を配り, 各自で書き込ませる。「辞典で確かめてもよい」としても構わない。また, 問題カードを作って, 1問ずつ答えさせる方法もある。
C　①は「引く」は合っている。「丸い」が間違い？
C　②は分かった！「写した」は写真を写す意味だから間違いで, 「移した」が正解だ！
T　書けたら答えを発表しましょう。

④は, 時間がはやいのだから, 「速く」じゃなくて, 「早く」です。

③は人と会うのだから「合った」ではなくて「会った」です。

④はもう一つ, 「返れる」も間違いで「帰れる」が正解だよ。

本時の目標　同じ音の漢字でも，意味の違う漢字があることが分かる。

板書例

④
《まちがい探しクイズ＆問題づくり》
（ワークシート）

　　　　　　　　　正確
① 計算も性格にできる

文を作る

【例】転校した友だちと再会して、文通を再開した。

③
《同じ音の熟語を見つける》 ← 国語辞典

○ 衛星・衛生
○ 期間・機関・気管・器官

②
《意味を調べる》

工場・向上
自信・自身

POINT　同じ音の熟語の意味を調べて比べたり，同じ音の熟語を集めて文を作ったりする。

1 同じ音を持つ熟語を比べてみよう。

T 同じ音の漢字で知っているものを発表しましょう。
C 安，案。
C 意，位，医，委…。
C 同じ音の漢字はいっぱいあるよ。
　　教科書 79 ページの上の 2 つの例文を読む。

「公園」は遊び場だけど，「公演」はみんなの前で演奏したり劇をしたりすることだね。

「公園」と「公演」同じ読み方だけど，意味が違う。

「週間」と「週刊」も違う。

「週刊」の方は，週ごとに本などを発行するという意味だね。

T 同じ音の漢字は多くありましたが，同じ音で意味が違う熟語もあるのです。今日はこの学習をします。

2 同じ読みをする熟語の意味を調べよう。

T 教科書の③の問題でもう少し調べてみましょう。
　　問題文を音読させる。
C 「工場」と「向上」が同じ読み方になる。
C 「自信」と「自身」も同じ読み方だ！
T 同じ読み方の熟語の意味を考えて，□にあてはめましょう。
T 言葉の意味を国語辞典で調べ，ノートに書きましょう。

「工場」は「こうば」ともいうね。「向上」はよりよい方向に向かうことです。

「自信」は，自分の能力や価値を信じること，「自身」は自分そのものという意味だね。

調べられたら発表し合って，全体で確認する。

| 準備物 | ・クイズ「熟語まちがい探し」（児童数）
（児童用ワークシート見本 QR 解答例含む）
・参考資料「同音異義語」QR
・国語辞典（各自） |

| ICT | クイズ熟語まちがい探しや同音異義語のデータを配信すると，児童は考えを直接記入したり共有したりしやすくなり，教員は学習の様子を見取りやすくなる。 |

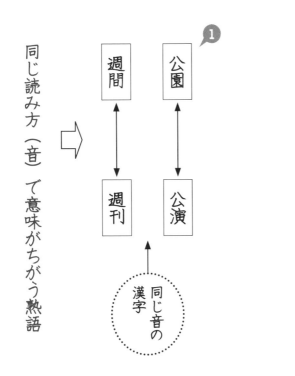

め 同じ音を持つ熟語の意味や使い方を調べよう

同じ読み方の漢字

① 公園 → 公演

週間 → 週刊

同じ音の漢字

同じ読み方（音）で意味がちがう熟語

---

3 同じ音の熟語を見つけよう。

T　教科書④の問題を考えましょう。
　　4つの問題文を音読させる。

T　同じ読み方の部分に線を引きましょう。

C　音読するとよくわかります。

T　それぞれの熟語をノートに書いて，その意味を国語辞典で調べましょう。

「競技」は規則に従って優劣を競うこと。「協議」は話し合いでものごとを決めることです。

「暴風」は非常に強い風，「防風」は風を防ぐことだね。

T　他にも同じ音の熟語を見つけて，ノートに書きましょう。

C　衛星・衛生。

C　機関，期間，器官，気管，同じ音の熟語がたくさんある。

T　同じ読み方の熟語で，文を1つ作りましょう。

---

4 まちがいを探して正しく書き直そう。

T　今度は，熟語まちがい探しクイズです。自分が問題をつくるところもありますよ。

　　クイズ用紙を配り，各自で書き込ませる。前時同様に，クラスの実態に合わせて辞典で確かめさせてもよい。また，カードでの出題でもよい。

C　①は簡単！「性格」がまちがいで「正確」が正解。

C　問題作りは，自分が調べた熟語を使ったらできる。

T　書けたら答えを発表しましょう。

②は, 気性衛星の「気性」がちがいます。正しくは「気象衛星」です。

③は「夏休み機関」じゃなくて，「期間」です。

ぼくは，自分で作った問題を発表します。誰か答えてください。

2時間で学んだことを簡単に振り返らせる。

夏の夜

◎ 指導目標 ◎

・古文を音読するなどして，言葉の響きやリズムに親しむことができる。

・目的や意図に応じて，感じたことや考えたことなどから書くことを選ぶことができる。

・積極的に言葉の響きやリズムに親しみ，学習課題に沿って，夏らしいものや様子を文章に書こうとすることができる。

◎ 指導にあたって ◎

① 教材について

先人が四季折々の風物を季節感あふれる言葉で表現した言語に触れることで，児童の感性を育むことができます。枕草子は「春」に続いて教材として取り扱います。文語調で表現されている「枕草子」は，読むこと・音読そのものを楽しむことで，一層先人たちの見方・感じ方を身近に感じさせることができます。音読だけでなく，できれば暗誦もさせたいものです。

枕草子のほかに，真夏と夏の終わりを表す季節感あふれる言葉や俳句も掲載されています。これらからも，それぞれの言葉や俳句が表す情景を感じ取らせ，「夏」のイメージを広げます。

② 個別最適な学び・協働的な学びのために

児童の日常は，必ずしも季節を十分感じ取れる生活になっているとは言い難いでしょう。そんな児童が，夏のイメージを広げ深めるためには，個々の体験や気づきを共有していくことが必要です。対話や交流といった活動を通して，一人では感じ取れない「夏らしさ」をつかみ取らせましょう。

自分が感じ取れた「夏」を文章にし，感想を交流し合うことで，また別の「夏」を感じ取れるかもしれません。

知識 及び 技能	・語感や言葉の使い方に対する感覚を意識して，語や語句を使っている。 ・親しみやすい古文を音読するなどして，言葉の響きやリズムに親しんでいる。
思考力，判断力，表現力等	「書くこと」において，目的や意図に応じて，感じたことや考えたことなどから何を書くかを選んでいる。
主体的に学習に取り組む態度	積極的に言葉の響きやリズムに親しみ，学習課題に沿って，夏らしいものや様子を文章に書こうとしている。

次	時	学習活動	指導上の留意点
1	1	・枕草子を音読して，言葉の響きやリズムを味わい，感じたことを伝え合う。 ・枕草子，教科書の俳句，「春の空」の時つくった例文などを参考にして，夏らしいものや様子を文章に書く。 ・書いた文章を読み合い，感想を伝え合う。	・十分に音読をして，古文のリズム感に触れさせ，暗唱させる。 ・枕草子の内容を，現代語訳と読み比べながら理解させる。 ・夏を表す言葉で，意味の分からないものは国語辞典で調べさせる。 ・対話を通して季節感を感じ取らせる。 ・気候・風景・植物などさまざまな様子から夏らしさを感じ取れるものについて選ばせる。 ・意見交流をすることで，夏らしいイメージを広げていく。 ・全体でも何人かに発表させるが，「春の空」の時の発表者と重ならないように配慮し，秋や冬の学習とも併せて，より多くの児童が全体でも発表できるようにする。

夏の夜

第 **1** 時（1/1）

板書例

④
◇
読み合って感想を交流しよう

◇
【参考】「春の空」の例文
　　　　枕草子の書き方
　　　　二つの俳句
文章 に書こう

③
◇
自分が感じる夏らしいものや様子

・スイカを食べた
・ヘチマのつるがのびた
・山の緑がこくなる
・夕立がふる、カミナリ

※児童の発言を板書する。

涼風
朝涼　夕涼　夏おしむ　秋近し
（夏の終わりの涼しさ）

炎天
真夏日　日盛り　油照り　西日
（真夏の暑さ）

POINT　「枕草子」に表現された季節感，俳句，語句などを参考にして，自分が感じた「夏」を文章で表現させる。

---

1 枕草子を読んで「夏」に対する見方や感じ方について話し合おう。

教師の範読を聞かせ，文語調の読み方を指導する。

T　次はみなさんに音読してもらいます。

　1度でなく，1人読み，グループ読みなど変化を加えて，何度か音読し，スムーズに読めるようにして暗唱を目指す。

T　先生が元の文を読みます。みなさんは今の言葉に直した文を読んでください。少しずつ分けて読みます。

T　夏は夜。

C　夏は夜がよい。

T　月のころは…飛びちがひたる。

C　月のころは…飛びかっているのはよい。

月のころがよい。闇夜でも，蛍が飛んでいるのがよい。

雨が降るのもよいと言っています。

できる限り「闇夜」「飛びちがひたる」「ほのかにうち光りて」などの言葉から，対話を通して情景をつかませたいが，写真などがあれば，補助資料として使ってもよい。

2 夏を表す言葉や俳句から，季節感を味わおう。

T　「炎天」や「涼風」から，どんな夏の様子が感じられますか。

「涼風」は，ちょっと暑さがましになってきて，涼しい風が吹いてきて気持ちがいい。

「炎天」は青空に太陽がてりつけて，暑くてたまらない。汗がふき出る感じ。

T　教科書87ページに載っている他の言葉からは，どんな夏の様子が感じられますか。分からない言葉は，国語辞典で確かめましょう。

C　炎天の4つの言葉はみんな真夏の暑さを感じる。

C　朝と夕方に涼しくなると，ほっとするよね。

C　涼風の4つの言葉からは，夏の終わりの涼しさが感じられるね。

夏の夜

め　夏の季節感を味わい、夏らしいものや
　　様子を文章に書こう

① 枕草子（まくらのそうし）　清少納言（せいしょうなごん）

夏は夜がよい　←

・月のころ
・やみ夜にほたるが飛びかう
　一、二ひきかすかに光るのも
・雨などが降る

⇒ 想像してみよう

② ◇ どんな夏の様子が感じられるかな

---

3 夏らしいものや様子を，書き方を考えて文章にしよう。

T　身の回りで夏らしい様子を探そう。

　　意見を出させながら，実際に体験している夏らしさを思い出させ，意識させる。

T　これから，自分が感じた夏らしいものや様子を文章に書きます。

C　「春の空」の勉強でも，文章に書いたね。

　　「春の空」の学習で使った例文を読んで，どのような文を書けばよいかイメージさせる。

T　枕草子の文章の書き方の特徴はどんなことですか。

　夏の風景で，何がどのようによいか書いています。

　「夏は夜」と，はじめに結論を書いています。

　その後で，例を挙げながらわけを書いています。

T　枕草子の書き方や，俳句も，自分が文章を書くときの参考にしましょう。

---

4 書いた文を発表し，聞いた感想を伝え合おう。

T　書けた文章を，グループの中で発表しましょう。聞いた人は，一人一人の文章に短くてもよいので，必ず感想を伝えましょう。

　ぼくから発表するよ。夏の夕立は，本当にすごい。入道雲がもくもくと…

　雨の降り方のすごさと，あがった後の気持ちよさが伝わってくるね。

　わあ，すごく夏を感じるわ。かみなり，怖いね。

T　グループの中で誰か1人の文章を選んで，全体で発表しましょう。

　　「春の空」で発表していない児童に発表させる。これから，秋，冬と同じような学習をしていくにあたり，同じ児童ばかりが発表しないように配慮することを伝えておく。

作家で広げるわたしたちの読書／モモ

◎ 指導目標 ◎

・日常的に読書に親しみ，読書が，自分の考えを広げることに役立つと，気づくことができる。

・文章を読んでまとめた意見や感想を共有し，自分の考えを広げることができる。

◎ 指導にあたって ◎

① 教材について

　子どもたちは，普段どのように本を選んで読んでいるのでしょうか？　好きな作家がいて，その本を探して読んでいる，冒険物が好きでそんな題名がついている本を選ぶ，動物が大好きで動物が活躍する物語や記録文などをよく読む等々，さまざまな選び方をしているでしょう。また，あまり考えずにその場に応じて本を選んだり，読書があまり好きではない子どももいるでしょう。

　ここでは，そうした体験を交流しながら，選び方の1つとして，本を書いた人に着目します。教科書に掲載されているミヒャエル＝エンデの『モモ』の一部を読んで，作品を鑑賞します。物語を読むことが本単元の目的ではありませんが，作品の魅力が感じ取れるような読み方をしておかなければ，作家に着目した本の選び方に関心を持たせることはできないでしょう。

　ミヒャエル＝エンデの『モモ』の鑑賞の後は，「じゃあ，自分はどの作家の作品を読んでみようかな」というように課題を持たせ，選んだ本を読ませて交流をします。

② 個別最適な学び・協働的な学びのために

　読書に対する子どもたちの姿勢は千差万別です。読書が好きで普段からいろいろな本を読んでいる子どももいれば，読書が嫌いだという子もいるでしょう。そうした子どもたちが，一緒に「本は友達」の学習をします。それぞれの子どもが，まずは自分のペースで，自分の読みたい本を「ストレスなく楽しんで読む」ことを大切にします。短編の本を読む子も，長編の本を読む子がいてよいでしょう。物語ではなく，説明文や事典類を読みたい子がいれば，それもよいでしょう。

　1人では，なかなか読書に親しめない子どもも，みんなと一緒に読み，友達の感想や意見を聞くことで関心の扉を開けることができるでしょう。読書が好きな子も，自分が読んだ本の面白さを伝えようとすることで，また，友達の話を聞くことで，読書に対する視野が広がったり，自分をもう一度客観視する機会にもなるでしょう。

　この単元では，読んだ作品の交流を通して，作家（著者）に目を向けさせ，関心を持たせることで，子どもたちが，より広く読書をしていこうとする意欲を高めることを目指します。

知識 及び 技能	日常的に読書に親しみ，読書が，自分の考えを広げることに役立つと気づいている。
思考力，判断力，表現力等	文章を読んでまとめた意見や感想を共有し，自分の考えを広げている。
主体的に学習に取り組む態度	積極的に読書に親しみ，学習の見通しをもって本の魅力を伝え合おうとしている。

◎ 学習指導計画 　全 5 時間 ◎

次	時	学習活動	指導上の留意点
1	1	・本の選び方について話し合う。 ・学主課題を設定し，学習計画を立てる。 ・「モモ」の作者について調べる。 ・「モモ」の初めの場面を読みとり，感想を交流する。	・自分の本の選び方について交流し合う。「モモ」の物語の場面理解を共有した上で，場面を分けて感想を交流していく。 ・作者を調べることを通して，作品への興味も広げていく。
2	2	・「モモ」の続きを場面に分けて読みとり，感想を交流する。	・場面を分けて，「モモ」を読み進め，感想を交流していく。物語の面白さを味わうことから，作者へ関心を向けていく。
	3 ・ 4	・読みたい作家を決め，本を選ぶ。 ・選んだ本を読む。 ・読んだ本のしょうかいカードを書く。	・読みたい本がどうすれば見つかるか話し合い，見通しを持って目的の本を探させる。本を読む時間が足りないようなら，第 3 時と第 4 時の間に，家庭学習の課題として読ませる。
3	5	・選んだ作家と本を紹介し合う。 ・交流して気づいたことを発表し合う。 ・学習を振り返る。	・本や作者を紹介し合い，必ず一言ずつ感想を伝える。紹介し合って，①気づいたこと，②作家に着目した本の選び方，③読書の幅の広がりの 3 点について，学習を振り返る。

本時の目標　本の選び方について話し合い，学習の課題を設定し，学習計画をたてることができる。

板書例

③
〈「モモ」の作者〉
ミヒャエル＝エンデ（ドイツ生まれ）
日本の「黒姫童話館」に展示
「ジム・ボタンの機関車大冒険」
「はてしない物語」（ネバーエンディングストーリー）
　　　　　　　　　　　　※

※児童の発言に合わせて書く

作家調べ…おもしろい、読んでみたくなる

④
〈「モモ」を読む〉
時間がぬすまれる
モモ「町をすくおう」↑灰色の男たちが追う
不思議なカメが案内　↓　奇妙なみち

感想を交流 ⇒

POINT　自分の本の選び方について，具体的な例を出して交流する。作者について調べることを通して，作品への興味も広げていく。

1 自分の本の選び方を思い出し，学習課題をつかみ，学習計画をたてる。

T　みなさんは，いままでにどんな本を読んだことがありますか。
C　教科書に作品がのっていた，あまんきみこさんの本を何冊か読みました。
C　地底探検の本を読んだ。すごく面白かった。
T　それらの本をどうして選んだか思い出しましょう。

> わたしは外国の作家の本が好きだから，それで探すことが多いな。

> う〜ん，あまり本読まないし，特に考えずに，その場の思いつきで選ぶかな…。

T　どんなことを学習するのか，教科書88ページを読んで確かめましょう。
C　作家で読書を広げていく学習をする。
C　作家に着目して，本を紹介し合う。
C　本の選び方を話し合ってから，選んだ作家の本を読んで紹介し合う。

2 本の選び方について交流する。

T　教科書の89ページに載っている本の選び方を読みましょう。
C　作家やジャンルで選んでいる。しっかり自分の考えで選んでいるんだ。
C　本の一部だけ読んで選ぶ。はっきり目的がないときは，こうするかな。
C　「おすすめ」を参考にするのはいいかもしれない。
T　みなさんは，どんな本の選び方をしているか，思い出したことをもとにして話し合いましょう。

> わたしは，教科書に載った作者の他の作品も，必ず読むようにしているわ。

> ぼくは，いろんな賞をもらった作家や作品を選んでいる。

> ぼくは，ジャンルで探す。民話や昔話がすきなので，そんな本を選んでいる。

> わたしは，お姉ちゃんに勧められた本をよく読むわ。

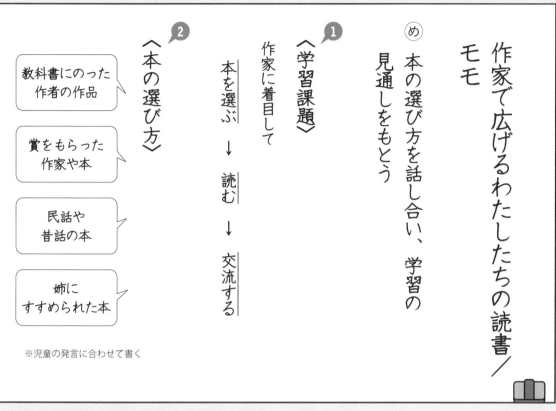

作家で広げるわたしたちの読書／モモ

め　本の選び方を話し合い、学習の
　　見通しをもとう

〈学習課題〉
❶ 作家に着目して

本を選ぶ　→　読む　→　交流する

❷〈本の選び方〉

教科書にのった作者の作品

賞をもらった作家や本

民話や昔話の本

姉にすすめられた本

※児童の発言に合わせて書く

『モモ』の物語の場面展開を共有した上で，場面に分けて感想を交流していく。

3 「モモ」の作者について調べる。

T　教科書92ページ，「モモ」の作者は誰ですか。

C　ミヒャエル＝エンデです。

T　どんな人か，作品も調べてみましょう。
　　インターネットでミヒャエル＝エンデについて調べる。

C　ドイツで生まれて，日本人と結婚している。

C　黒姫童話館にこの人の資料が展示してある。

C　「ジム・ボタンの機関車大冒険」でドイツ児童文学賞をもらっている。「はてしない物語（ネバーエンディングストーリー）」は知ってる。映画になってるよ。

T　作者と作品について，意見を交流しましょう。

「ジム・ボタンの機関車大冒険」って，面白そうな題だね。読んでみたいな。

わたしは，黒姫童話館に行ってみたいわ。いろんな童話関係の展示もありそうね。

作家について調べると面白いね。その人の作品を読んでみたくなるわ。

ぼくは，黒姫童話館も調べたよ。

4 「モモ」を読み，どんな物語か概略をつかむ。

T　「モモ」を少しずつ読んでいきましょう。
　　教科書に初めからP94の上段の6行目までを黙読する。

T　どんな物語なのか分かったことを発表しましょう。

C　町の人から「時間」が盗まれている。

C　モモが町の人を救おうと考えた。

C　「時間貯蓄銀行」の「灰色の男たち」が，モモをつかまえようと探し始めた。

C　不思議なカメが，モモを助けようとしている。

T　では，ここまで読んだ感想を交流しましょう。

時間貯蓄銀行や灰色の男たちや不思議なカメなど，興味をひくようなキャラクターが出てくるね。

奇妙な道を次々通り過ぎたり，ドキドキ，ハラハラの連続だわ。

未来の話か別世界の話みたいですごく面白い。これからの展開が楽しみだわ。

カメの背中に文字がうかぶのが面白い。追手の動きが分かるんだ！

板書例

③ さかさま小路
- 何もかもが逆向き
- ☆ モモのようすが目にうかぶ
- ☆ カメの動きだけが違っておもしろい

④ どこにもない家
- マイスター＝ホラの家
- ☆ 音から時間にくわしいことがわかる

> どうやって時間をとりもどしたか知りたい。

> 次はどうなるか，楽しみだった。

> 他の作品も読んでみたい。

POINT 場面を分けて，「モモ」を少しずつ読み進め，感想を交流していく。物語の面白さを味わうことから，作者へ関心を向けていく。

1 前時の学習を思い出し，「モモ」の続き①を読んで，感想を伝え合う。

- T　前の時間に読んだ話を思い出しましょう。
- C　時間を盗まれた町を救おうとしたモモを，時間貯蓄銀行の灰色の男たちが追いかけた。
- C　不思議なカメの案内で，モモはギリギリのところで何度も追跡をかわして逃げて行く。
- T　今日はその続きを読んで，感想を交流しましょう。
  ① P94 上段 8 行目〜 P95 下段 14 行目までを読む。
- T　ここはどんな場面ですか。
- C　モモが時間の境界線を越えた地区に入っていった。
- C　そこは，とても不思議なところだった。

> 不思議な光の世界というのが面白いね。昼でも夜でもなく，長い影がいろいろな方向にのびている。

> モモは，灰色の男たちも知らない場所に逃げ込んでいったんだね。

> 建物も不思議だし，生き物もいない。すごく速く進むのは，時間の境界線を越えた世界だからだろうね。

2 「モモ」の物語の続き②を読んで，感想を伝え合う。

- T　では，次の場面に読み進めていきましょう。
  ② P95 下段 16 行目〜 P96 下段 15 行目までを読む。
- T　モモをおいかけていた男たちは，どうなったのでしょう。
- C　モモを見つけたけど，モモが逃げ込んだ地区には，どうしても入れなかった。
- C　全速で車を走らせようとしても，少しも進まない。
- C　必死で走っても力尽きても少ししか進んでいない。
- T　では，この場面を読んだ感想を交流しましょう。

> 灰色の男たちが必死で追いかけても，全然追いつかない。何か映画の場面をみているようだわ。

> モモは，不思議なカメの案内で時間の境界線が越えられた。

> SF 映画か，ファンタジー映画をみたいだね。

> 時間泥棒は，時間の境界線が越えられないんだ。

作家で広げるわたしたちの読書／モモ

め　「モモ」の物語を読み、感想を交流しよう

① 時間の境界線をこえた地区
● すごく速く進む
☆ 不思議な光の世界　↑　おもしろい

② 灰色の男たち
● どうしても進めない
☆ 映画を見ているよう
☆ 時間どろぼうは境界線をこえられない

3　「モモ」の物語の続き③を読んで，感想を伝え合う。

T　次は，どんな展開になっていくのでしょうか。続きを読んでみましょう。

　　③ P96 下段 17 行目〜 P98 下段 6 行目までを読む。

T　今度は，モモはどんなところへ行きましたか。

C　狭い路地の両側に，宮殿のような建物が並ぶところ。

C　海藻や藻が生い茂って，貝やさんごがついている。

C　さかさま小路です。

T　また，この場面を読んだ感想も交流しましょう。

後ろ向きに歩いている間は，何もかもが逆向きになるっていうのが，すごくおもしろいね。

モモが前を向いて進もうとしている様子が，目にうかぶね。

カメの動きだけが，他と違っている感じで，それがおもしろい。

4　「モモ」の物語の続き④を読んで，初めからここまでの感想を伝え合う。

T　では，教科書に載っている文を最後までを読みましょう。

　　④ P98 下段 7 行目〜 P99 の終わりまでを読む。

C　今度は，モモは，どこにもない家にいます。

C　マイスター＝ホラの家です。

C　このあと，マイスター＝ホラの助けを借りて，モモはぬすまれた時間を取りもどします。

T　では，この場面だけでなく，ここまでの物語やこれからの展開についても，思ったことを話し合いましょう。

家に入ったときの音から，マイスター＝ホラが時間のことにくわしいということがわかるね。

モモは，不思議なところをいろいろ通って行った。読み進めていって，次はどうなるか，とても楽しみだった。

どうやってぬすまれた時間を取りもどしたのか，絶対知りたい。

この作者の他の本も読んでみたいと思う。

板書例

③ 選んだ本を読む
・読みながら気がついたことをメモをする
・まず作品をあじわう。そのあとメモをする
※

④ しょうかいカードを書く
・キャッチコピーをくふう
・考えさせられるところ
・特におすすめする部分

POINT　読みたい本がどうしたら見つかるか話し合い，見通しを持って目的の本を探させる。本を読む時間が足りないようなら，

---

1 読みたい作家を決める。

T　みなさんは，どんな作家の本が読んでみたいと思いますか？　まず，作家を選びましょう。
　教科書 P90 の二人の作家の作品紹介を読んでみる。
C　『二分間の冒険』は恐竜が出てくるのかな…。読んでみたいな。
C　『はてしない物語』はすごく興味がある。
C　他にどんな作家がいるのかな？
T　教科書 267 ～ 271 ページにいろいろな作家の本が紹介されています。そこも見て，読みたい作家を選びましょう。
　内容がもっと詳しく知りたい場合はインターネットで調べる。

『八月の光』は原爆の話だな。他にどんな作品があるのだろう。

『チョコレート工場の秘密』がおもしろそう。この作家についてもっと調べよう。

『海の中から地球を考える』の著者はどんな人だろう。わたしも環境問題には関心がある。

2 読みたい作家の本を選ぶ。

T　では，選んだ作家の読みたい本を探しましょう。
C　読みたい本と言われても，どれを選んだらよいかか分からない。どうやって探せばいいかな？
T　周りの人と探し方を話し合ってもいいですよ。

まず，インターネットでどんな作品があるか探そうと思っているわ。

本を見つけたら，目次を見て，読みたいかどうか決めることにする。

本の題名から，大体どんな内容か見当がつくよね。

学校の図書室や市町村の図書館などで探す。
C　朽木祥さんの『パンに書かれた文字』は，ヒロシマとイタリアを結ぶお話…これにしよう。
C　岡田淳さんの『二分間の冒険』がいいな。
C　ロアルド・ダールの『チョコレート工場の秘密』。謎だらけの工場を見学する…これに決めた！

準備物 ・「しょうかいカード」

ICT 「しょうかいカード」のデータを配信すると，複製して複数の著者・著書を紹介でき，全体共有すると多くの著者や著書に出会うことができる。

作家で広げるわたしたちの読書

め 読みたい作家と本を選んで読み しょうかいカードを書こう

① 読みたい作家を選ぶ
・教科書「本の世界を広げよう」を見よう
・朽木洋
・ロアルド・ダール
・岡田淳
・ミヒャエル゠エンデ
※

② 読みたい本を選ぶ
・ネットで作品探し → 題名 → 目次
・『二分間の冒険』『チョコレート工場の秘密』『パンに書かれた文字』
※

※児童の発言に合わせて書く

第3時と第4時の間に，家庭学習として，本を読む課題を出す。

3 選んだ本を読む。

T 後で，紹介カードを書きますので，どのように紹介すればよいかも考えながら読んでみましょう。

> どんな紹介をしたらよいか，気がついたことをメモしながら読もうと思う。

> 作品の面白さを味わうことが大事だから，わたしは，紹介のことは後で考えるわ。

T 時間があれば，2冊目を読んでもいいですよ。
C やったー。絶対に2冊読んでやる！

> 今度は，カメじゃなくて不思議な黒猫に誘われて，子どもだけの世界に迷いこむのか。子どもたちが竜と戦う場面は…

> 戦争をのりこえて生きてきた人々の希望を描く，ヒロシマとイタリアを結ぶお話か…，エリーの名前のSに込められた本当の意味って…

4 紹介カードを書く。

T 教科書91ページの紹介カードの例を読んで下さい。自分が紹介カードを書く時の参考になることはありますか。

> 読んでみたくなるようなキャッチコピーが大事です。

> ちょっと考えさせられることも書くといいなと思った。

> 特におすすめするのは何かを，わたしも書いてみようと思いました。

「しょうかいカード」QR を配る。
T では，しょうかいカードに書き入れましょう。2冊分書ける人は書いてもいいですよ。
C キャッチコピーは「ファンタジーもブラックユーモアたっぷり」にしよう。
C チョコレートの川，なめても小さくならないキャンディなど，ワクワクしながら読めます。

<table>
<tr><td>本時の目標</td><td>自分が選んだ作家と作品の紹介をし合い, 学習のまとめをすることができる。</td></tr>
</table>

板書例

3 しょうかいし合って気づいたこと

・同じきょうみを持った人
・情報こうかん　←
・他のジャンルの本もよい
・詩もいいな思った

※

4 学習のふりかえり

・作家に着目して選ぶ
・作家の著作がわかる　←
　選べるはんいが広がる
　選びたいテーマの作品が見つけやすい

・作家に着目した読書の広がり
　今まで読まなかった本　←
　広がった
　これから広がりそう
※

※児童の発言に合わせて書く

1 選んだ作家の紹介をし合う。

T　自分が選んだ作家の紹介をし合いましょう。

　　グループ内で紹介し合う。紹介カードの作家紹介の部分をタブレットなどで共有して紹介してもよい。

> 岡田淳さんを紹介します。岡田さんは兵庫県生まれです。初めは小学校の図工の先生をしていました。作品は「放課後の時間割り」「こそあどの森の物語」などたくさんあり, いろんな賞を授賞しています。

> 「龍の子太郎」の作者の松谷みよ子さんを紹介します。人形劇団も作ったりされています。

> 先生をしていたのなら, 学校のこともよく分かるよね。たくさん作品があるから, わたしもどれか読んでみようかな。

> へえ～, 教科書に載っていない作家も調べたのか…。

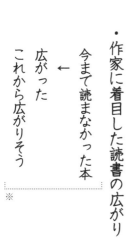

　　交代して全員が紹介する。聞いたら, 一言ずつ感想を伝え合い, 次の人に交代する。

2 選んだ作品の紹介をし合う。

T　それでは, 自分が読んだ, 選んだ作家の作品を紹介し合いましょう。

　　展開1と同様に, グループ内で紹介し合う。タブレットなどで共有して本の写真や絵などを見せてもよい。

> 朽木祥さんの「さくら村は大さわぎ」では, とんでもないことや笑ってしまうことが次々と起こっていきます…。

> わたしはJ.K.ローリングのハリー・ポッターの本を読みました。映画では見たけど…。

> すごく楽しそうなお話ね。他にどんなことが起きたのか, もう少し聞かせてよ。

C　他のグループでは, どんな作品が紹介されたのか知りたいな。

T　では, グループから一つ選んで, 全体で紹介し合いましょう。

準備物　・前時に作成した「しょうかいカード」

ICT　児童が書いた「しょうかいカード」を共有機能を使って全体共有すると，グループや学級全体で著者や著書の紹介し合いやすくなる。

作家で広げるわたしたちの読書

め　読んだ本と作家を紹介し合い
学習のまとめをしよう

① 選んだ作家の交流
・グループで紹介しあう　← ひと言感想を伝える
・交代してグループ全員が紹介しあう

② 読んだ本の交流
・グループで紹介しあう　← タブレットで本の写真や絵などを共有
・グループから一人選んで学級全体で紹介する

③読書の広がりの3点について，学習を振り返る。

3　紹介をし合って気づいたことを話し合う。

T　いろいろな作者や作品の紹介がありましたね。発表を聞いた感想を話し合いましょう。
C　読んでみたいと思う楽しい物語がたくさんあった。
C　戦争や原爆のことなどを取り上げた本もある。私たちも，もっといろいろ知らないといけないと思った。
C　知らなかった外国の作家の作品も読んでみたい。
T　教科書91ページに「しょうかいし合うことで，どんなことに気がつくでしょうか。」と書かれています。みなさんは何か気づいたことはありましたか。

わたしの興味がある植物について，他にも興味を持っている人がいた。これから情報交換をしていきたい。

科学読み物だけじゃなくて，詩もいいなあと思った。

歴史物が好きだったけど，宇宙のことや生命の謎にも興味がでてきました。

4　学習を振り返る。

T　教科書の最初の88〜89ページにもどりましょう。作家に着目して本を選ぶ方法は，どうでしたか。
C　今まで，本の題で選んでいたけど，この選び方もいいなと思いました。
C　その作家が書いたいろいろな作品が分かるから，選ぶ範囲が広がるね。
C　作家によって，楽しい物語を書く人，ファンタジー作品が多い人，戦争や平和を大事に考える人などあるから，選びたいテーマの作品を作家から探せそうだ。
T　では，作家に着目したら，読書の幅は広げられたでしょうか。

ぼくは，今まで読まなかったような本が選べたから，広げられたと思うよ。

読んだ本をしょうかいし合って，いろいろ知ったので，これから広がっていくと思うわ。

まだ何とも言えないけど，この勉強は結構楽しかったわ。

かぼちゃのつるが／われは草なり

◎ 指導目標 ◎

・比喩や反復などの表現の工夫に気づくことができる。

・詩の全体像を具体的に想像したり，表現の効果を考えたりすることができる。

・考えたことを伝え合う。

◎ 指導にあたって ◎

① 教材について

　どちらも植物を擬人化した詩です。「擬人法」，「反復法」といった表現技法に注目させて，今後の文章を読む際の見方を身につけさせたい作品です。

　「かぼちゃのつるが」では，反復表現を効果的に使って，つるが少しずつ少しずつ伸びている様子を表現しています。題名でも一行目でも，つる「が」と表現することで，その主体性をハッキリとさせています。「つるを（伸ばす）」ではないわけです。「赤子のような」という比喩，「ああ　今」という感嘆の表現，最後の「空をつかもうとしている」の現在進行形に注目することで，その時の視点人物の感動を読み取ることができます。また，それまでの文が，句読点の一切ないかぼちゃのつるのような一続きの文になっていること，そのため，つるが伸びていく様子をずっと見ていたかのような表現になっていることにも注目です。

　「われは草なり」では，視点人物は「草」に同化しています。あるいは自分自身を「草」に譬えているとも読めるでしょう。「伸びんとす」では歯切れの良いリズムで「草」の自分のペースで育つ様子を語っています。「緑なり」でも自分自身を貫く姿を表現しています。そして「草のいのちを生きんとす」で自分自身の生を生きようとする意志が語られています。全体を通して，「なり」「す」で終わる七五調のリズムある文章で迷いのない語りから，読んで元気になる詩です。

② 個別最適な学び・協働的な学びのために

　詩を題材にして，文章をとらえるための視点を増やすということを意識したいところです。

　一つ目の「かぼちゃのつるが」では，反復表現によってぐんぐん伸びていく様子を強調して表していることが学べます。また擬人化していることで読者は感情移入することができます。こうした表現技法の効果を学ぶことで，文章表現に対して新たな見方を得ることができます。

　「かぼちゃのつるが」で学んだ表現技法を活かして，二つ目の「われは草なり」を読みとれたという実感が，学びへの自信につながります。一人では読みとれなくても，学級のなかまと意見を出し合うなかで自分だけではできなかった文章のとらえ方ができるようになることも，協働して学ぶことの意義を実感させるでしょう。

知識 及び 技能	比喩や反復などの表現の工夫に気づいている。
思考力，判断力，表現力等	「読むこと」において，詩の全体像を具体的に想像したり，表現の効果を考えたりしている。
主体的に学習に取り組む態度	進んで比喩や反復などの表現の工夫に気づき，学習課題に沿って考えたことを伝え合おうとしている。

◎ 学習指導計画　　全 2 時間 ◎

次	時	学習活動	指導上の留意点
1	1	・「かぼちゃのつるが」を読んで「擬人法」「反復法」の効果を学ぶ。	・「かぼちゃのつるが」を読んだ印象を出し合ってから，表現技法とその効果を考えさせる。
2	2	・「擬人法」「反復法」に注目して「われは草なり」を読む。	・前回学んだ表現技法をふまえて，「われは草なり」の感想を出し合わせる。

本時の目標　擬人法と反復法の効果を考えることができる。

板書例

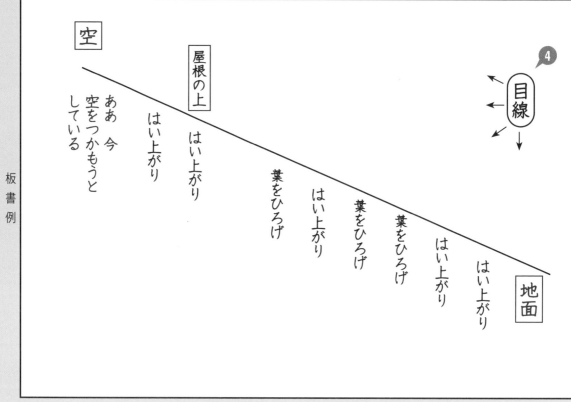

空

屋根の上

④ 目線

あ あ　今　空をつかもうと　している

はい上がり

はい上がり

葉をひろげ

はい上がり

葉をひろげ

葉をひろげ

はい上がり

はい上がり

地面

POINT まずは詩から感じたことを自由に出し合わせましょう。本時は，「反復法」，「擬人法」の順で展開していますが，「擬人法」

1 音読して気づいたことを出し合おう。

T　この作品を読んで気づいたことをグループで出し合いましょう。

C　つるがぐんぐん伸びていく感じが伝わってきたよ。

C　応援したくなるような詩だね。

「はい上がり」が5回，「葉をひろげ」が3回もくり返されているので，がんばっている感じがします。

赤子のような手が空をがんばってつかもうとしているのが伝わってくるね。

ここでは子どもの感想を自由に出させたい。全体で共有してもよい。活動2・3につながるように。

T　表現の工夫については，何か気づくことはありませんか。

2 反復法の効果を考えよう。

T　同じ言葉が何度もくり返されていますね。このような表現の技法を「反復法」と言います。反復法が使われているとどんな感じを受けますか。

C　つるが少しずつ伸びていっているような感じがします。

C　かぼちゃの生命力の強さを感じます。

「はい上がり　はい上がり」とくり返すと，なんども挑戦している感じがします。

いくつもつるが伸びている感じがします。

リズムが良くなるような気がします。

反復法の効果を子どもの言葉でおさえる。「強調の効果がある」など教員の補足があっても良い。

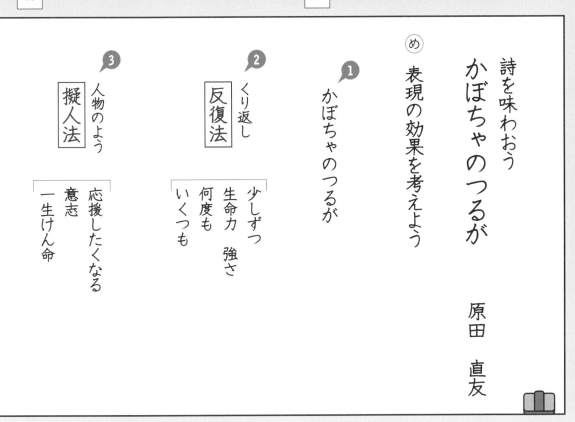

め　表現の効果を考えよう

詩を味わおう
かぼちゃのつるが　　原田　直友

① かぼちゃのつるが

② くり返し
反復法
少しずつ
生命力　強さ
何度も
いくつも

③ 人物のよう
擬人法
応援したくなる
意志
一生けん命

「反復法」の順で扱ってもかまいません。

3 擬人法の効果を考えよう。

T　かぼちゃのつるが人物のように表現されているところがありますね。「はい上がり」は赤ちゃんのようですし，「竹をしっかりにぎって」も人のようです。

T　このような表現の技法を「擬人法」と言います。擬人法が使われているとどんな感じを受けますか。

かぼちゃのつるを応援したくなります。

かぼちゃのつるが自分の意志で伸びていっている感じがします。

人間の赤ちゃんみたいに一生懸命な感じがします。

T　「赤子の手のような葉を開いて」ではなく，「赤子のような手を開いて」と表現しているのも工夫の一つですね。
　　擬人法の効果を子どもの言葉でおさえる。

4 目線を意識してイメージしよう。

T　学習したことを意識してこの詩を読んでみます。イメージした情景の中で，自分の目線の位置（高さ）がどうなっているのかも意識してみましょう。

地面から「はい上がり　葉をひろげ」「はい上がり」で，どんどん上っていく様子がわかる。

最初は地面の高さだけど…。

「ああ　今　空をつかもうとしている」で，目線が空に向いたよ。

T　だんだん視線が上に移動したのがわかりますね。「反復法」でだんだん伸びていく様子を，「擬人法」でかぼちゃのつるの目線になって語っていることがわかりましたね。

われは草なり

本時の目標　表現技法に注目して「われは草なり」を読みとることができる。

板書例

POINT　前時とは逆に，表現技法に注目してから詩を読みとっていく展開になっている。

④ 感じたこと

・「生きんとす」が二回くり返されている
　↓
　生きることへの強い意志を感じる。

・「われは草なり」を「わたしは人なり」と読む
　↓
　詩を通して、自分らしく生きることへの
　エールを感じる。

③
われは草なり
伸びんとす
　→ 反復法

1　詩を読み，言葉の意味の確認をしよう。

T　詩を読んで，意味のわかりにくい言葉はありませんでしたか。

　「伸びんとす」「生きんとす」などの表現，「かはらず」「ねがふ」の仮名遣いをとり上げ，意味の確認をする。

C　「伸びんとす」は「伸びようとする」，「生きんとす」は「生きようとする」，「伸びられぬ」は「伸びられない」という意味だね。

C　「かはらず」は「かわらず」，「ねがふ」は「ねがう」と読むことができるよ。

C　「緑の己にあきぬなり」は，「自分が緑であることにあきない（そのままでよい）」ということかな。

T　音読してみましょう。

　音読をさせるとリズムの良さにも気づくことができる。

2　表現の工夫に注目しよう。

T　この詩には，どのような表現の工夫がありますか。

C　「われは草なり」がくり返されていて「反復法」が使われています。他にも，「伸びんとす」は2回，「緑なり」は4回と，同じ言葉が何度もくり返されている印象です。

C　「われは草なり」と自分が草になっているから「擬人法」が使われていると思います。他にも，「全身すべて緑なり」や「緑の己にあきぬなり」から，自分を草にたとえていることがわかります。

C　「かぼちゃのつるが」でも，「反復法」と「擬人法」がつかわれていました。

T　前回の学習をよく覚えていましたね。

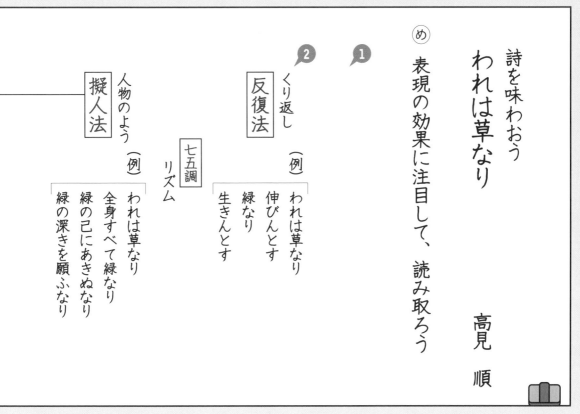

準備物

ICT デジタル教科書の音声機能を使って, 詩を何度も繰り返して聴くことで, 表現の工夫に気づき, 対話的に表現技法の効果について考えることができる。

め 表現の効果に注目して、読み取ろう

詩を味わおう

われは草なり　　　　　高見　順

① 七五調
リズム

② 反復法
くり返し

（例）
われは草なり
伸びんとす
緑なり
生きんとす

擬人法
人物のよう

（例）
われは草なり
全身すべて緑なり
緑の己にあきぬなり
緑の深きを願ふなり

---

3 表現技法の効果を考えよう。

T 他にどんな表現が使われていますか。

C ほとんどが, 始めの行が七音で, 次の行が五音のくり返しになっています。

C 「毎年かはらず　緑なり」など, 八音, 五音のところもあります。

T この詩は, 七五調のリズムになっているのですね。

T 「反復法」が使われているとどんな感じを受けますか。

C 草がいっぱい伸びている感じがします。

C 「われは草なり」がくり返されて, 自分のことをたくさん語っている感じがします。

C 「〜なり」や「〜とす」が多くてリズムが良い感じです。

T 「擬人法」はどうですか。

C 草がのびのび生きている感じがします。

C 「ああ」に実感がこもっている感じがします。

4 詩の感想をノートに書こう。

T この詩を読んで感じたことをノートに書きます。

C 「生きんとす」が2回くり返されているので, わたしも精いっぱい生きていこうという気持ちになりました。

C 生きることへの強い意志や決意を感じます。

C 「われは草なり」を「わたしは人なり」と読んでみました。すると, 「伸びられぬ日は　伸びぬなり」から, 「うまくいかないときはがんばらなくてもいい」とはげまされる気持ちになりました。

C 「毎年かはらず　緑なり　緑の己に　あきぬなり」を読むと, 人と比べずに自分のままでよいと自信が持てます。

C 自分らしく生きることへのエールを感じます。

T 書いた感想を発表して交流しましょう。

どちらを選びますか

◎ 指導目標 ◎

・思考に関わる語句の量を増やし，話や文章の中で使うことができる。
・互いの立場や意図を明確にしながら計画的に話し合い，考えを広げたりまとめたりすることができる。

◎ 指導にあたって ◎

① 教材について

「ディベート（討論）」につながる教材です。自分の意見を支えるのに必要な情報を集めて話す内容を決め，立場を明確にして相手と意見を交換していきます。まずは情報を集める際に，既習事項として「情報リテラシー」について取り扱ったことを活かして，情報を適切に取り扱う必要があります。情報を集める手段としては，書籍やインターネットを利用して幅広く調べられるようにするとよいでしょう。学校図書館や地域図書館と連携して，書籍を手配しておくとよりよいです。それらの様々な角度からの情報を集めて整理したことをもとに，自分たちの主張をつくり上げていくことになります。

また，相手の話を批判的に聴いて質問をしたり，逆にそれらに答えたりします。その上で，最終的な主張を行います。この一連の流れの中で，冷静に意見を交換していくことが求められます。言葉を使ったコミュニケーションを，落ち着いて丁寧に進めていくことが求められる教材です。5 年生の子どもたちのことですので，感情的に，熱くなってしまうこともあるでしょう。そこを教員がうまく支援し，国語科の学習としての学びが深まるように心がけたいものです。

② 個別最適な学び・協働的な学びのために

自分たちの主張を支える情報・資料を探して見つけ，整理してまとめ，主張を形づくっていく過程で，自ら調べ，友だちと対話的に協働して考えを深めていくことになるでしょう。それだけでなく，実際に相手と意見交換を行う際には，それぞれの作戦タイムの中で，対話を通して「どんな質問をするのか」，「最終的な主張をどう話すのか」と，協働的に考えていくことになります。こういった学習の過程を通して，「立場を明確にして話し合う」という行為について自分たちがどのようなスタンスで取り組んでいけばよいのか，またどのように話し合った時に，うまくお互いの主張を聴き合うことができるのかというように，学びを深めていくことができるようにしましょう。

知識 及び 技能	思考に関わる語句の量を増やし，話や文章の中で使うことができる。
思考力，判断力，表現力等	「話すこと・聞くこと」において，互いの立場や意図を明確にしながら，計画的に話し合い，考えを広げたり，まとめたりすることができる。
主体的に学習に取り組む態度	積極的に互いの立場を明確にして，これまでの学習を活かして立場に分かれて話し合おうとしている。

次	時	学習活動	指導上の留意点
1	1	・夏休みに家族で行くならどんなところがいいか意見を出し合い，話し合う視点を見出す。 ・各提案を支える情報・資料を集めて整理し，意見を伝える準備をする。 ・学習を振り返り，次時の見通しをもつ。	・学級の実態（児童の家庭状況など）に応じて，「家族で行く」想定とは別のものとするなど，柔軟に取り扱うようにする。 ・課題は「山と海」に限らず，いくつか設定してもよい。 ・事前に関連書籍を用意しておく。インターネットも利用してよいものとする。 ・次時までに，話し合う準備をしておくよう促す。
2	2	・意見交換の仕方について説明を聴き，学習内容を捉える。 ・意見を伝え合う時に気をつけることについて話し合って考え，共有する。 ・立場を明確にして，説得力をもって意見を伝え合う。 ・学習を振り返り，意見を伝え合う時に大切なことを考える。	・意見交換の仕方について掲示物をつくっておくと効率よく説明できる。 ・「立場を明確に」意見交換するよう意識づける。 ・口調や相手を傷つけない話し方など，状況に応じて必要な支援を行う。 ・学級全体で共有して，整理し，重点をまとめるようにする。

どちらを選びますか

第 **1** 時 （1/2）

本時の目標　互いの立場を明確にしながら話し合い, 考えを広げたりまとめたりすることができる。

板書例

〈ふりかえり〉
・たくさんの情報
・整理してまとめられた
・意見の根拠となる資料

④

意見を伝え合おう　←

児童が書いたカード③	児童が書いたカード①
児童が書いたカード④	児童が書いたカード②

〈どのように調べた？〉

③

POINT　特に社会科の学習と関連づけて学習計画を立てるようにすると, 児童は学習に対する意欲を高くもって効率よく学習を進めて

1　夏休みに家族旅行に行くなら, どんなところがいいか。

T　夏休みに家族で旅行に行くなら, どんな所がいいですか。どんな所で迷いそうですか。意見を出し合いましょう。

海に行くか山に行くかで, 迷いそう。

最近は海外に行く人もまた増えてきているみたいだね。

東京と大阪はどちらも都会だけれど, それぞれにいい所があるよね。

夏の沖縄と北海道は, 意見が分かれそうだな。

　話し合う視点を, 子どもたちから引き出すようにするとよい。意見を交わす視点は「海か山か」だけに限らず, 複数設定してもよい。また, 他の視点1つだけに絞ってもよい。

2　調べて意見を固めていくときの注意点はどのようなことか考えよう。

T　本やインターネットを使って, 自分の意見の根拠となる資料を探したり, 調べたりする時には, どのようなことに注意するとよいでしょうか。

前の学習を活かして, 引用する時は, 出典をきちんと明らかにしたいね。

沢山の情報を整理して, 必要な情報をまとめていかないといけないね。

何冊か本を探してみて, 正しい情報かどうか判断しないと。

意見の根拠となる資料をしっかりと探したいね。

　情報リテラシーを念頭に置いた学習指導を行うようにする。テーマに応じて, 2人ペアか3・4人グループで活動するようにしよう。ペアで組むと, 児童それぞれの活動量を確保することができる。

準備物	・関連書籍 ・意見シート QR ・引用カード QR

ICT	意見シートや引用カードのデータを配信すると，調べたり考えたりしたことを直接書き込めて，共有機能を使って全体共有もしやすくなる。

め どちらを選びますか

立場を明確にして、調べて考え意見をまとめよう

① 〈夏休みに家族旅行で行くなら？〉
・国内か海外か？
・西日本か東日本か？
・沖縄か北海道か？
・東京か大阪か？
・海か山か？
　※

② 〈調べる時の注意点〉
・多くの情報 → 整理してまとめる
　　　　　　　引用する時の注意
・正しい情報かどうか判断する
・意見の根きょとなる資料か

※児童の発言に合わせて書く

いくことができる。

---

3 本やインターネットを使って情報を集めて整理し，意見を伝える準備をしよう。

T　では，本やインターネットを使って自分の意見の根拠となる情報を集めて整理し，意見を伝える準備をしましょう。

> 夏はやっぱり沖縄だよね。リゾート地や名産品がたくさんあることをちゃんと示したいな。

> 北海道にもいいところはたくさんあるけれど，それ以上に沖縄にはいい所があることを言えたらいいよね。

　ペアを組んでからテーマをどれにするか決めるようにすると，スムーズに学習を進められる。
　ペアは学級の実態に合わせて，教員側で予め決めておくようにする。

4 本時の学習を振り返り，次の学習の見通しをもとう。

T　今日の授業を，ペアで話し合って振り返りましょう。
　（話し合う時間をとる）
T　ペアで振り返ったことを，学級全体で共有しましょう。

> 沢山の情報があって，整理してまとめるのが大変だった。

> 引用する時に出典をしっかりと書き残しておくようにしたよ。

> 意見の根拠となる資料を本やインターネットを使って調べられた。

> 次の授業の時に他の立場の友だちと意見を話し合うのが楽しみだよ。

T　では，次の授業では他の立場の人たちと意見を交流し，伝え合うようにしましょう。お互いにどんな考えをもっているか，楽しみですね。

どちらを選びますか

第 2 時 (2/2)

板書例

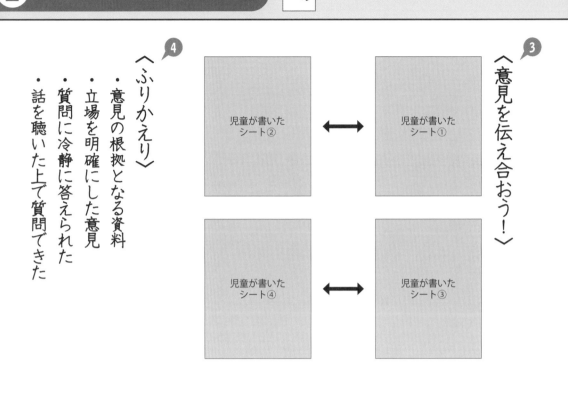

4 〈ふりかえり〉
・意見の根拠となる資料
・立場を明確にした意見
・質問に冷静に答えられた
・話を聴いた上で質問できた

3 〈意見を伝え合おう!〉

| 児童が書いた シート② | ↔ | 児童が書いた シート① |
| 児童が書いた シート④ | ↔ | 児童が書いた シート③ |

POINT 事前に, 学級の実態に合わせて活動の順番や組み合わせを計画しておくと, スムーズに意見交換を進めることができ,

---

1 意見交換の仕方を確認しよう。

T 前の授業で自分の意見を支える, 根拠となる資料・情報を集めて整理して, 意見を固めてきましたね。今日は, その意見を, 説得力をもって伝える活動をします。意見交換の仕方は以下の通りです。

①意見を伝え合います。各チーム3分以内とします。
②その後, 質疑応答をします。質問できる時間は, 各チーム3分ずつです。
③そして相手の主張や質疑応答の内容も踏まえて, 最終的な意見を伝えます。
④最後に先生役の人が, 意見交換の全てを聞いた上で, どちらの方がより説得力があったかを判定をします。

T ①と②の後には, 作戦タイムをそれぞれ2分ずつとります。何か聞いておきたいことはありますか。

2 意見を伝える時に気をつけることはどのようなことか。

T 意見交換をするときに気をつけなければならないことをペアで話し合いましょう。話し合ったことを教えてください。

立場が明確になっているかが大切だと思うよ。

自分たちの意見の根拠になる資料を出せたらいいな。

お互いの意見を批判的に見てみるのが大切だと思うな。

相手の意見を, 本当にそうなのか考えながら聞きたいな。

T では, もう一度, 誰が何を伝えるかなど, チームで簡単な打ち合わせをしましょう。

批判的に意見を聞き合うことを念頭において, 意識付けをするようにする。「批判的」の捉え違いがないようにする。

準備物	・関連書籍 ・意見シート QR ・引用カード QR

ICT　意見シートや写真資料などを共有するとともに，モニターなどに投影・提示して意見を伝え合うと，対話的に考えを深め合うことができる。

どちらを選びますか

め　立場を明確にして，自分の意見を相手に伝えよう

①
〈意見交換のしかた〉
①意見を伝え合う（各3分以内）
・作戦タイム（2分）
②質疑応答（各チーム3分以内）
・作戦タイム（2分）
③最終意見（各チーム3分以内）
④判定（どちらが説得力があったか）

②
〈意見を伝え合うとき〉
①立場は明確になっているか
②根拠となる資料があるか
③本当にそうなのか？

学習内容に迫りやすくなる。

---

3 立場を明確にして，説得力をもって意見を伝え合おう。

T　では，最初の意見交換を始めます。立場を明確にして，説得力をもって意見を伝え合いましょう。

僕たちは沖縄がいいと思います。海が綺麗で海水浴にぴったりです。

○○○水族館などの観光スポットが沢山あって，食べ物も美味しいです。

台風がきたらどうするの？北海道の方がその危険性が少ないよ。

北海道にも○○動物園などの観光スポットがあって負けていないと思うけれど。

　　話し合いが加熱しすぎて喧嘩にならないように，全体を見守り，必要な支援をするようにする。
　　意見交換をし合うチームの組み合わせや先生役の割り振りを前もって設定しておく。

4 本時の学習を振り返り，意見を伝え合う時に大切なことを考えよう。

T　意見交換を終わります。今日の学習を振り返って，意見を伝え合う時にはどんなことが大切であるか話し合いましょう。

やっぱり冷静に話さないといけないね。今日は少し熱くなりすぎたかも知れないな。

きちんとした根拠になっていない資料もあったから，次は情報の集め方を考えたいな。

相手の話を聴いた上で質問をできたよ。話を聞いていて，お互いのよさがわかったよ。

立場を明確にして話せたし，質問にもきちんと答えられたよ。準備しておいてよかったな。

T　調べ方や意見の伝え方は，社会科や理科の学習などでも，レポートや新聞を作ったり討論をしたりするときに活かせそうですね。

ワークシート　どちらを選びますか

意見シート

5年（　　）組（　　）番　名前（　　　　　　　　　）

〈意見〉

が　いい！

〈意見の根きょや理由〉

理由①

理由②

理由③

喜楽研

ワークシート どちらを選びますか

引用カード（　　　）

5 年 （　　）組 （　　）番　名前 （　　　　　　　　　　　）

〈目的・調べること〉

〈引用するところ〉

〈出典〉

喜楽研

新聞を読もう

◎ 指導目標 ◎

・目的に応じて，文章と図表などを結び付けるなどして必要な情報を見つけたり，論の進め方について考えたりすることができる。

・文章の構成や，文章の種類とその特徴について理解することができる。

・事実と感想・意見などとの関係を叙述を基に押さえ，文章全体の構成を捉えて要旨を把握することができる。

◎ 指導にあたって ◎

① 教材について

インターネットの普及で，世界中のニュースを瞬時に知ることができる時代になりました。しかし，そうした現代でも新聞がなくなることはありません。保存性，操作性，携帯性，情報量などは，新聞の持つよさとして，これからも情報伝達の手段として生き続けていくと考えられます。そうした新聞の持つよさやおもしろさ，報道記事の特色を知ること，さらに記事の書き方による効果の違いなどを理解して，児童が自ら生活や学習に取り入れられるよう興味をもたせることができる教材です。児童に新聞を持たせて，実際に読ませます。新聞をとらない家庭や諸般の事情で学校へ持ってこられない児童もいます。できれば，新聞は教師が準備した方がよいでしょう。必ずしもその日の新聞でなくても構いません。複数種の新聞を，クラス全員が読めるように教室に置いておくのもよいでしょう。

② 個別最適な学び・協働的な学びのために

普段から新聞をよく読んでいたり，新聞に興味を持っていたりする児童は，極めて少ないと考えられます。彼らが，新聞に興味を持ち，進んで学習に取り組めるようにすることが必要です。周りの児童と時には対話をしながら新聞を丁寧に読み，新たな発見や気づきができる場面を作りましょう。また，新聞（記事）を比較して，共通点や違いを発見する活動や，なぜ違うのか考える活動もグループで共同して行うことで，より認識が広がり，あるいは深めることができるでしょう。

知識 及び 技能	文章の構成や，文章の種類とその特徴について理解している。
思考力，判断力，表現力等	新聞を読むときに，事実と感想・意見などとの関係を叙述を基に押さえ，文章全体の構成を捉えて要旨を把握している。
主体的に学習に取り組む態度	新聞を読むときに，目的に応じて，文章と図表などを結び付けるなどして必要な情報を見つけたり，論の進め方について考えたりしている。

◎　学習指導計画　　全 2 時間　◎

次	時	学習活動	指導上の留意点
1	1	・新聞の一面の構成を確かめる。 ・新聞の他の面には何が書かれているか調べる。 ・教科書の二つの記事を比べて，気づいたことをノートに書く。 ・二つの記事を比べて，考えたことを話し合う。	・グループに 1 〜 2 部ずつ，教師が新聞を用意して配る（家から持ってこられない児童に配慮）。 ・新聞を読む時間はなるべく多くとる。 ・しばらくは教室に新聞を置いて，授業後も自由に読めるようにする。 ・普段新聞に関心のなかった児童にも，新しい発見などで新聞に興味が持てるようにする。
	2	・読み比べたい記事を探す。 ・記事を読み比べて，思ったことや考えたことを書く。 ・記事についての感想や意見を紹介し合う。 ・学習のまとめをする。	・新聞を読んで，読みたい記事を選ぶ時間を十分にとる。 ・読みたい記事が見つからない場合は，周りの児童と話をさせ，刺激をし合って記事を選べるようにさせる。

新聞を読もう

第 1 時（1/2）

本時の目標　新聞に興味を持って，紙面の構成や掲載記事の内容を知り，新聞各紙の記事の違いに気づき，考えることができる。

板書例

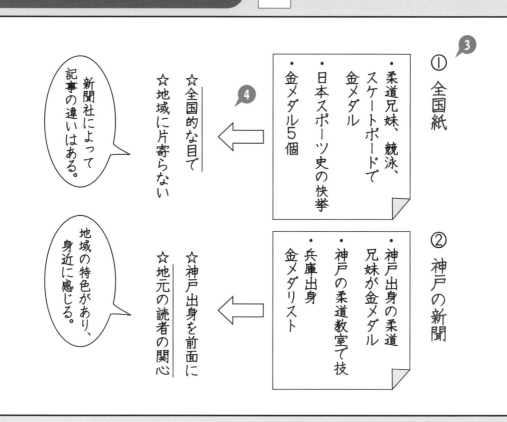

③

① 全国紙

・柔道兄妹、競泳、スケートボードで金メダル
・日本スポーツ史の快挙
・金メダル5個

④ →

☆全国的な目で
☆地域に片寄らない

新聞社によって記事の違いはある。

② 神戸の新聞

・神戸出身の柔道兄妹が金メダル
・神戸の柔道教室で技
・兵庫出身金メダリスト

→

☆神戸出身を前面に
☆地元の読者の関心

地域の特色があり、身近に感じる。

POINT　グループに 1 〜 2 部ずつ，教師が新聞を用意して配る（家から持ってこられない児童に配慮）。新聞を読む時間はなるべく

1　新聞を読んだ経験を出し合い，実際に一面の構成を確かめよう。

T　新聞を読んだことがありますか。

C　スポーツの結果を知るために見ます。特に野球！

C　家で新聞を取っていないから見ないよ。

　　教科書の P106 の最初の 5 行を読んで学習課題を確認しておく。

T　新聞の最初のページを一面といいます。新聞の顔である新聞の一面をまず見てみましょう。

　　新聞は教師が準備する。教科書の一面記事とも比較して，見出し，リード文などを確認しておく（P107 の用語解説も参照）。

T　一面はどのように作られているか，構成を確かめます。気づいたことはノートにメモしましょう。

見出しがあって，リード文があって，それから本文がある。

見出しは特に大きな字で書かれている。

一面の下には，コラムがある。写真や図表も載せることがある。

見出し→リード分→本文のような書き方を「逆三角形の構成」と言うんだって。教科書の P108 に書いてあるよ。

2　新聞の各面には，どのような記事が書かれているか，調べよう。

T　新聞を読んだ人は，どんな記事を読みましたか。

C　テレビ欄と，マンガをよく見ます。

C　気になる出来事があったときに，時々見ます。

T　それらは，何面に載っているのかな？新聞の他の面には，どんなことが載っているのか調べましょう。

二面や三面とか，他にもニュースが載っている面が多い。

見出しは，大きな記事にも小さな記事にもついている。小さな記事にはリード文がないのがあるね。

ぼくがよく見るスポーツ欄は，まん中ぐらいにある。文化や地域版もあるよ。

どの面にも下に広告がある。投書欄もあるよ。社説は新聞社の意見かな。コラムは…？

T　他に気づいたことや疑問はありますか。

C　一面は最も重要なニュース（大きな記事）が載るんだって。誰がそれを決めるのかな？

C　こんなに紙面が多いとは思わなかった。

準備物　・新聞（各グループに1〜2部ずつ）
※教師が準備する。

ICT　同日発行の新聞各社の新聞記事をデータ化し、モニターの拡大投影等で共有すると、各社の記事の内容を読み比べることができる。本来は実物が良い。

新聞を読もう

め 新聞を読んで紙面の構成や記事の特徴を知り、記事の違いについて考えよう

① 新聞の一面… 新聞の顔
・重要なニュース…見出し、リード文、本文、写真
・新聞名、コラム、目次

逆三角形の構成

見出し
リード文
本文

② それぞれの面
・ニュース、大きな記事、小さな記事
・スポーツ、文化、読者らん（投書）、地域ばん
・社説（新聞社の意見）、広告

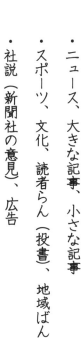

多くとりたい。しばらくは教室に新聞を置いて、授業後も自由に読めるようにする。

3 二つの記事を比べてみよう。

T　教科書に二つの新聞記事が載っています。読み比べてみましょう。
　①全国紙と②神戸で発行されている新聞を音読する。

T　それぞれ、何について書かれていますか。

C　どちらも東京五輪で、阿部兄妹が柔道で金メダルを取ったことが書いてある。

C　男女のきょうだいによる五輪金メダルは、日本初の快挙だと書かれている。

T　では、二つの記事の違いを確かめましょう。

全国紙は、他に競泳やスケードボードの金メダルも書いているが、神戸の新聞は柔道のことだけだね。

全国紙は金メダルが5個になったことを書いている。

神戸の新聞は、2人が神戸の出身であることや、神戸の柔道教室で技をみがいたと書いている。

神戸の新聞は、他の兵庫県出身の五輪優勝者のことも紹介している。

4 記事を比べて、考えたことを話し合おう。

T　二つの記事はどうして内容が違うのでしょう。
　二つの記事の違いや、どうして違うのかをノートに書く。

C　神戸の新聞は、地元神戸出身の阿部兄妹が活躍したということが伝えたかったのだと思う。

C　全国紙は、神戸にこだわらないで、他の競技のことや金メダルの数など、全国的な目で書いている。

T　二つの記事を比べてみて、考えたことを話し合いましょう。

神戸の新聞は、地元の読者が多いから、その人たちが知りたいことを多く入れた記事を載せるのだと思う。

全国紙は、いろいろなところの人が読むから、どこかの地域に偏らないように記事を載せるんだ。

地方紙は地域の特色が出るから、身近な気がするわ。でも、全国のニュースも知りたいな。

全国紙も新聞社によって記事の違いはあると思うわ。

本時の目標 興味のあるニュースを選んで複数の新聞を読み比べ，意見や感想を書いて伝え合うことができる。

板書例

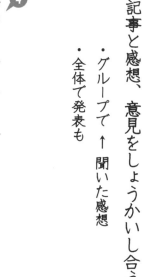

思ったことや考えたことをワークシートに書く

③ 読んだ記事と思ったり考えたりしたことを紹介し合う

記事と感想、意見をしょうかいし合う
・グループで → 聞いた感想
・全体で発表も

④〈学習のふりかえり〉
・紹介を聞いて読んでみたい記事
・地域の記事もよんでみたい など
・「たいせつ」を読む
・知りたい内容に合わせて選ぶ など

POINT 新聞を読む時間をできる限り多くとり，読みたい記事の選択や意見や感想を書くことにつなげる。記事が見つからない場合は，

1 見出しや写真に着目して，読み比べたいニュース記事を探そう。

グループに1，2部ずつ複数の新聞を配る。（第1時と同じように教師が準備する。）

T　新聞の中の写真や見出しを見て，読み比べたいニュースを1つ選びましょう。

時間を十分とり，興味をもった記事には，付箋を付けるなど，しるしをつけながら読ませると選びやすい。

地域版に，桜の木を植えている写真がのっていたから，その記事が読みたい。

見出しに新種の恐竜化石発掘と書いてあったので読んでみたい。

動物が好きだから，アザラシが東京湾にやって来たニュースを読もう。

バレーボールの国際試合で強敵に勝ったというニュースが読みたい。

2 記事を読み比べて，思ったことや考えたことをワークシートに書こう。

T　いちばん興味をもったニュースを選んで，2つの新聞から同じニュース記事を切り抜きましょう。

切り抜いた新聞記事は，台紙（A3用紙）に貼らせる（切り抜く箇所が重なる時はコピーして使う）。

T　台紙に貼れたら，その記事を読み比べましょう。

C　こんなことがあったのか。知らなかったなあ。

C　写真を見て思った内容と少し違った記事だったけど，書いてあることはよく分かった。

T　選んだ記事を読み比べて，思ったことや考えたことをワークシート QR に書きましょう。

同じニュースでも，新聞によってこんなに書き方が違うんだ。どの新聞を読むかで，受け止め方も違ってくるな。

私たちの地域に，こんな歴史があったなんて知らなかった。それで桜を植えているんだ。

| 準備物 | ・同じ日の複数の新聞
（グループに各1～2部ずつ：教師が準備する）
・台紙（新聞記事貼り付け用）
・ワークシート：新聞記事を読みくらべて QR |

ICT　ワークシート「新聞記事を読みくらべて」を配信すると、新聞社名・記事の見出し等を記入・入力して整理でき、共有機能を使って全体共有もしやすくなる。

新聞を読もう

め　新聞から興味のあるニュースを選んで読み比べ、記事の内容や考えたことをしょうかいし合おう

① 読みたいニュースを選ぶ
（見出しや写真に着目）

※児童の発言を板書する。

・地域版…桜の植樹
・恐竜化石
・アザラシが来た
・バレーボール

② ニュースを読みくらべる
・選んだ記事を切り抜く
・台紙にはる
・もう一度よく読み比べる

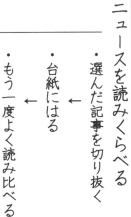

周りの児童と対話をさせ、刺激をし合って記事を選べるようにさせる。

3 読んだ記事と、思ったことや考えたことを紹介し合おう。

T　読んだ記事と思ったり考えたりしたことをグループで紹介して、話し合いましょう。

きのうの○○新聞と△△新聞の記事です。見つかった新種の恐竜化石は、草食恐竜で…

○○新聞は化石の珍しさに重点を置いて書いているけど、△△新聞は化石発掘の苦労にもふれているんだ。

わたしもすごく興味がわいてきた。その化石を見たいね。

T　各グループの中で、みんなに紹介したい記事や考えたことがあれば、発表しましょう。

　グループや全体発表の際に、切り抜いた新聞記事の画像を共有して見ることが可能なら、見せながら発表するのがよい。

C　ぼく達の班からは、A社とB社のリニア新幹線の記事について紹介します。

4 学習を振り返ろう。

T　他の人の紹介を聞いて、自分も読んでみたいと思う記事はありましたか。

C　地域版の記事ってあまり興味がなかったけど、地元のことがよく分かるから読んでみたいと思いました。

C　災害の被災地のその後のことが分かってよかった。他の新聞でも取り上げているのかな。

T　図書館にはいろいろな新聞が置いてあります。他の新聞の記事も読んでみてもいいですね。

T　教科書の「たいせつ」を読んで、学習を振り返りましょう。

全国紙と地方紙でも内容が違ったし、目的や相手が変われば記事の内容も変わることがわかった。

見出しやリード文で何が書かれているかをつかんでから、本文を読むとよく分かった。一面の詳しい記事が他の面に載ることもあるんだね。

これからは知りたい内容に合わせて、新聞や記事を選ぶようにするよ。

文章に説得力をもたせるには

◎ 指導目標 ◎

・筋道の通った文章になるように，文章全体の構成や展開を考えることができる。
・文の中での語句の係り方や語順，文と文との接続の関係，話や文章の構成や展開，話や文章の種類とその特徴について理解することができる。

◎ 指導にあたって ◎

① 教材について

　ここでは，意見文の構成について学んでいきます。文章構成については，これまで「初め」「中」「終わり」という構成で文章の組み立てを考えることが多くありました。教材の意見文では，「主張」「根拠」「予想される反論」「反論にたいする考え」「まとめ」という構成で，例文（西村さんが書いた文章）が提示されています。学習していく上でのキーワードは，「説得力」と「構成」です。意見文として，自分の主張をより効果的に伝えるための「文章に説得力をもたせる構成」を考えていきます。

　具体的な学習としては，文中での「主張」と「根拠」の位置づけを確認し，「予想される反論」「反論に対する考え」の役割にも着目して考えます。また，「主張」でいきなり自分の考えを述べ，「まとめ」でそれをくり返す構成の文章は，児童にはあまり馴染みがないでしょう。この二つを構成の中に組み込んだ効果も検討して，「説得力のある構成」について考えます。

　ここで学んだことは，後の学習「あなたは，どう考える」で，実際に意見文を書くときに役に立ちます。

② 個別最適な学び・協働的な学びのために

　実際に文章を書くのではなく，説得力のある文章にするための構成を考える2時間設定の学習です。時間数は少ないですが，具体的な素材は「西村さんが書いた文章」のみです。そのため，文章をできるだけ時間をかけて，しっかり読ませましょう。

　「予想される反論」と「反論に対する考え」の有無と主張の伝わり方を考える場面や，「主張」と「まとめ」の内容重複の効果を考える場面では，再度その部分を読み返し，グループで意見を交換しながら考えを深めていけるようにします。

　自分で意見文を書かせる場合，生活体験から何について書くか，考えがすぐに浮かぶ児童と浮かばない児童との差が大きいと考えられます。グループの中で，何についての意見文を書きたいか，十分交流して，どの児童も課題がつかめるようにします。

知識 及び 技能	文の中での語句の係り方や語順，文と文との接続の関係，話や文章の構成や展開，話や文章の種類とその特徴について理解している。
思考力，判断力，表現力等	意見文を書く際に，筋道の通った文章になるように，文章全体の構成や展開を考えている。
主体的に学習に取り組む態度	筋道の通った文章となるように，積極的に文章全体の構成や展開を考え，学習の見通しをもって考えたことを伝え合おうとしている。

◎ 学習指導計画　全 2 時間 ◎

次	時	学習活動	指導上の留意点
1	1	・「西村さんが書いた文章」の構成と，何について書いた文章であるかを確かめる。 ・「主張」と「根拠」の，文章の中での位置づけと，その内容を具体的に確かめる。 ・「予想される反論」と「反論に対する考え」の有無による，主張の伝わり方の違いを考える。 ・「主張」と「まとめ」で同じ内容がくり返されることによる効果を考える。	・「西村さんが書いた文章」をしっかり読ませ，その文章を基にして具体的に考えさせる。 ・グループで意見交換をして，考えを深める。
	2	・毎日を安全に過ごすための日常生活の体験から主張したいことを見つける。それを伝える意見文の構成や内容を考える。 ・考えた意見文の，主張や構成を伝え合う。 ・学習を振り返る。	・日常生活や体験から主張したいことを見つけ，話し合いや交流を通して，構成をそれに合わせて定め，まとまりごとに内容を考えていく。

板書例

③
「予想される反論」「反論に対する考え」

友だちと区別がつかない

便利さより安全が大切 ←

「反論に対する考え」
☆ ない場合 ― 一方的に伝える、説得力が弱い
☆ ある場合 ― よく考えている、根拠を補強

④
「主張」「まとめ」 ↑ 同じ内容のくり返し

☆ 同じ内容をくり返すことで、読む人により強く伝わる

POINT 教科書の例文ををしっかり読ませ，その文章を基にして構成について具体的に考えさせる。グループで話し合って考えを

1 教科書の文章を読み，文章構成を確かめて，何についての意見文か確かめる。

T　P110『西村さんが書いた文章』を読みましょう。
　教科書の文章を音読する。

T　この文章の構成を確かめましょう。これまでの学習でよく出てきた文章構成を覚えていますか。

C　「初め」「中」「終わり」です。

T　そうですね。この文章では，どうなっていますか。

C　「主張」「根拠」「予想される反論」「反論に対する考え」「まとめ」です。

T　詳しいことは後でみていきます。まず，この文章は何について書かれていますか。

登下校時の持ち物の，名前を書く位置についてです。

他の人から見える位置には書かないと言っている。

毎日を安全に過ごすために大切だと思うことを書いています。

T　このような文章を「意見文」と言います。

2 「主張」と「根拠」について知り，例文ではどのように書かれているか確かめる。

T　「主張」と「根拠」とは，どんなことでしょう。
　教科書 P110 の下を読んで確かめましょう。

C　「主張」は，他の人に訴えたい意見や思いのことです。

C　「根拠」は，主張を支える事実や体験などの具体的な例です。自分の考えの基になることだね。

C　意見文を書くときには，この二つが必要です。

T　西村さんの文章では，「主張」と「根拠」は，どのように書かれているか確かめていきましょう。

安全に過ごすために，自分の身を守る行動が大切だと主張しているね。

西村さんの意見の根拠はお母さんが小学校のときの体験が基になっているんだ。

西村さんの意見は，「登下校時の持ち物の名前を他人から見えるところに書かない」ことなんだ。

体操着の袋の名前をみられて，知らない人に声をかけられたのね。なるほど，そんなことがあるのか。

文章に説得力をもたせるには

め 意見文を書くときの、説得力のある構成について、例文をもとに考えてみよう

❶ 〈西村さんが書いた文章〉
・構成—「主張」「根拠」「予想される反論」「反論に対する考え」「まとめ」
・内容—毎日を安全に過ごすために大切だと思うこと

❷ ☆ 主張—持ち物に書く名前を見えないようにすること
☆ 根拠—お母さんの小学校のときの体験
名前を見られて、知らない人に名前を呼ばれた。

名前

深める。

3 「予想される反論」「反論に対する考え」の有無と主張の伝わり方について考える。

「予想される反論」「反論に対する考え」の内容を確かめる。

C 「友達の持ち物と区別がつかなくて不便だ」という反論を予想しています。

C 「便利さより安全の方が大事だ。袋の内側などに書けば、人に見られずに誰の物か分かる」と反論に対する考えが書いてあります。

T 反論の予想とそれに対する考えが、あるのとないのとでは、主張の伝わり方はどう変わるでしょう。

全文とこの二つを除いた文とを読み比べてから話し合う。

反論やそれに対する考えがないと、一方的に自分の考えを伝えているだけになる。

ある方が、いろいろ考えての意見だということが、相手に伝わると思うよ。

反論に対して、より詳しく説明することで、根拠を補強している。

ないと、説得力が弱いと思う。

4 「まとめ」で「主張」と同じ内容をくり返す意味について考える。

T 「主張」と「まとめ」を読み比べて、気づいたことを発表しましょう。

C 何か、同じようなことが書いてある気がする。

C 「登下校時の持ち物には…書かないようにすることが必要だ」は、全く同じ文だね。

C だって、「主張」は、自分の意見や思いを書いて、それについて例を挙げて説明したことの「まとめ」だから、同じにならないとおかしいよ。

T では、「主張」と「まとめ」で同じ内容をくり返すことで、読む人にどんな効果を与えるのでしょう。

ただのくり返しじゃなくて、例を挙げての根拠や、反論に対する考えも述べてからのくり返しだから、説得力はずっと増すと思う。

同じことをくり返すのだから、より強く相手につたわると思うわ。

<table>
<tr><td>本時の目標</td><td>毎日を安全に過ごすための方法についての意見文の内容や構成を考えることができる。</td></tr>
</table>

板書例

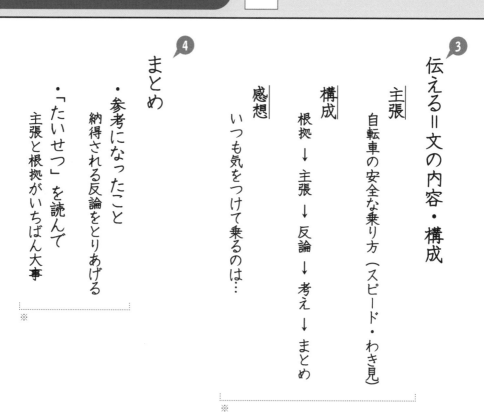

③ 伝える＝文の内容・構成

主張
自転車の安全な乗り方（スピード・わき見）

構成
根拠 → 主張 → 反論 → 考え → まとめ

感想
いつも気をつけて乗るのは…

④ まとめ

・参考になったこと
納得される反論をとりあげる

・「たいせつ」を読んで
主張と根拠がいちばん大事

※

POINT 日常生活や体験から主張したいことを見つけ，話し合いや交流を通して構成や，そのまとまりごとに内容を考えていく。

1 毎日を安全に過ごすために大切だと思うことを話し合う。

T みなさんは，毎日を安全に過ごすためにはどんなことが大切だと思いますか。
　自分の日常生活や体験を思い出して話し合う。

C この前，自転車に乗っていて，おばあさんとぶつかりそうになった。自転車の乗り方かな…。

C 学校へ行くときより，塾へ行くときの方が気が緩みがちだな。おしゃべりしながら歩いたり…。

T 思い出したことを基にして，毎日を安全に過ごす方法を考えて話し合いましょう。

交通事故に遭わないように，道を渡るときは必ず右，左，右の安全確認をすることが必要だと思う。

塾は学校より遠いから，行き帰りの安全は登下校の時より大事だと思う。

歩道のない道を歩くときも車に気をつけないと…。そのためには…。

2 文章の構成や，どこに何を書くか考える。

T 話し合ったことも参考にして，自分が意見文を書くとしたら，何について書くか決めましょう。

C ぼくはやっぱり自転車の乗り方だな。自分の安全だけじゃなく，他人の安全にも関係するから…。

C 遊んでいるときによくケガをするし，一度大ケガをしそうになったから，遊びの時の安全を書こう。

T あなたなら，意見文はどんな構成にしますか。また，それぞれのまとまりにどんなことを書きますか。

ぼくは，具体的な例から書き始めて，その次に「主張」を書こうかな。

「予想される反論」はぜったいに必要だけど，どんなことを書こうかな…。

「根拠」の例では，塾の帰りは暗くなるし，終わってホッとして気もゆるむ時だから…。

文章に説得力をもたせるには

め　意見文の構成や内容を考えて伝え合おう

❶　毎日の安全——大切なこと
　日常生活・体験（自転車でぶつかりかけた）
　↑
　毎日を安全にすごす方法（安全な自転車の乗り方）
　※

❷　考える＝構成・どこに何を書く
　・書き始め…「主張」から、「根拠」から…
　・どのまとまりに何を書くか

※児童の発言に合わせて書く

---

3 考えた意見文の構成や内容を伝え合う。

T　考えた意見文を伝え合います。「主張したいこと」を述べてから，構成をどうしたかも伝えましょう。
　　グループごとに発表し合い，聞いた後はひと言感想や意見を必ず伝えるようにする。

> 自転車に乗るときは，スピードを出しすぎないことと，よそ見をしないことが大切です。ぼくが4年生の時でした。自転車で…。

> 自転車の安全運転って，いつも気をつけてばかりでは疲れると思ったけど…。

> 「根拠」のところで説明している例（自転車に乗っていて，おばあさんにぶつかりそうになった。）がリアルで，とても説得力があるなあ。

T　みんなに知らせたらよいと思える発表があったら紹介しましょう。
C　塾の帰り道って，学校よりずっと危険な場合があるから，その意見文をみんなに紹介します。

4 学習をふりかえる。

T　発表を聞いて，自分の意見文の参考になったことはありましたか。
C　構成はやっぱり教科書通りの方が伝わりやすい。
C　「予想される反論」をしっかり考えて，みんなが納得することをとりあげるのが大事だと思った。
T　教科書の「たいせつ」を読んで，思ったことを発表しましょう。

> ぼくも，主張と根拠をはっきりさせることが一番大事だと思います。

> 「反論に対する考え」では，反論のよい点も認めた上で，しかし…と自分の考えを書いた方が受け入れてもらいやすいと思います。

T　「いかそう」も見ておきましょう。
C　確かに！自分とことなる立場で考えて予想すれば，自分の意見に対する反論が考えられるね。

漢字の広場 2

◎ 指導目標 ◎

・第 4 学年までに配当されている漢字を書き，文や文章の中で使うことができる。

・文章全体の構成や書き表し方などに着目して，文や文章を整えることができる。

・進んで第 4 学年までに配当されている漢字を書き，学習課題に沿って，文を書くことができる。

◎ 指導にあたって ◎

① **教材について**

　　前学年までに配当された漢字を与えられた条件で使うことで，漢字の力をつけようとする教材です。「漢字の広場 2」では，登山家の半生についてのイラストと言葉が提示されています。それらを使って，4 年生で習った漢字の復習をして，条件に合った文も作ります。

　　作文が苦手な児童にとっては，「文章に書きましょう」というだけで大変かもしれません。さらにここでは，「作家になったつもりで」書くことが求められています。文章への意識が高くならざるを得ません。

　　ただし，メインの目標は，漢字の復習です。全体で一斉に読む，二人組で問題を出し合う，グループで文作りの役割分担をするなどの工夫をして，漢字の復習もしっかり取り組ませます。

② **個別最適な学び・協働的な学びのために**

　　この単元では，「作家になったつもりで」という条件が付いています。文作りの前に，「それぞれの絵からどのような話になるのか，想像したことを出し合いましょう」，「作家はどのように登山家の半生を書くと思いますか」など，問いかけをすることで，文作りが苦手な児童もイメージしやすくなるでしょう。その後，文作りをし，それぞれが作った文を交流し合います。1 時間の配当のため，重点的に復習する漢字を選ぶ，作文が進まない児童が多くいる場合は，役割を決めてグループで文章作りをするなどの対応を考えます。

知識 及び 技能	第4学年までに配当されている漢字を書き，文や文章の中で使っている。
思考力，判断力，表現力等	「書くこと」において，文章全体の構成や書き表し方などに着目して，文や文章を整えている。
主体的に学習に取り組む態度	進んで第4学年までに配当されている漢字を書き，学習課題に沿って，文を書こうとしている。

◎ 学習指導計画　　全1時間 ◎

次	時	学習活動	指導上の留意点
1	1	・教科書P112に提示された言葉を使いながら，作家になったつもりで，登山家の半生を文章にする。 ・書いた文章を読み返すなどして，構成などを整える。 ・書いた文章を見せ合い，交流するとともに，示された漢字に触れる。	・漢字の練習方法を紹介し，自分に合ったやり方を考えさせる。 ・作家になったつもりで，登山家の半生が分かる文章を考えて書くように指導する。

漢字の広場 2

本時の目標	提示された第4学年までの漢字を正しく書き，文や文章の中で使うことができる。

板書例

④
書いた文章を交流しよう

（例）
①登山家の氏名は、高山のぼるといい、□□県○○郡に生まれた。
②彼は、有名大学を卒業後、一流の会社に入社して、働いた。
③仕事ばかりの毎日だったが、ある週末、山登りのイベントに初めて参加した。
※

③
◇作家になったつもりで、登山家の半生を文章に書こう
・人物の気持ちや思いを想像して
・文を短く
・読者が興味をもちやすいように
※

②
〈どんなお話かな?〉
☆中心人物…高山のぼるさん
・会社員→登山家
・エベレスト山登山に成功
・たくさんの苦労や失敗・挑戦があった
※

※児童の発言を板書する。

POINT それぞれの絵からお話を想像する部分では，ペアやグループの人と話し合いでイメージを十分膨らませて考えさせる。

1 4年生までで習った漢字を声に出して読もう。

T　4年生までで習った漢字が出ています。ペアの人と読み方を確かめましょう。

　4年生までで覚えられなかった児童，一度覚えたけれど忘れてしまった児童もいるだろう。読みの段階から，丁寧に取り組ませる。

全部読めるかなあ。まず，ぼくから読むよ。氏名，○○郡，卒業，…あれ，これ（茨の道）はどう読めばいいのかな。

「いばらのみち」だと思うんだけど…。「茨城県」の最初の字と同じだから。

「漢字の広場」の学習展開を以下の通りパッケージ化すると，児童も学びやすくなるだろう。
（学習展開例）
① 漢字を復習する
② どのような話を作るかを想像する
③ 漢字を使って文章を書く
④ 書いた文章を見直す
⑤ 発表する

2 どのようなお話なのか，想像してみよう。

T　絵からどんなことが分かりますか。

山登りに夢中になって，登山家になった人の話です。

エベレスト山のように，高い山の登山に成功した有名登山家の話です。

C　ポスターを見て初めて登山に参加したんだね。
C　失敗しても何度も挑戦したことが分かります。

　絵にどのようなものが出てくるかを簡単に確認していく。文章を書くための素材を見つける活動である。詳しく見ている児童の意見を広めたり，絵から想像できることも発表させたりして，文章にすることをできるだけたくさん見つけさせる。

　それぞれの絵に①〜⑬までの番号を振らせ，この後の文章作りに備えさせる。

準備物
・漢字カード QR
・教科書P112の挿絵の拡大コピー
（黒板掲示用イラスト QR）
・国語辞典

ICT
漢字カードを一語ずつデータ化し，黒板提示用イラストと共にスライド上に配置して配信すると，カードをイラスト上で動かす活動を通して語彙を増やせる。

① 氏名
② 働く
③ 初めて／山へ行こう！
④ 参加／自然
⑤ 目標／続ける
⑦ 残念
⑧ 特訓／努力
⑨ 仲間
⑩ 冷たい／茨の道
⑪ 信念／勇気
⑫ 無事／成功
⑬ 笑う／祝賀会

❶

め 四年生までの漢字を使って作家になったつもりで登山家の半生を文章に書こう

漢字の広場 2

※イラストの上に漢字カードを貼る。
※児童が文作りで使用した漢字カードを左へ移動する。

書く時間も十分取って，漢字の定着をはかる。

3 作家になったつもりで，説明する文章を書こう。

T 作家は，どのように登山家の半生を書くと思いますか。
C 気持ちや心の中のことも詳しく書く。
C 想像したことも文章に表す。
T 文章を思いついた人は，言ってみましょう。
C ②の場面は，彼は，有名大学を卒業後，一流の会社に入社して働いた。
C ③の場面は，仕事ばかりの毎日だったが，ある週末，山登りのイベントに初めて参加した。
T では，できるだけたくさんの漢字を使って，文章を書いていきましょう。

気持ちを想像して書くようにしよう。

⑧の場面は，努力している様子が分かるように書くことにしよう。

分量が多いので，番号でふりわけ，グループで分担して文章づくりをするとよい。その方が負担も減り，より意欲を持って取り組めるだろう。

4 書いた文章を交流しよう。

T 声に出して読んでみましょう。おかしな部分は直していきましょう。

作った文章をペアやグループの人と読み合い，文章をよりよくするためにアドバイスし合わせる。

原田さんの文章は，会話文を入れるともっとよくなりそうだよ。

山下さん，高山さんの気持ちがうまく書けているね。

教えてもらったように，文章を書き直そう。

時間が足りないことも考えられるので，グループの中でノートを回す，グループの中でおすすめの文章を一つずつ紹介するなどの工夫をする。時間があれば，全体でいくつか作った文章を発表させるとよい。

たずねびと

◎ 指導目標 ◎

・人物像や物語などの全体像を具体的に想像したり，表現の効果を考えたりすることができる。

・比喩や反復などの表現の工夫に気づくことができる。

・物語の全体像を具体的に想像し，学習の見通しをもって，物語に対する思いや考えを伝え合おうとすることができる。

◎ 指導にあたって ◎

① 教材について

　単元名にもある「物語の全体像」を，指導者がどのようにとらえて授業を展開するかがポイントです。原爆供養塔に納められた，名前しか分かっていない「楠木アヤ」と，現在十一歳の「楠木綾」。綾は名前だけの存在のアヤに興味を持ち，広島を訪れることになります。広島で事実を知るにつれて，漠然とした数字でしかなかった死没者が，より具体的な数字としてとらえられ，さらには一人ひとりが顔を持ち，くらしがあり，誰かとのつながりを持っていたことに気づきます。けれども，供養塔の下に眠る人々は顔もなく，現在とのつながりも絶たれてしまった人ばかりです。だからこそ供養塔で出会ったおばあさんは，名前と年齢が同じという微かなつながりであっても，供養塔を訪れた綾と土まんじゅうの下に眠るアヤとがつながったことを喜び涙したのです。「ずっとわすれんでおってね。」というおばあさんの言葉には，突然人生を絶たれ，名前だけしか分からないアヤにも，確かに現在とのつながりがあることを忘れないでほしいという願いが込められています。綾の中で「名前でしかない人々，名前でさえない人々，数でしかない人々，数でさえない人々」が，たしかに今の自分とつながっている存在として感じられるようになったことを，綾の心情の変化を追うことで捉えさせることができるとよいでしょう。

※原爆供養塔の前で出会うおばあさんのモデルは佐伯敏子さんだと思われます。詳しくは『原爆供養塔　忘れられた遺骨の 70 年』（堀川惠子著，文春文庫）をご覧ください。

② 個別最適な学び・協働的な学びのために

　深い思考を伴った学びのために，自分の考えをノートに書き表す活動をどこに入れるのかが重要になるでしょう。最後の場面で書く活動はもちろん重要ですが，そこで主体的に深く考えるためには，①平和記念資料館で事実を学び，死没者の数字が具体性を持った場面，②追悼平和祈念館で死没者の顔写真を見た場面（「この人たちには，この人たちのことを覚えているだれかがいたのだ」という言葉は押さえておきたい），そして，③原爆供養塔でおばあさんの涙に出会った場面，この 3 つの場面では立ち止まって考えさせたいところです。その上で，最後の場面では，「ポスターの名前が，ただの名前でしかなかったように」，「消えてしまった町，……，数でさえない人々」などの表現を押さえて，綾の思いについて考えを書かせましょう。

◎ 評価規準 ◎

知識 及び 技能	比喩や反復などの表現の工夫に気づいている。
思考力，判断力，表現力等	「読むこと」において，人物像や物語などの全体像を具体的に想像したり，表現の効果を考えたりしている。
主体的に学習に取り組む態度	粘り強く物語の全体像を具体的に想像し，学習の見通しをもって，物語に対する思いや考えを伝え合おうとしている。

◎ 学習指導計画　全6時間 ◎

次	時	学習活動	指導上の留意点
1	1	・単元の課題「物語の全体像をとらえ，考えたことを伝え合おう」を知る。 ・範読を聞き，初発の感想を書く。 ・感想を交流する。	・書きにくい場合は，数人に感想を出させた後で書き始めるとよい。
2	2	・広島に行くまでの場面を読み，綾の出会ったものを整理する。 ・広島に行くまでの綾の変化について考える。	・「楠木アヤ（十一さい）」という文字，夢，お兄ちゃんとお母さん。この3つを押さえる。 ・上記3つが綾にとってどのような意味をもったのかを，それぞれノートにまとめさせる。
	3	・資料館の場面を読み，思ったことを出し合う。 ・資料館で綾が思い浮かべたことについて考える。	・ページ下の補足を活用し，説明を加えながら，原爆被害の事実を押さえていく。必要以上の情報は控える。 ・「小学校二百校分」とのイメージで，十四万人という数が具体性を持ったことを押さえる。
	4	・祈念館での場面を読み，祈念館がどのような場所かを読み取る。 ・祈念館で綾の心に浮かんだものについて考える。	・どのような施設であるかを押さえ，本文の叙述から，祈念館で検索できる人々はその人につながるだれかが生きていたということだと押さえる。 ・祈念館への立ち寄りが綾にとってどんな意味があったかを考え，書かせたことを交流させる。
	5	・供養塔での場面を読み，供養塔がどのような場所かを祈念館と比較しながら読み取る。 ・供養塔でおばあさんが流した涙の意味について考える。	・供養塔が身元不明の人，名前だけが分かっている人の多くの骨が納められた所だと押さえ，そこにさえ入れない人も沢山いたことも読み取らせる。 ・綾が涙の意味をどう捉えたか考えさせ，最後の場面で綾が受けとめたものについて迫らせたい。
3	6	・これまでの綾の心情の変化を読み取る。 ・最後の場面について考えたことをノートに書く。 ・書いたことを基に綾の心情について話し合う。	・「きれいな川はきれいな川で…」等から，綾の見方が変わり，心情が変化したことを押さえる。 ・「綾が受けとめたもの」を考えさせる。それは作品を通し，児童が受けとめたものとも重なる。 ・書いたことを発表するかたちで交流を行う。

たずねびと　199

<table>
<tr><td>本時の
目標</td><td>単元の課題を知り，「たずねびと」を読んで初発
の感想を書くことができる。</td></tr>
</table>

板書例

```
（登場人物）
・楠木　綾（十一さい）
・お兄ちゃん
・お母さん
・（小さな）おばあさん

③
◇ はじめの感想を書こう ←
  交流する
  ・綾の行動力におどろいた
  ・同じ名前で同じ年れいだと気になる
  ・おばあさんはどうして泣いたのか
  ・わたしも広島へ行って学びたい
    ※児童の発言を板書する。

④
  感想を交流しよう
```

POINT 初発の感想なので，感じたこと，考えたことを自由に書かせ，出し合わせる。

1 どんなことを学習するのか確かめよう。

T　今日から，『たずねびと』という新しい物語を読んで学習します。どんなお話なのか，はじめの言葉を読みましょう。

教科書 P113 をみんなで読む。

T　この物語には 11 歳の「綾」が出てきます。どんな話か想像してみましょう。

> この挿絵の子が「綾」かな。

> 「綾」という子がだれかをたずねて探すお話なのかな。

物語の全体像をとらえ，考えたことを伝え合おう」と板書する。

T　このお話を読んで，どのようなことを考えたか，お互いに話し合いながら学んでいきましょう。

2 登場人物や場面の様子を想像しながら，範読を聞こう。

T　では，『たずねびと』という物語を読んでいきます。登場人物や場面の様子を想像しながら聞きましょう。

> 広島はどんな様子だったのだろう。

> 「綾」は話の主人公で，同じ 5 年生なんだね。

まず，どんな物語なのかを，教師の範読で聞かせる。

T　登場人物はだれで，どんなお話なのでしょうか。

C　「綾」がお話の主人公で，わたしたちと同じ年の女の子でした。

C　広島市の隣の県に住んでいて，広島までお兄ちゃんと一緒に行ったお話です。

T　今度は，自分で読んでみましょう。

各自で読ませる。読みにくい児童の側について援助する。読みがなをつけさせてもよい。

たずねびと

朽木 祥（くっき しょう）

め　物語を読んで、考えたことを伝え合おう

①《学習課題》

物語の全体像をとらえ、考えたことを伝え合おう

②◇登場人物や場面の様子を想像しながら読もう

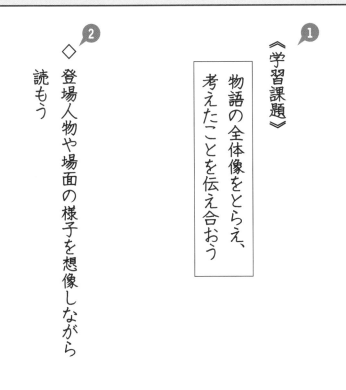

3 物語を読んで考えたこと，感じたことをノートに書こう。

T　初めてこの物語を読んでみて，考えたこと，感じたことをノートに書きましょう。

原爆でたくさんの人が亡くなったんだなあ。

アヤさんは11才で亡くなってしまったんだ…。

T　なかなか書き出せない人もいるようですね。誰か思ったことを発表できる人はいますか。
C　はい，綾がお兄ちゃんと2人で広島まで調べに行ったことに驚きました。すごい行動力です。
C　同じ名前と年齢の人って自分も気になるのだろうな。

　　書きにくい場合は，軽く思ったことを出し合ってから書き始めさせる。言葉に表しにくい内容なので書き出すまでには時間がかかるだろう。

4 書いた感想を発表し合おう。 どんな学習をするか確かめよう。

T　ノートに書いたことをもとに感想を出し合いましょう。

わたしも広島へ行って学びたいなと思いました。

おばあさんはどうして泣いていたのだろうと思いました。

　　書いている時間に机間を巡り，面白い視点や，知り合いたい感想を見つけておき，発表させる。初発の感想なので，自由に出し合わせたい。

T　『たずねびと』の話で勉強することを確かめましょう。
　　教科書P128「問いをもとう」「目標」を読む。
T　では，次の時間から，登場人物の行動や，物語の情景をじっくり読んでいきましょう。

たずねびと

第 2 時 (2/6)

板書例

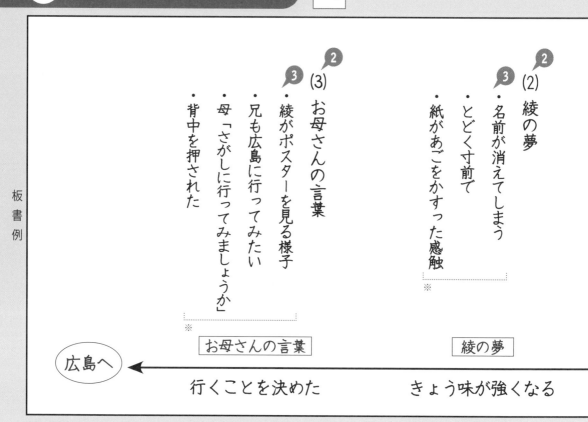

(3)

3 ・綾がポスターを見る様子

・兄も広島に行ってみたい

・母「さがしに行ってみましょうか」

2 (3) お母さんの言葉

・背中を押された

(2)

3 ・とどく寸前で

・紙があごをかすった感触

2 (2) 綾の夢

・名前が消えてしまう

お母さんの言葉 → 行くことを決めた

綾の夢 → きょう味が強くなる

広島へ ←―――――――――――――――

POINT 「楠木アヤ（十一さい）」の文字, 綾の見た夢, お兄ちゃんとお母さん, の3つを押さえる。

---

1 めあてを意識して, 本時で学習する場面 (P114 〜 118 L9) を音読しよう。

T　今日は, 広島へ行くまでの綾に起こった出来事を読んでいきます。

「綾」が広島へ行くまでには どんなことがあったのだろう。

T　綾はどのようなものに出会って, 広島に行くことになったのかな。

　めあて「綾の出会ったものを確かめ, 変化をとらえよう」を提示し, 意識させながら形式段落ごと等で交代させて, 音読させる。

　※本単元では全文を次の5つの場面に分けて読み取っていく。

①広島に行くまで（教科書 P114 〜 P118 L9）
②平和資料記念館での場面（P118 L11 〜 P120 L15）
③平和祈念館での場面（P121 L2 〜 P123 L7）
④原爆供養塔での場面（P123 L9 〜 P126 L2）
⑤最後の場面（P126 L4 〜最後まで）

2 「綾」が広島に行くきっかけとなったものを確かめよう。

T　綾が広島へ行くきっかけになったものにはどんなものがありますか。

C　ポスターの名前。「楠木アヤ（十一さい）」の文字。P115 に書いてあります。

C　綾の夢。P116 の6行目から 13 行目に書いてあります。

C　お母さんの言葉。P118 の6行目から7行目に書いてあります。

　(1)「楠木アヤ（十一さい）」の文字,（2）綾の見た夢,
　(3) お母さんの言葉, の3つに整理して板書していく。

ポスターのちょうど真ん中へんにありました。

かっこの中にあった 年齢も同じだから, 最初はだれかがわたしを探しているのかとびっくりした。

T　ポスターに自分と同じ名前があったのですよね。

　同様に「綾の夢」や「お母さんの言葉」についても確かめ合う。

ICT 文書作成機能を使って登場人物の言動や心情の変化を整理できるシートを作成してデータ配信すると，物語を読み進めながら状況を整理することができる。

準備物

たずねびと

め 綾の出会ったものをたしかめ変化をとらえよう

① 広島へ行くきっかけとなったもの

(1)「楠木アヤ（十一さい）」

② ・ポスターの文字

③ ・同じ名前、年れい
・何十年も「心当たり」がない
・どうしてだれもさがしにこない？

名前も年も同じ

④ きょう味をもつ

※児童の発言を板書する。

---

3 それぞれの出会いによる「綾」の変化をノートに書こう。

T （1）と（2）と（3）の3つのものが綾にどのような影響を与えたか，本文を見ながら考えて，それぞれノートに書きましょう。

お兄ちゃんも広島に行ってみたいって思っていたんだね。

夢の中では綾は名前に手が届かなかったんだ。

指示が分かりにくければ，黒板に一例ずつ書くとよい。

・「楠木アヤ（十一さい）」…C　同じ歳で同じ名前だから興味を持った。どうして誰も心当たりがないのだろうと疑問に思った。

・綾の夢…C　ポスターのことを思い出した。もう一度ポスターを見に行くことを決めた。名前に届きそうで届かなかった。

・お母さんの言葉…C　「行ってみましょうか」と言ってくれた。兄も広島へ興味があった。

4 ノートに書いたことをもとに，「綾」の変化をまとめよう。

T　書いたことをもとに，綾が広島へいくまでの変化を話し合いましょう。

どうしてだれもさがしにこないのか知りたくなったと思います。

お兄ちゃんは綾がしんけんにポスターを見ていたことをお母さんに伝えました。

C　ポスターの文字で興味を持ったと思います。

C　一度忘れていたけど，夢を見て余計に興味が強くなったと思います。

C　お母さんに話したら，行ってみましょうかって言ってもらって行くことを決めました。

3つのポイントに分けてまとめていく。

T　こうして綾は広島へ行くことになったんだね。次は広島でどんなことがあったか見ていきますよ。

本時の目標　広島平和記念資料館を訪れた綾が原爆被害の事実を知り, 想像もつかない被害や死者数を具体的にイメージしたことを読み取る。

板書例

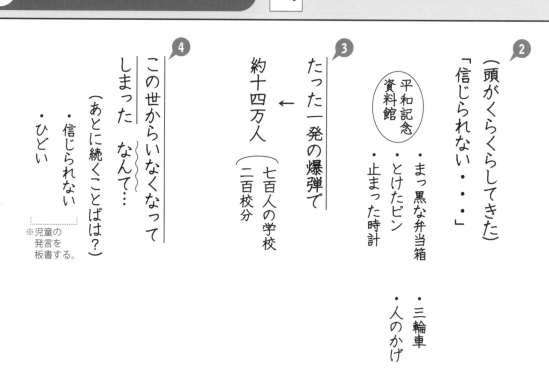

④
この世からいなくなってしまった　なんて…
（あとに続くことばは？）
・信じられない
・ひどい
※児童の発言を板書する。

「信じられない・・・」
（頭がくらくらしてきた）②

平和記念資料館
・まっ黒な弁当箱
・とけたピン
・止まった時計
・三輪車
・人のかげ

③
たった一発の爆弾で
約十四万人　←　七百人の学校（二百校分）

POINT　補足説明を加えながら, 原爆被害の事実を押さえていくが, ページ下の補足を活用し, 必要以上の情報は控える。

1　場面をイメージしながら音読しよう。

T　綾は広島に行くことになりましたね。

　　まず, 前時の場面で, 綾が広島へ行くことになったことを振り返る。

T　綾が広島でどんなものを見たのかを考えながら音読しましょう。

どんな場面だろう

広島で何があったのだろう

　　平和記念資料館での場面（教科書 P118 L11 〜 P120 L15）を読む。

T　この場面には誰が出てきますか。
C　綾とお兄ちゃん。

　　母は祖父の具合が悪くなったため, 広島に来ていないことを押さえておく。

2　場面のおおまかな様子を, 補足資料を見ながら捉えよう。

　　路面電車の画像を提示し, 平和記念公園までの道のりをイメージさせる。

　　慰霊碑の画像, 相生橋と原爆ドームの画像なども提示する。

T　お兄ちゃんが「信じられないよな」とつぶやいたことをどう思いますか。
C　それだけ街がきれいだったからだと思います。

T　「頭がくらくらしてきた」という表現はどんな心情を表しているでしょう。

今の街の様子からは想像もできなかったんだね。

信じられないような被害だったんだね。

T　資料館の中で見たものに, どんなものがありましたか。

　　資料館の展示物がどのような意味を持つのか, 補足説明しながら児童に感想を聞いてもよい。

め 綾が学んだことを読みとろう

① 音読しよう

たずねびと

※路面電車の画像

※相生橋と原爆ドームの画像

※原爆ドームの画像

※慰霊碑の画像

---

3 綾が約十四万人という数をどのようにイメージしたか読み取ろう。

T　十四万人とはどれくらいの人数でしょう。綾はどのように想像したのでしょう。

C　「想像できないよ」と言っています。

C　小学校に何人いるかを考えています。

T　綾の小学校の全校が七百人だから、その二百倍だと考えたのですね。みなさんは十四万人という数が想像できますか。

> 十四万人ってどれくらいかな。綾と同じで想像できないよ。

> うちの学校の全校が〇〇人だから…。

実際に自分の小学校の全校の人数から、想像してみるとよい。

4 「なんて」に続く言葉を考え、伝え合おう。

T　たった一発の爆弾で、その年だけで十四万人がなくなったのですね。

C　信じられない…。

T　「いなくなった」と「いなくなってしまった」ではどう違いますか。

C　「しまった」があると、大変なことが起きたという感じがします。

T　「なんて」の後ろにどんな言葉が続くと思いますか。理由も言えるといいですね。

> 「信じられない。」そんなにたくさんの人がたった一発の爆弾でなくなるなんて。

> 「ひどい。」そんな爆弾を落とすなんて。

綾が原爆被害について具体的にイメージして感じたことを想像させ、「なんて」の後に続くことばを考え、交流させる。

本時の目標　綾が祈念館で見た人々を通して「この人たちには, この人たちのことを覚えているだれかがいたのだ」と感じたことを読み取る。

板書例

「遺族から提供されたんだね」
覚えているだれかがいる
＝
「名前しか分からない人は、ここにはいないよね。」　楠木アヤ
↔

供養塔へ　←

④
綾が記念館で感じたこと
たくさんの人々の写真
たくさんの子どもたちの写真
（気が遠くなりそう）
（目がはなせない）

亡くなった

ノートにまとめ、交流しよう

POINT　綾たちが探しているのは「名前しか分からない人」である。祈念館で見た人々と「楠木アヤ」の違いについて綾が感じた

1 本時のめあてを知り, 場面を音読しよう。

T　音読しながら, 祈念館で綾が感じたことを読み取りましょう。

祈念館って
資料館とは
どう違うのかな。

T　綾の様子に注目しながら音読しましょう。
　平和祈念館での場面（教科書 P121 L2-P123 L7）を読む。交代で音読させると, それ以外の児童は黙読しながら考える機会となるのでよい。

T　資料館を出た綾は, うちのめされるような気持ちでした。これはどういう気持ちですか。
C　信じられないことがたくさんあってショックだったということです。
C　たくさんの人が原爆のせいでなくなったことを知って, 悲しいという思いだと思います。

2 祈念館がどのような場所か読み取ろう。

T　祈念館はどのような場所ですか。
C　亡くなった個人を検索できる場所です。
C　パソコンやモニターがあって, 亡くなった人の情報を調べられるところです。
T　お兄ちゃんが,「いちおう, 行ってみようか」と言っていることからどんなことが分かりますか。

何か分かるかもしれないと
思っているのかな。

でも「いちおう」だから, アヤさんは見つからないと思っているみたい。どうしてだろう。

T　お兄ちゃんの,「遺族から提供されたんだね」という言葉からどんなことが分かりますか。
C　映像がある人は, 覚えているだれかがいたけれど, 遺族がいない人の情報はないことが分かります。
C　「名前しか分からない」は, ここにはいないことが分かります。

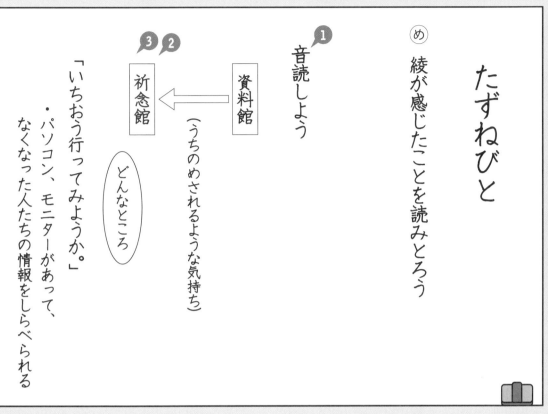

め 綾が感じたことを読みとろう

たずねびと

1 音読しよう

資料館 → 祈念館

2 3

（うちのめされるような気持ち）

どんなところ

「いちおう行ってみようか。」
・パソコン、モニターがあって、なくなった人たちの情報をしらべられる

ことを押さえたい。

---

3 綾が祈念館で感じたことを読み取ろう。

T　綾は祈念館でどのような様子ですか。

C　画面の子どもたちの写真から目が離せないでいます。

C　「名前しか分からない人は，ここにはいないよね」と受付に行って聞いています。

T　綾の心情をどんな言葉で表現していますか。

C　「気が遠くなりそうだった」と言っています。

T　でも，画面から目が離せなかったんですね。このことをどう思いますか。

子どもの写真がたくさんあって，子どももたくさん亡くなったんだと驚いていると思うな。

亡くなったたくさんの人の写真にいろんな表情があって，こんなにたくさんの人が亡くなったんだと実感しているのかな。

T　名前しか分からない人とは，ここではだれのことですか。

C　ポスターで見た「楠木アヤ」さんのことです。

---

4 祈念館で綾が何を感じたかノートにまとめ，交流しよう。

T　アヤさんのことは祈念館では分かりませんでしたね。では，祈念館に来たことは綾にとってどのような意味があったでしょう。考えを書きましょう。

各自の考えをノートに書かせる。

T　ノートにまとめたことをもとに話し合いましょう。

グループ，または全体で意見交流させる。

たくさんの亡くなった人の写真を見て，いろんな人がいたんだなと感じたと思います。

名前だけでなく，写真のある人もたくさんいたけど，アヤさんみたいに名前だけしか分からない人もいると分かったね。

T　綾たちは供養塔に行くことになりました。供養塔は祈念館とどう違うのでしょう。次回学習していきましょう。

たずねびと

第 5 時（5/6）

板書例

3

おばあさんの様子の変化

切なそうになげいた
ぱっとかがやいた
だまりこんでしまった
手を合わせ…笑いかけた
光るもの
泣き笑い

｛がっかりさせてしまったと思った？
だが、そうではなかった

↕

もう一人の
あやちゃんが
会いに来てくれた。

4

〈おばあさんの涙の意味〉

・だれも会いに来なかったアヤさんに、綾が会いに来てくれたから
・楠木アヤちゃんの希望が夢？
・あなた（楠木綾）の夢や希望になってかなうと思ったから

※児童の発言を板書する。

POINT　これまで綾について考えてきたが，この場面では，おばあさんについて考える。「おばあさんの涙から綾が何を受けとったか」は

1 音読し，本時のめあてを知ろう。

T　綾は，お兄ちゃんと広島に来て，資料館，祈念館とまわって，供養塔に向かいました。では，場面の様子に注目しながら音読しましょう。

　原爆供養塔での場面（教科書 P123 L9-P126 L2）を読む。交代で音読させると，それ以外の児童は黙読しながら考える機会となるのでよい。

供養塔ってどんな場所だろう。

おばあさんの目に光るものがあったってどういうことだろう。

T　今日はおばあさんの様子とその意味を考えていきましょう。

C　綾ではなくて，おばあさんの様子を考えるんだね。

2 供養塔とはどういうところかを読み取ろう。

T　まず，原爆供養塔とはどのような場所か考えましょう。本文からどんなことが分かりますか。

C　土まんじゅうがある。しばが植えてあって，てっぺんに小さな石の塔が建ててあります。

C　下に部屋があって，身元の分からない人や名前だけ分かっている人のお骨がおさめてあります。

　供養塔の写真を提示する。

身元の分からないおよそ七万人の人々のお骨と，名前だけ分かっている八百人余りの人々のお骨がおさめられているそうです。

そんなにたくさんの骨がこの下にうまっているんだ…

朝鮮から連れてこられた人やアメリカ人捕虜など，たくさんの人が一緒に埋葬されたお墓であることにふれてもよい。

め　おばあさんの姿の意味を考えよう

たずねびと

① 音読しよう

② 供養塔
七万人
身元が分からない
八〇〇万人
名前だけ

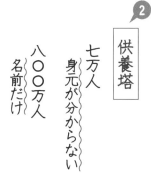

※原爆供養塔の画像

最後の時間に考える。

3 おばあさんの様子の変化を読み取ろう。

T　おばあさんの様子が分かる文章はどれですか。
C　…切なそうになげいた。
C　顔がぱっとかがやいた。
C　だまりこんでしまった。
C　手を合わせ…笑いかけた。
C　目には光るものがあったので…。
　　文章から見つけた箇所を, 出し合わせる。
T　目には光るものがあったとはどういうことですか。

泣いていたということです。

涙を流していたということです。

C　泣き笑いみたいな表情だった, とあります。
C　どうして泣いていたのだろう…。

4 おばあさんの涙の意味について話し合おう。

T　おばあさんの涙の意味について考えましょう。

　　考えを各自ノートに書かせる。
　　発問が分かりにくい場合は「なぜ涙を流したか」と問いかけてもよい。その際, 「うれしかったから」などだけでなく, なぜうれしかったのかまで考えて書かせる。

T　ノートに書いたことをもとに話し合いましょう。

言葉にするのは難しいね。

祈念館の人たちと違って, アヤさんは遺族がいなかったのかもしれないね。

誰も会いに来なかったアヤさんに, 綾が会いに来たからうれしかったのかな。

　　グループで話し合わせる。話し合いの様子によって「なぜ綾が会いにきたらうれしいのか」など, さらに深く考えるための追加発問をするとよい。

板書例

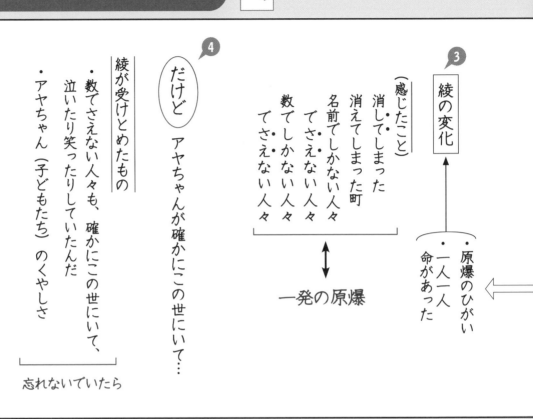

③ 綾の変化

・原爆のひがい
・一人一人命があった

（感じたこと）
・消してしまった
・消えてしまった町
・名前でしかない人々
・数でしかない人々
・でさえない人々

一発の原爆

④ だけど
アヤちゃんが確かにこの世にいて…

綾が受けとめたもの
・数でさえない人々も，確かにこの世にいて，泣いたり笑ったりしていたんだ
・アヤちゃん（子どもたち）のくやしさ

忘れないでいたら

POINT 綾が受けとめたものを考えるとき，それは児童が受けとめたものとも重なる。言葉にして書き切れるように十分な時間をとる。

1 めあてを知り，本文を音読しよう。

T 今日は最後の場面です。綾がこの旅で何を受けとったのかを考えながら読みましょう。

綾はたくさんのことを学んで考えたよね。

最後の場面（教科書 P126 L3 ～最後まで）を音読する。
何人かに分けて複数回読み，音読していない児童がその間に考えながら文字を追えるよう時間を保障する。（あるいは，事前に宿題で読ませておいてもよい）

T 時間はいつで，綾たちはどこにいますか。
C 夕方で，橋の上にいます。
相生橋の写真を見せる。
T ここは，今は広い公園ですが，元はにぎやかな町があったんですね。

2 綾の変化を読み取ろう。

T 「きれいな川はきれいな川でしかなかった。ポスターの名前が，ただの名前でしかなかったように。」とありますね。これはどういうことでしょう。
C 原爆の被害を知って，川いっぱいに人が浮いていたんだなあと考えていると思います。
T ポスターの名前のほうはどうですか。
C 名前だけではなくて，それぞれに顔があって，命があって，夢や希望があったことが分かったのだと思います。

同じ景色だけど，お昼とは違ったことを感じているんだね。

綾はこの旅でどんなものを受けとったんだろう。

綾の見方が変わり，心情が変化したことを押さえる。

め 綾が旅で受けとめたものを考えよう

たずねびと

1 音読しよう

※原爆ドームと川の画像

※相生橋から見た原爆ドームの画像

2 きれいな川はきれいな川

ポスターの名前がただの名前

でしか なかった

---

3 語りから綾の感じたことを読み取ろう。

T 「…一発の爆弾が町も人も，この世から消してしまった」とありますね。「消えてしまった」と「消してしまった」ではどう違いますか。

C 「消してしまった」だと，爆弾がなかったら消えなかったのにという感じがします。

T 「消えてしまった町……数でさえない人々」ここからどんなことが分かりますか。

名前でさえない，というのは名前すら分からない人たちのことかな。

数でさえない，というのは供養塔にもおさめられなかった人たちのことだと思うよ。

C 名前でしかない人々は，アヤさんのように生きていた証拠がなくなってしまった人のことだと思います。

4 綾が受けとめたものを考えて書き，交流しよう。

T 「だけど楠木アヤちゃんが確かにこの世にいて，あの日まで泣いたり笑ったりしていたこと」から何を感じますか。

C 楽しそうなアヤちゃんが，今生きていたらいいのに，一緒に笑って遊びたい。

T この旅で綾が受けとめたものを考えてノートに書きましょう。

T 書いたことをもとに，綾が受けとめたものについて話し合いましょう。

アヤちゃんたち，子どもたちのくやしさを綾は忘れないでいようと思った。

C 数でさえない人々も，確かにこの世にいて，泣いたり笑ったりしていたんだと感じたのだと思います。

C 二度と原爆が落とされるようなことがないよう，被害のひどさを忘れないでいようと思ったのだと思います。

　各自で考え書いたことをもとに綾の心情を交流させる。ノートを集めて感想を一覧にしてもよい。
　最後に，学習を振り返る。
　教科書 P260「チェロの木」を読むことをすすめる。

漢字の広場 3

◎ 指導目標 ◎

・第 4 学年までに配当されている漢字を書き，文や文章の中で使うことができる。
・文章全体の構成や書き表し方などに着目して，文や文章を整えることができる。

◎ 指導にあたって ◎

① **教材について**

　　学校生活の様子がわかるイラストと言葉が提示されています。それらを使って，4 年生までに習った漢字の復習をして，条件に合った文を作ります。

　　作文が苦手な児童にとっては，「文章に書きましょう」というだけで大変かもしれません。さらにここでは，「学級日誌に記録するように」書くことが求められています。学級日誌をまとめた経験のない児童もいるでしょう。まず，どのように学級日誌にまとめるのかを確認することで，文作りがしやすくなります。**QR** に学級日誌のテンプレートを収録していますので，活用してください。

　　ただし，メインの目標は，漢字の復習です。重点的に復習する漢字を選ぶ，全体で一斉に読む，二人組で問題を出し合う，グループで文作りの役割分担をするなどの工夫をして，漢字の復習もしっかりやりたいところです。

② **個別最適な学び・協働的な学びのために**

　　この単元では，「学級日誌に記録するように」という条件が付いていますが，日誌ではなく「学級通信や学級ニュースで学級の様子を家族に報告するように」などの別案も考えられます。伝える相手を想定することで，児童が主体的に文章作りに取り組めます。いずれにしても，読む人がわかりやすいよう，短く簡潔な表現を心掛けるようにしましょう。

　　作文が進まない児童が多い場合は，役割を決めてグループで文章作りをすると対話的な学習が深まります。

◎　評 価 規 準　◎

知識 及び 技能	第 4 学年までに配当されている漢字を書き，文や文章の中で使っている。
思考力，判断力，表現力等	「書くこと」において，文章全体の構成や書き表し方などに着目して，文や文章を整えている。
主体的に学習に取り組む態度	進んで第 4 学年までに配当されている漢字を書き，学習課題に沿って，文を書こうとしている。

◎　学 習 指 導 計 画　　全 1 時 間　◎

次	時	学習活動	指導上の留意点
1	1	・4 年生までに学習した漢字を声に出して正しく読む。 ・教科書の絵を見て，各教科での学習や学校生活がどのようなものかを想像する。 ・提示された言葉を使って，4 年生までに習った漢字を正しく用いて，例にならって学習や学校生活の様子を表す文章を書く。	・漢字の練習方法を紹介し，自分に合ったやり方を考えさせる。 ・文末や言葉の使い方などを工夫させる。

本時の目標	第4学年までに学習した漢字を使って，絵を見て教科の学習や小学校生活の出来事を想像し，様子の分かる文章に書くことができる。

板書例

学級日誌
・今日のできごと
・時間わりごとにまとめる
・授業の内容を短く書く

③ 〈漢字を使って文章を書こう〉

④ 〈書いた文章を発表しよう〉
・先生の号令で、グラウンド一周の記録を測った。
・固定した試験管の中に入れて加熱。結果は、液体に変化した。
・学芸会に向けて、合唱の練習をしたり、楽器の使い方を覚えたりした。

※児童の発表を板書する。もしくは，児童の発言を板書する。

POINT　挿絵と自分たちの学校生活や学習を比較し，イメージを膨らませる。書く時間も十分取って，漢字の定着を図る。

1 4年生までに習った漢字を，声に出して読もう。

T　『漢字の広場』の3回目です。4年生までに習った漢字が出ています。隣の人と読み方を確かめましょう。

間違わずに読めたね。次は私が読むよ。「おく」「ちょう」「たんい」…。

右上の場面から順番に読んでいくよ。「とどうふけん」「ぎょぎょう」「にほんかくち」…。

漁業	健康
例題	種
亜	芽
ご飯	億 兆

　漢字の習熟度は，児童によってバラつきがあるので，読みの段階から丁寧に取り組む。
　「漢字の広場」は1時間だけの配当なので，学習の流れを児童に覚えさせ，効率的に進める。

2 絵から学校生活を想像しよう。

T　絵を見て，それぞれ，何の学習をしているか想像してみましょう。

都道府県や漁業は社会の授業。日本の国土についてや，食料生産について学習しました。

理科は実験と観察をしている。実験の授業は大好きです。

T　いろいろな授業をしていますね。今日のめあては，「4年生までの漢字を使って，学級日誌に記録するように，文章を書こう」です。学級日誌には，どんな風にまとめていますか。

C　その日の時間割ごとにまとめます。

C　授業の内容を，短く書いています。

　学級日誌を書いたことがない場合は，学級日誌の例（QR収録）を見せて，どんなことが書かれているか意見を出させる。

準備物
・黒板掲示用イラスト
（教科書131ページ拡大コピーまたは QR）
・漢字カード QR
・日誌見本 QR

ICT　取り扱った漢字を使った文章を書き，共有機能を使って全体共有すると，互いの文章表現に触れ合い，対話的に学びを深め合うことができる。

漢字の広場 3

め　四年生までの漢字を使って、学級日誌に記録するように、文章に書こう

① 声に出して漢字を読もう

② （イラスト内の漢字）
面積　単位　漁業　都道府県
例題　産業
健康　給食　試験管　変化
加熱　観察
種
合唱　号令　一周
楽器

※イラストの上に漢字カードを貼る。
※児童が文作りで使用した漢字カードを左へ移動する。

---

3 学級日誌に書くつもりで，文章を書こう。

T　では，学級日誌に書くつもりで，文章を書きます。できるだけたくさん，漢字を使って書きましょう。

> 僕は、理科の授業について。「固定した試験管の中に入れて加熱。結果は、液体に変化した。」

> 私は体育の授業のことにしよう。「先生の号令で、グラウンド一周の記録を測った。」

文章を書く時間を，多く取る。なかなか書き出せない児童は，隣同士やグループで相談してもよい。

T　書けた人は，漢字の間違いや句読点の位置など見直しましょう。声に出して読むと，字の間違いや表現のおかしなところが見つかったりしますよ。

---

4 書いた文章を発表しよう。

T　それでは，書いた文章を黒板に書いてください。

発表の仕方はいくつかあるので，クラスの実態に応じて。黒板に自分の文章を書かせる発表は，見られることを意識するので，児童も見直しに力が入る。

T　グループで文章を読み合い，よかったところを伝えましょう。

> 私は音楽の授業について書きました。「学芸会に向けて、合唱の練習をしたり、楽器の使い方を覚えたりした。」

> 短くまとまっていていいと思います。

T　4年生までに習った漢字を使って，学級日誌に記録するように，短く要点をまとめられましたね。

「提示された漢字を使う」，「学級日誌に記録するように」の2点については，教師からもきちんと評価の観点を伝える。

方言と共通語

◎ 指導目標 ◎

・共通語と方言との違いを理解することができる。

◎ 指導にあたって ◎

① 教材について

　児童は，日常生活で意識せずに共通語や方言を混ぜて使っています。地域間の交流が進み，祖父母や父母の出身地が違えば，様々な方言に日常的に触れることにもなり，児童の言語生活の中にいくつかの方言が自然に入りこんできます。もともとは方言だったものが共通語になった例もあるでしょう。

　本単元では，方言と共通語のそれぞれの特徴と違いを理解することがねらいになります。それぞれの効果を考えて，使い分けることを目指すとともに，自分が使っている言葉に目を向け，どんな言葉を使っているかを自覚させることも大切です。

② 個別最適な学び・協働的な学びのために

　日本各地には様々な方言があり，表している意味も多様です。児童が住んでいる地域の方言で知らないものも少なくないでしょう。こうした方言について興味を持つことができれば，進んで学ぼうとする姿勢が生まれてきます。

　方言と共通語のそれぞれの特徴や違いが理解できるだけではなく，それが日常の中で適切に使い分けられることが大切です。できるだけ具体的な事例を通して，相手や場面に応じてどのように使い分ければよいか，十分に話し合わせて理解を深めさせます。

　方言と共通語の学習を，単なる「言葉」の学習に終わらせず，方言が各地の気候風土や人々の生活の中から形成されてきたことに目を向けさせることができれば，児童の理解はさらに深まっていきます。本単元の2時間の学習だけでなく，他教科や今後の学習にもつながっていくでしょう。

知識 及び 技能	共通語と方言との違いを理解している。
主体的に学習に取り組む態度	進んで方言と共通語の違いに関心を持ち，学習課題に沿ってそれらを理解しようとしている。

◎　学　習　指　導　計　画　　全 2 時間　◎

次	時	学習活動	指導上の留意点
1	1	・「問いをもとう」を読み，普段の生活で使われる方言に気づく。 ・クイズに答え，方言について知っていることを交流する。 ・方言分布地図を見て，分布の特徴や自分たちの地域での言い表し方について話し合う。 ・方言と共通語とは何か，その違いを知る。	・クイズや教科書の図を活用して，方言の意外な意味や分布などから関心を持たせる。方言と共通語についての基本的な知識をしっかりと持たせる。
2	2	・自分たちの地域の方言を発表し合う。 ・教科書教材『たずねびと』から方言を探し，その効果を話し合う。 ・教科書の設問から，方言と共通語を使った場合のそれぞれのよさを考える。 ・学習を振り返る。	・自分たちの地域の方言について調べてくるように，前時に課題として出しておく。 ・方言と共通語の特徴や，使った時の効果について理解でき，日常生活の中で，相手や場面に応じて使い分けていこうとする意欲を持たせたい。

本時の目標 地域によって方言に違いがあることがわかり，全国共通の言葉づかいとして共通語があることがわかる。

板書例

❸
塩の味 → 「ショッパイ」「カライ」 など
- 東日本 「ショッパイ」 など
- 西日本 「カライ」 など
- 限られた地域 「クドイ」
- 自分たちの地域では …

教科書の方言分布図　タブレットにも配信

❹
☆ 方言 … 地方特有の表現をふくむ言葉づかい
　　　　　住む人の感覚や気持ちとぴったり

☆ 共通語 … どの地方の人にも分かる，
　　　　　　全国共通の言葉づかい

POINT クイズや教科書の図を活用して，方言の意外な意味や分布などから関心を持たせる。方言と共通語についての基本的な知識を

1 ふだん，方言を含む言葉づかいをしていることに気づく。

教科書の「問いをもとう」を読む。

T　女の子の吹き出しを，声を出して読みましょう。
C　「全部ヨメレナンダ。」
T　読んでみた感想をいいましょう。
C　ちょっと変な感じがした。
T　どういう意味の言葉ですか。
C　全部よむことができなかった。
T　みなさんなら，どう言いますか。

全部ヨメヘンカッタ。

もっと違う言い方をするところもあると思うよ。

全部読めなかった。

T　「ヨメヘンカッタ」も変に感じる人もあるかもしれませんね。「ヨメレナンダ」「ヨメヘンカッタ」のような言葉を何と言いますか。
C　方言です。

2 クイズに答え，各地の方言に関心を持つ。

T　今からクイズをします。次の言葉はどういう意味ですか。

① けっぱる
② げに
③ めんそーれ

C　え～，全然わからないよ。
C　「めんそーれ」って，聞いたことがあるような…。
C　「けっぱる」は「おしりをひっぱる？」…。
　　いろいろ答えさせてから正解を言う。
T　正解は①がんばる，②本当に，③いらっしゃい。①は北海道，②は高知，③は沖縄の方言です。他に方言についてどんなことを知っていますか。

おばあちゃんの田舎に行ったら，時々分からない言葉が出てきます。あれも方言かな？

岩手県に旅行に行ったとき「べご」という言葉を聞きました。

おじいちゃんに「おおびんたれ」といわれた。「臆病者」という意味だった。

| 準備物 | ・クイズ問題 QR
・教科書の方言分布図（コピーまたは画像） | ICT | クイズ問題をモニターに投影・提示しクイズを出すと，方言や共通語に興味をもつきっかけにできる。スライド機能を使って，複数のクイズ問題を出すのもよい。 | |

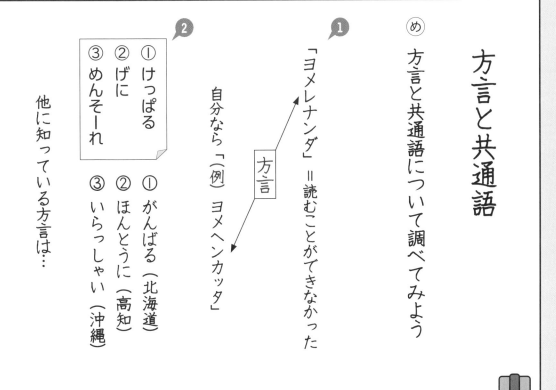

方言と共通語

め　方言と共通語について調べてみよう

1　「ヨメレナンダ」＝読むことができなかった

方言 →「ヨメヘンカッタ」

自分なら「（例）ヨメヘンカッタ」

2
① けっぱる
② げに
③ めんそーれ

① がんばる（北海道）
② ほんとうに（高知）
③ いらっしゃい（沖縄）

他に知っている方言は…

しっかりと持たせる。

---

3 「塩」の味を表す方言の分布を調べ，自分たちの地域の言い表し方について話し合う。

T　塩をなめてみたら，どんな味がしますか。
C　塩辛い。
C　しょっぱい。
C　塩っ辛い。
T　ちょっと表現が変わりますね。では，日本全国ではどのように表現するのか，教科書の図を見て気づいたことを言いましょう。（タブレットにも配信）

> 地域ごとに特徴があるね。東北や関東ではほとんどが「ショッパイ」「ショッペー」などだね。

> 同じ日本でも，他の地方へ行って言葉が通じなかったら困るね。

> 近畿から西の方は，ほとんど「カライ」や「シオカライ」になっている。

> 「クドイ」は限られた一部の地域だけの表現だ。

T　自分たちの地域ではどう言いますか。
C　地図でいったら，「カライ」の地域だね。
C　確かに塩味が強すぎたら「カライ！」って言うね。

---

4 方言と共通語の違いを調べる。

T　違う地方の人と話して，話が正確に伝わらなかったら困りますね。教科書でもう少し調べてみましょう。
　　教科書 P132 の説明を読む。
T　方言と共通語の特徴についてどんなことが分かったか，確認し合いましょう。

> 住んでいる地方特有の表現を含んだ言葉づかいが方言なのだ。

> 共通語は，どの地方の人でもわかる言葉づかい。これも絶対に必要だわ。

> 方言は，そこに住む人々の気持ちや感覚に合った言い表し方なんだ。

T　誰か共通語で話している人を知っていますか。
C　テレビのアナウンサーは共通語で話しています。
C　ぼくたちも，いっぱい共通語を使っているよ。
C　方言と共通語を交ぜて使っているね。
C　「けったいなこと言わないでよ。」とか…。
　　自分の地方の方言を次時までに調べてくる（家族や本から）。

方言と共通語

第❷時（2/2）

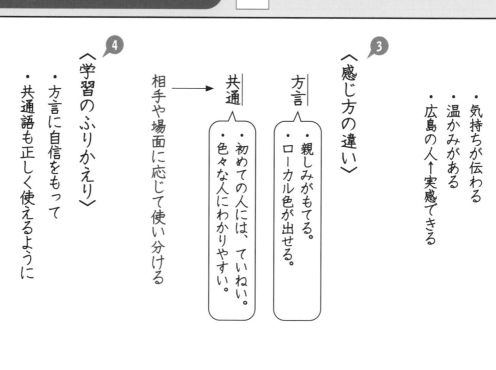

板書例

❹〈学習のふりかえり〉
・方言に自信をもって
・共通語も正しく使えるように

相手や場面に応じて使い分ける →

共通
・初めての人には、ていねい。
・色々な人にわかりやすい。

方言
・親しみがもてる。
・ローカル色が出せる。

❸〈感じ方の違い〉
・気持ちが伝わる
・温かみがある
・広島の人↑実感できる

POINT　方言と共通語の特徴や使った時の効果について理解でき，日常生活の中で，相手や場面に応じて使い分けていこうとする

---

1 自分たちの地域の方言には，どんな言葉があるか話し合う。

T　自分たちの地域の方言で知っている言葉や，聞いたり調べてきたりした言葉を出し合いましょう。

> ありがとうを「おおきに」と言うね。「あかん」「いけず」「しんどい」なども使っているね。

> 「いけずせんといて」，「〜してはる」とかも言うね。おばあちゃんは，「早く来て」を「はよ来よし」と言うよ。

> 「〜せえへんで」という言い方もするね。「〜しいな」「〜え」というのもある。

　ここでは，京都の方言を例として挙げている。

T　方言には，言葉だけでなく，『〜しいな。』のような文末の表現やアクセントでの表現もあります。

T　例えば，『クモ』は発音で空の雲と虫の蜘蛛を言い分けますが，地方によって意味が逆になります。

　「アメ」「ハシ」など他の例も出し合って実際に発音させ，意味の違いや自分たちの地域の発音を確かめて話し合う。

2 『たずねびと』から方言を探し，その効果について話し合う。

T　教科書の『たずねびと』を読んで，方言が出てくるところを見つけましょう。

　各自で黙読する（P124〜125だけでもよい）

C　おばあさんの会話が方言です。

T　おばあさんの会話のどれが方言か分かりますか。

C　「ようけい」「のう」「しもうたり」「じゃが」

C　「分かっとる」や「さがしとります」もそうかな。

　おばあさんの会話を2〜3回音読する。

T　方言を使うとどんな効果があるか考えましょう。

> 共通語で話すより，おばあさんの気持ちが伝わってくる感じがするよ。

> 方言で話していると，温かみがあるような気がするわ。

> 広島の人が話しているなあと実感できるね。

方言と共通語

め 方言を使った場合と共通語を使った
場合の効果やよさについて考えよう

① 〈自分の地域の方言〉

京都の例

おおきに＝ありがとう

せえへん＝しない

文末表現やアクセントなどの違いも

→ クモ　アメ　ハシ

② 「たずねびと」の中の方言 …… おばあさん

「ようけい」「さがしとります」…

意欲を持たせたい。

---

3 方言を使った場合と，共通語を使った場合のよさを考える。

T 教科書 P133 の③の問題を考えてみましょう。

　教科書の問題を読み，考えたことをノートに簡単に書いてからグループで話し合う。

T 自分はどう考えるか，意見を出し合いましょう。

> 初めて会う人には，共通語で自己紹介した方が丁寧でいい。

> 観光客向けの本は，いろいろな人が読むから共通語で伝えた方がいい。

> 方言の入ったパンフレットもローカル色があっていいと思うわ。

> 方言で自己紹介した方が，その人らしくて親しみが持てそうな気がするよ。

T 方言と共通語をどう使い分けたらいいのでしょう。

C 改まった時や色々な人に伝える時は共通語がいい。

C 親しい間柄や地方色を出したい時は方言で。

T それぞれの具体的な場面で，方言と共通語をどう使い分けていくか，これからも考えていきましょう。

4 学習をふりかえる。

T 『たずねびと』のおばあさんの言葉を共通語で言ってみましょう。

C …たくさんおりますが…あとかたもなく

C だけど，今でも，どこかで帰りを待っている…。

C やっぱり，方言の方が絶対気持ちが伝わってくる！

　時間があれば，方言で作った文を共通語に変えたり，その逆をしてみて，効果や感じ方を比べてもよい。

T 学習を振り返ってみて，感じたことや思ったことを話し合いましょう。

> 方言っていろいろあるし，使い方によっては効果があるのだと分かった。

> よその土地で方言を使うのは恥ずかしい気がしたけど，もっと方言にも自信を持とうと思った。

> 共通語がきちんと使えることも大事だと思う。

> 相手や場面で方言と共通語が使い分けられるようになりたい。

著者紹介（敬称略）

【著　者】

羽田 純一　　元京都府公立小学校教諭

入澤 佳菜　　奈良教育大学附属小学校教諭

江崎 高英　　神戸市立春日台小学校校長

鈴木 啓史　　奈良教育大学附属小学校教諭

安野 雄一　　関西大学初等部教諭

*2024 年 3 月現在

【特別映像・特別寄稿】

菊池 省三　　教育実践研究家

岡 篤　　　　元神戸市公立小学校教諭

旧版『喜楽研の DVD つき授業シリーズ　新版　全授業の板書例と展開がわかる DVD からすぐ使える
〜菊池 省三・岡 篤の授業実践の特別映像つき〜　まるごと授業国語 5 年（上)』（2020 年刊）

【著　者】（五十音順）
　入澤 佳菜
　岡 篤
　菊池 省三
　鈴木 啓史
　羽田 純一
　南山 拓也

【撮影協力】
　（菊地 省三　特別映像）　有限会社オフィスハル
　（岡 篤　特別映像）　　　井本 彰
　河野 修三

（ 喜楽研の QR コードつき授業シリーズ ）

改訂新版

板書と授業展開がよくわかる

まるごと授業　国語　5年（上）

2024 年 3 月 15 日　　　第 1 刷発行

著　　　者：羽田 純一　入澤 佳菜　江﨑 高英　鈴木 啓史　安野 雄一

寄稿文著者：菊池 省三　岡 篤

イ ラ ス ト：山口 亜耶

企画・編集：原田 善造（他 10 名）

編　　　集：わかる喜び学ぶ楽しさを創造する教育研究所　編集部

発　行　者：岸本 なおこ

発　行　所：喜楽研（わかる喜び学ぶ楽しさを創造する教育研究所）

　　　　　　〒 604-0854 京都府京都市中京区二条通東洞院西入仁王門町 26-1

　　　　　　TEL　075-213-7701　FAX　075-213-7706

　　　　　　HP　https://www.kirakuken.co.jp

印　　　刷：創栄図書印刷株式会社

ISBN : 978-4-86277-463-7　　　　　　　　　　　　　　　　　　　　Printed in Japan